Ihr persönlicher E-Book-Code

zyX1zwuDjujd

1. Auflage 2015

© Conbook Medien GmbH, Meerbusch
Alle Rechte vorbehalten.

www.conbook-verlag.de
www.fettnaepfchenfuehrer.de

Einbandgestaltung und Satz: David Janik unter
Verwendung von Material © istockphoto.com/naphtalina
Illustration Karte: Diana Stanciulescu
Druck und Verarbeitung: CPI – Ebner & Spiegel GmbH, Ulm

Die illustrierte Karte von Barcelona ist als **hochwertiges Stadtposter** im
Format 50 × 70 cm erhältlich (ISBN 978-3-95889-095-4). Alle Informationen
gibt's bei Ihrem Buchhändler oder unter www.conbook-verlag.de/stadtposter.

Printed in Germany

ISBN 978-3-943176-97-1

FETTNÄPFCHENFÜHRER Stadt-Edition

BARCELONA

Ein Reiseknigge für die Diva am Mittelmeer

Jens Wiegand

Inhalt

Inhalt

Inhalt

Vorwort

Seit die Billigflieger kurze Städtetrips populär gemacht haben, ist Barcelona in der Hitliste der beliebtesten Städte Europas in die Spitzenpositionen aufgestiegen. Sieben Millionen Touristen überfallen alljährlich das dicht gedrängte mediterrane Häusermeer. Kein Wunder, die Kombination von Mittelmeerklima, mediterraner Lebensfreude, vielseitiger Kultur, erstklassiger Küche und ungezügeltem Nachtleben macht Barcelona unwiderstehlich. Doch die meisten Touristen lassen sich nicht wirklich auf die Stadt ein, sondern hecheln nur von Fotostopp zu Fotostopp. Gaudís Hauptwerk wird abgehakt, die Rambles rauf und runter spaziert und am Hafen Eis geleckt. Die Schritte des Gros der Besucher sind so vorhersehbar wie Ostern und Weihnachten. Durch ihr massenhaftes Auftreten haben sie gewachsene Strukturen innerhalb weniger Jahre fundamental verändert, nicht immer zum Besseren für die Stadt und schon gar nicht für ihre Bewohner. Entlang der ausgetretenen Pfade zwischen Hafen und Plaça Catalunya sind viele der altbewährten Läden der Nachbarschaft verschwunden, stattdessen haben sich Souvenirshops, Dönerbuden und Saftbars breitgemacht. So ist der klassische Tourist gleichzeitig Antreiber wie Opfer einer Globalisierung, die kulturelle Unterschiede nivelliert und die Entwicklung einer planetarischen Einheitskultur vorantreibt.

Glücklicherweise begrenzen sich diese Wirkungen des Besucherstroms auf bestimmte geographische Bereiche und Barcelona hat seine Besonderheit(en) zumindest vorerst noch bewahren können. Die absolute Mehrheit der Bewohner blickt weiterhin voller

Stolz auf die einzigartige Heimat und würde in keiner anderen Stadt leben wollen, auch wenn das individuelle Überleben für die meisten keineswegs einen entspannten Spaziergang unter süßer Sonne darstellt. Barcelona ist ein raues Pflaster – davon können ganz besonders die Zuwanderer ein Liedchen singen, ganz egal, ob sie aus Europas Nachbarschaft oder von fernen Kontinenten zugezogen sind.

Wer tiefer ins städtische Leben eindringen will, sollte sich von den Touristenzonen möglichst fernhalten, es sei denn, ein spezielles Interesse macht den Besuch unumgänglich. Natürlich lässt sich anhand von Hochglanzbroschüren und den Reisebeilagen der Tageszeitungen eine lange Liste besuchens- und bewundernswerter Monumente, Gebäude und Attraktionen aufstellen, doch eine persönliche Beziehung zur Stadt wird sich erst entwickeln, wenn man sich unter die Einheimischen mischt und sich auf das bunte Konglomerat des Alltags einlässt.

Das gilt selbstverständlich für alle Orte dieser Welt; jeder ist von Gegensätzen geprägt, vom gesellschaftlichen Oben und Unten, von Vorzeigekultur und Untergrundbewegungen. Doch Barcelona ist in besonders ungewöhnliche Widersprüche verwickelt. Das ewige Konkurrenzverhältnis zur spanischen Hauptstadt Madrid und das Auf und Ab der Beziehungen Kataloniens zur Zentralregierung haben die Stadtgeschichte über Jahrhunderte geprägt. Die mittlerweile sechs Jahre andauernde Wirtschaftskrise hat den uralten Konflikt zum wiederholten Male aufbrechen lassen und die Forderung nach katalanischer Unabhängigkeit in eine Massenbewegung verwandelt. Nicht einmal die politischen Akteure selbst wissen, was die Zukunft bringen wird. Derzeit erscheint eine Abspaltung Kataloniens noch unwahrscheinlich, wenn auch keinesfalls außerhalb des Möglichen. Doch auch den aktuellen Status Quo hätte vor drei oder vier Jahren kaum jemand vorauszusagen gewagt. Der liberal-konservative Präsident Mas hat die Sezession von Spanien zum Staatsziel erklärt. Vielleicht führt der nächste Besuch in naher

Zukunft schon in die Hauptstadt eines unabhängigen Katalonien.

Natürlich ist diese politische Marschrichtung auch in Barcelona höchst umstritten, schließlich blickt die Hälfte der Einwohnerschaft auf familiäre Wurzeln im Zentrum und Süden Spaniens. In jedem Fall aber befindet sich das Land in einem tiefen politischen Umbruch, der mit Sicherheit nicht folgenlos bleiben wird und spannend zu beobachten ist. Man spricht bereits von einer zweiten »Transition«, der Neuauflage des Übergangs von der Franco-Diktatur zur Demokratie vor dreißig Jahren.

In diesem Zusammenhang beginnt natürlich auch schon die Reihe der Fettnäpfchen, die der interessierte Besucher zu umschiffen hat. Abhängig vom jeweiligen Gegenüber bekommt man die unterschiedlichsten Sichtweisen zu hören und allzu simple Schlussfolgerungen können leicht in brüskierte Ablehnung münden. Die von den Massenmedien entworfenen, vereinfachten und allgemeingültigen Weltbilder werden von der Wirklichkeit konsequent widerlegt. Die Barceloniner lassen sich nicht in ein bequemes Schema einpassen, sondern sind individuell höchst unterschiedliche Persönlichkeiten. Statt vorgefassten Standpunkten sollte der Besucher Neugier und Offenheit an den Tag legen, wofür er mit tieferen Einsichten und einem reichen Erfahrungsschatz belohnt wird.

Der spanisch-katalanische Konflikt spiegelt sich auch im Mit- und Nebeneinander der beiden Sprachen wieder, dem wir ein eigenes Kapitel gönnen. Diejenigen, die zumindest ein bisschen Spanisch sprechen, werden schnell bemerken, dass das Sprachchaos auch vor diesem Buch nicht haltmacht. Alle Begriffe in Spanisch und Katalanisch zu nennen wäre nicht nur für die meisten Leser uninteressant, sondern würde obendrein den Lesefluss empfindlich stören. Darum wurde eine Auswahl getroffen, wann welche Sprachversion benutzt wird. Da die Straßennomenklatur fast ausschließlich katalanische Namensformen verwendet, tun wir das hier gleichermaßen. Restaurants, Bars oder Geschäfte werden so genannt, wie sie sich selbst anpreisen, mal so, mal so. Obwohl die

Angestellten solcher Etablissements sich vielleicht öfter auf Spanisch an die Kundschaft wenden, sind die meisten Speise- und Getränkekarten, wenn nicht von vornherein vielsprachig, in Katalanisch verfasst. Darum wird in diesem Zusammenhang meist die Version der Sprachminderheit benutzt. Auf der anderen Seite sagen nur wenige Katalanen cigaló, wenn sie einen spanischen Carajillo meinen, also einen Kaffee mit Schnaps. In solchen Fällen wird auch hier die weiterverbreitete und damit für den Besucher praktischere Form verwandt. Das Chaos reflektierend, wird der aufmerksame Leser auf einer Seite den spanischen Carlos und auf der nächsten den katalanischen Carles entdecken und den kleinen aber feinen Unterschied nicht als Schludrigkeit des Lektors interpretieren.

Vielen mag ein »Fettnäpfchenführer« für eine kosmopolitische und europäische Stadt wie Barcelona auf den ersten Blick übertrieben erscheinen. Läge Frankreich nicht dazwischen, wären wir schließlich direkte Nachbarn, nur Österreicher müssten noch die Schweiz überspringen. Natürlich hat sich Spanien in den vergangenen Jahrzehnten ungemein an Mitteleuropa angenähert, was die Bewohner selbst möglicherweise weniger wahrnehmen als ein unregelmäßiger Besucher. Vor fünfzehn Jahren witzelte man noch: »Afrika beginnt auf dem Kamm der Pyrenäen«. Inzwischen ist der Satz aus dem reichhaltigen Standardrepertoire nahezu verschwunden.

Nichtsdestotrotz haben Stadt und Region eine Reihe von Eigenheiten bewahrt, denen es sich mit Takt und Feingefühl anzunähern gilt. Selbst auf so geringer Distanz kommt es mitunter zum Kulturschock, wenn die Vielfalt der Interpretationen, was der Durchschnittsmensch als »normal« empfindet, aufeinandertreffen. Auf der anderen Seite braucht man keine Angst zu haben: Wahre Fettnäpfchen, also beschämende Situationen, die man durch unangemessenes Verhalten provoziert, sind dünn gesät und die Barceloniner sind ein umgängliches und tolerantes Volk. Und in Fettnäpfchen kann man auch zu Hause treten, im Nachbarort, im Norden, im Süden oder im Osten. Schwaben tun das in Hamburg jeden Tag und umgekehrt. Weiß man seine tapsigen Fehler einzugestehen und mit Humor zu nehmen, wird man in Barcelona jedenfalls herzlich aufgenommen.

In einer weiter gefassten Interpretation des Wortes »Fettnäpfchen« will dieser Führer auch helfen, praktische Fehler zu vermeiden, die einem gewisse Momente beim Besuch Barcelonas verderben könnten. Den Weg vom Flughafen ins Zentrum zu finden, ist nicht immer leicht, genauso wie die Auswahl der richtigen Unterkunft. Noch schwieriger kann sich der Versuch gestalten, die berühmten Attraktionen der Stadt in relativer Ruhe zu genießen. Dieses Buch soll dazu dienen, Barcelona und seine Menschen besser zu verstehen und die Reise in ein einmaliges, vielfältiges und erhebendes Erlebnis zu verwandeln.

Inzwischen lebe ich seit 16 Jahren einige Kilometer nördlich von Barcelona und pflege weiterhin eine innigste Beziehung zur Metropole am Mittelmeer. Ihrer impulsiven Lebensfreude entsprechend, hat sich vieles in rasanter Geschwindigkeit verändert, Wesentliches zum Besseren, manches auch zum Schlechteren. Doch ihre Faszination hat die Stadt nie verloren, ihr Puls schlägt weiterhin in einem Tempo, das viele andere europäische Großstädte weit hinter sich lässt. Trotz Wirtschaftskrise und gestiegener Preise, eine Entdeckungsreise durch Barcelona bleibt eine aufregende Erfahrung, die rundum empfohlen werden kann.

Erste Eindrücke

Es ist immer alles anders, als man denkt

Gerade 19 geworden, kam ich 1986 zum ersten Mal nach Barcelona. Ich hatte von anarchistischen Experimenten vor dem Bürgerkrieg gelesen, Enzensbergers Biographie des Anarchisten Buenaventura Durruti beispielsweise. Ich wollte die Schauplätze erkunden und sehen, ob etwas von den utopischen Ideen übrig geblieben war. Allerdings hatte ich kaum eine Ahnung, was mich erwarten würde. Vom Internet sprachen damals nicht mal die Science-Fiction-Romane, und mehr als eine Handvoll Fotos in Büchern der heimischen Stadtbibliothek hatte ich nicht zu sehen bekommen.

Der erste Eindruck war ein Schock. Barcelona war grau und düster, die Straßen schmutzig, die Gebäude verwahrlost. Die Stadt erinnerte an einen vollen Aschenbecher und roch auch so ähnlich. Ich stieg in einer heruntergekommenen Pension im Raval ab, ein paar hundert Meter westlich der Rambles. Im *Lonely Planet* stand damals noch zu lesen, der Raval sei die einzige Gegend in Barcelona, die man unbedingt meiden sollte. Das Viertel glich einem Ghetto, es war dreckig und arm, voll von Junkies und 70-jährigen Prostituierten, die sich mit silbern glitzerndem Lippenstift schminkten. Mein Zimmer kostete 700 Peseten, also etwa zehn damals noch D-Mark. Man kann sich angesichts des Preises und der gediegenen Umgebung vorstellen, wie meine Bleibe aussah. Der Putz fiel von den Wänden, Kakerlaken rauschten über den halb zertrümmerten Steinboden und das Bett bog sich unter meiner geringen Last wie eine Hängematte. Ich fand die Dekadenz nicht unsympathisch, doch eine Hafenstadt unter der Sonne des Mittelmeers hatte ich mir durchaus fröhlicher vorgestellt.

Und was hat sich seitdem getan?

Seit dem Ende der Franco-Diktatur und ganz besonders seit der Austragung der Olympischen Spiele 1992 hat sich vieles, ja beinahe alles verändert. Barcelona öffnete sich wieder dem Meer, restaurierte die bräunlichen Fassaden der Gebäude aller Stilepochen und brachte Licht in die dunklen Gassen. Natürlich geht solch ein Erneuerungsprozess niemals ohne Opfer vor sich. Ärmere Bevölkerungsschichten wurden vertrieben, schöne alte Gebäude abgerissen, Schneisen ins Häusermeer geschlagen. Für die urbane Runderneuerung anlässlich der Olympiade erschien zeitweise die Diktatur wiedererrichtet, jeglicher Widerstand wurde gebrochen und nicht genehme Charaktere ausgeschaltet. Unter der panikartigen Angst, die Untergrundorganisation ETA könnte während der Spiele zuschlagen, glich die Stadt einem Polizeistaat.

Doch Barcelona entwickelte sich in Riesenschritten zu dem weiter, was es heute ist: eine moderne aber geschichtsbewusste Stadt, lebensfroh aber zivilisiert, kosmopolitisch aber traditionsbewusst.

Trotz der Bilderflut des digitalen Zeitalters wird der Erstbesucher auch heute noch Überraschendes und Unerwartetes entdecken. Der erste bleibende Eindruck wird vermutlich die geballte Hässlichkeit der Vorstädte sein, egal ob man auf einer der Autobahnen, mit dem Zug oder mit dem Flughafenbus nach Barcelona einfällt. Mächtige Wohnsilos mit vielen Dutzend Wohnungen recken sich zwölf oder fünfzehn Stockwerke hoch in den Himmel. Sie wirken trist und altmodisch und bedürfen dringend einem neuen Anstrich. Man ahnt sofort, dass das süße Leben im sonnigen Süden nicht für alle ein Zuckerschlecken sein muss.

Sieht man ein wenig genauer hin, stechen an den Fassaden die massigen Kompressoren der Klimaanlagen ins Auge. Jede Wohnung hat eine eigene. In krassem Gegensatz zu den Klischees der Reisebranche sind lange heiße Sommer nicht jedermanns Traum. Die Katalanen jedenfalls sind mehrheitlich keine Anhänger hoher

Temperaturen und bekunden freimütig, dass ihnen der Winter bedeutend lieber ist als der Sommer. Im Frühjahr und Herbst vernimmt man des Öfteren den Ausruf: »Das ist das perfekte Wetter!«, was in etwa als 20 Grad und Windstille definiert werden kann. Somit gehört die Klimaanlage für die meisten Barceloneses zur Standardausrüstung einer Wohnung. Die teils durchaus frischen Winter überleben viele dagegen ohne Zentralheizung. Man behilft sich mit Decken und Wärmequellen aller Art, besonders mit mobilen Gasöfen, die je nach Bedarf von einem Raum zum nächsten gerollt werden. Auch wenn immer mehr Gebäude ans städtische Gasversorgungsnetz angeschlossen werden, gehören die bulligen orangefarbenen Gasflaschen auf den Balkons weiterhin zum Stadtbild. Das im Volksmund einfach nur *butà* genannte Gasgemisch besteht normalerweise aus 50 Prozent Propan und 30 Prozent Butan. Vielfach wird damit nicht nur geheizt, sondern auch gekocht.

Aus Sicherheitsgründen muss das Gas in hochstabilen Stahlbehältern aufbewahrt werden. Eine vollständig gefüllte *bombona* bringt satte 35 Kilogramm auf die Waage. Man kann sich seine Gasflaschen selbst an bestimmten Tankstellen oder bei einem lokalen Verteiler abholen, oder sie sich gegen Entgelt bringen lassen. Butanero – also Gasflaschenlieferant – ist wahrscheinlich einer der undankbarsten Jobs, die das Land zu bieten hat. Wenn der Fahrstuhl ausgefallen ist oder einfach keiner existiert, müssen die unhandlichen Klötze geschultert in den vierten Stock befördert werden. Mein Freund Marco hat sich auf diese Weise die Bandscheiben ruiniert.

Trotz einer Flut von Sicherheitsvorschriften kommt es immer wieder zu schweren Explosionen, die ganze Häuser zum Einsturz bringen können. Das Gasgemisch hat nämlich einige heimtückische Eigenschaften: Es ist farblos und unsichtbar. Zwar wird ein Aromastoff zugesetzt, um die Geruchlosigkeit auszugleichen, doch bei einem Leck bildet das Gas, das schwerer als Luft ist, einen regelrechten See am Boden und kann von einem aufrecht stehenden

Menschen nicht wahrgenommen werden. Der kleinste Funke genügt, um ein Inferno auszulösen.

Zur Ausstattung fast jedes Wohnblocks gehört ein Fahrstuhl, selbst wenn es nur drei Stockwerke gibt. Das klingt nach Wohlstand und Komfort, doch die Betriebs- und Instandhaltungskosten werden zwischen den Hausbewohnern geteilt. Und die sind nicht gerade niedrig, denn die spanische Gesetzeswut schreibt regelmäßige Sicherheitskontrollen und eine eigene Festnetz-Telefonleitung zur Notfallzentrale vor. Wer im Erdgeschoss wohnt und den Aufzug nie benutzt, hat allen Grund, sich über diese Einrichtung ärgern. Bei mir gesellte sich der Fahrstuhl sogar einmal zu meinen Auszugsgründen: Üblicherweise werden die Wohnungsmieten in Spanien vertraglich an den IPC, den nationalen Preisindex gebunden. Bei einer Inflation von beispielsweise zwei Prozent, wird der Mietpreis im nächsten Jahr automatisch proportional angehoben. Auch wenn damit die Teuerungsrate weiter in die Höhe getrieben wird, ist das keine ganz ungerechte Regelung, denn der Immobilienbesitzer hat wenig Spielraum für unangemessene Mieterhöhungen. Doch mein Vermieter kündigte per Einschreiben an, dass die Nebenkosten wegen der hohen Ausgaben für die Unterhaltung des Aufzugs mal eben von 25 auf 95 Euro monatlich angehoben würden. Meine Wohnung war im zweiten Stock und ich hatte den Fahrstuhl nur zum Kistentransport beim Einzug benutzt. Gleiches tat ich bei meiner Abwanderung nach kurzem aber intensivem Briefwechsel.

Die Peripherie

Die unansehnlichen Vorstädte sind vollständig mit Barcelona verwachsen und vielfach selbst schon richtige Großstädte. L'Hospitalet im Süden beherbergt mit 254.000 Einwohnern mehr

Menschen als Granada oder Cartagena. Das nördliche Badalona bringt es auf 220.000 Bewohner. Beide stellen vor allem die Heimat von Zugewanderten dar. Als industrieller Motor Spaniens zog der Metropolraum Barcelona seit dem ausgehenden 19. Jahrhundert Arbeitsuchende aus den unentwickelten Regionen des Südens und des Zentrums an, in den 50er-Jahren setzte dann eine regelrechte Massenzuwanderung ein. Die Neuankömmlinge ließen sich vorwiegend in den preiswerteren, rasant wachsenden Vororten nieder. Darum hört man hier immer noch eher selten die katalanische Sprache, die viele Ältere niemals gelernt haben. Vielmehr wird weiter an heimischen Traditionen festgehalten.

Doch so gut wie jeder wird die Welt der gesichtslosen Betonklötze erst mal hinter sich lassen und in die ästhetisch tausendfach ansprechendere Kernstadt vordringen wollen. Schon nach wenigen Kilometern verändert sich das Stadtbild radikal. Breite Alleen, Bäume und Palmen, Radwege, belebte Gassen und schmucke Fassaden sind schließlich das, was man von einer großartigen Stadt mit mediterranem Lebensgefühl erwartet.

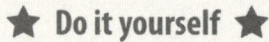

★ **Do it yourself** ★

Feria de Abril

Die Vorstädte sind natürlich am interessantesten, wenn man an der Pflege der mitgebrachten Bräuche der restspanischen Zuwanderer direkt teilhaben kann. Zwei Millionen Menschen strömen in jedem Frühjahr zur Feria de Abril, bei der sich nach dem berühmten Vorbild aus Sevilla fast alles um andalusische Musik und Küche dreht. Hier kann man südspanische Spezialitäten kosten, auf die man sonst in Barcelona eher selten stoßen wird.

Das klassische Getränk der Feria ist der Rebujito, eine Mischung von schwerem trockenen Weißwein wie Fino oder Manzanilla mit kohlensäurehaltiger Limonade. Die Kombination ist keineswegs so ungewöhnlich wie sie auf den ersten Blick erscheint. Der erfrischende Tinto de verano ist ein Mix aus Rotwein, Limonade und einem Schuss Zitronensaft, der Calimocho aus Rotwein und Coca Cola gilt überall in Spanien als typisches Teenager-Getränk. In seiner Heimat, dem Baskenland, ist der Drink so populär, dass viele Bars neben dem Bier auch einen Zapfhahn für *kalimotxo* installiert haben.

▎Jedes Jahr 10 Tage lang im April. Die genauen Daten kann man oder auf der Website der Föderation der andalusischen Kulturvereine nachschauen. • www.fecac.es • El Parc del Fòrum, Sant Adrià de Besòs • Metro: L4 in Richtung La Pau bis El Maresme Fòrum

Tsunami über Barcelona

Vom Tourismus überrollt

Chen Lu stammt aus der ostchinesischen Provinz Jiangsu. Nach dem Diplom als Spanisch-Dolmetscherin zog sie nach Shanghai. Mehrmals wurde sie von einem Industrieunternehmen aus der Umgebung Barcelonas engagiert, um der katalanischen Delegation auf der weltberühmten Industriemesse von Shanghai über die Sprachbarriere zu helfen. Das machte sie so gut, dass ihr die Firma nach dem dritten Mal direkt einen Job in der Zentrale anbot. Sie sollte die gesamte Kommunikation mit den chinesischen Handelspartnern übernehmen. Mutig und abenteuerlustig sagte sie, gerade mal 26-jährig, zu. Seit 2010 wohnt und arbeitet sie in Mollet, einer industriell geprägten Satellitenstadt 25 Kilometer nördlich von Barcelona.

Ein knappes Jahr später kamen erstmals ihre Eltern zu Besuch, zusammen mit einem in England lebenden Onkel. Chen Lu nahm sich für die Familie eine Woche Urlaub, die natürlich eine umfassende Stadtführung durch Barcelona erwartete. Wegen des anstrengenden Vollzeitjobs und regelmäßiger Geschäftsreisen in die Heimat hatte Chen Lu bislang aber kaum Zeit und Kraft gehabt, die nahegelegene Hauptstadt intensiver kennenzulernen. Aber sowieso wollen Erstbesucher immer das vermeintlich Wichtigste, das Emblematische, das Berühmte sehen. Also plante sie eine klassische Stadtbesichtigung, führte die Familie zuerst zur Sagrada Familia, dann zum Hafen und schließlich die Rambles hinauf. Die Eltern besuchten zum ersten Mal einen fremden Kontinent und waren von Architektur und Lebendigkeit der Stadt höchst angetan.

Auf halber Höhe der Rambles empfehlen ausnahmslos alle Reiseführer den Abstecher in den überdachten Markt La Boqueria, der offiziell Mercat de Sant Josep heißt. Mit über 300 Marktständen ist er der größte in Katalonien. Er existiert schon seit etwa 1840, die beeindruckende Stahlkonstruktion entstand aber erst 1914. Neben allen Zutaten der katalanischen Küche findet man Spezialitäten aus der halben Welt, Gemüse, Früchte, Fisch, Fleisch, Meeresgetier, Kräuter und fast alles was denk- und essbar ist. Ein Schmuckstück, das Sinne und Phantasien anregt.

Wie fremdländische Besucher nun mal sind – und nicht nur die –, zückten Vater und Onkel ihre digitalen Kameras, um übermütig Meeresfrüchte, Gemüse und Atmosphäre zu porträtieren. Das ging ein paarmal gut, bis ein Marktschreier das Quartett plötzlich mit Worten bepöbelte, die man besser nicht ins Chinesische oder Deutsche übersetzt. Die Familie begriff aber die eindeutige Gestik und war schockiert. Chen Lu verstand jedes Wort und war erschüttert angesichts der Flut von Beleidigungen. Verzweifelt zog sie ihre Familie aus der Markthalle und war nicht in der Lage, vernünftige Erklärungen abzugeben. Niemals war ihr die neue Heimat mit Feindseligkeit begegnet, vor allem verstand sie ganz und gar nicht, was hier schiefgegangen war. Der Tag war für sie gelaufen. Zwischen den Beleidigungen der einen Seite und den bohrenden Fragen auf der anderen, war sie als kulturelle Vermittlerin überfordert. Und eigentlich war gerade das ja ein entscheidender Teil ihres Jobs.

Warum stoßen Besucher in Barcelona manchmal auf Ablehnung?

Barcelona wird seit Jahren von einem wahren Besucher-Tsunami überrollt. Im Jahr 2013 kamen auf 1,6 Millionen Einwohner 7,5 Millionen Besucher, die sich aber selbstverständlich nicht homogen über das Stadtgebiet verteilen, sondern sich an ganz bestimmten Punkten konzentrieren. Die Rambles, das Barri Gòtic und die Sagrada Familia stehen natürlich an erster Stelle, es folgen Passeig de Gràcia, El Born, Barceloneta und der Park Güell (ausgesprochen »Gu-elj«). Die Wenigsten verlieren sich dagegen in Horta, Sant Andreu oder Sants.

In der genannten Besucherzahl verstecken sich auch 2,5 Millionen Kreuzfahrttouristen, die nur ein paar Stunden in der Stadt verbringen und deswegen kaum weiter als bis zur Plaça Catalunya vordringen, abgesehen vom obligatorischen Besuch bei der Sagrada Familia.

Noch bis vor wenigen Jahren war La Boqueria ein Markt, wo die Nachbarschaft einkaufen ging, zusammen mit Bewohnern anderer Stadtviertel, die die ungeheure Angebotsvielfalt zu schätzen wussten und einmal die Woche ihre persönlichen Spezialitäten einholten. Dieses Ambiente hat sich inzwischen grundlegend verändert. Der gemeine Tourist kommt schließlich nicht auf der Suche nach zwei frischen Rotbarben oder einem Kilo Jakobsmuscheln, sondern verlangt nach Tapas oder einem erfrischenden Fruchtsaft. Viele historische Marktbetriebe haben aufgegeben, um sich von Nachfrage-Angepassten ersetzen zu lassen. Andere halten durch, schließlich hat schon der Urgroßvater hier Gemüse verkauft, doch der Interessenkonflikt Tourist–Traditionalist offenbart sich nirgends mehr als in der Boqueria. Etliche der Marktstände habe mehrsprachige Schilder mit der Aufschrift »*no photos please*« angebracht, was von Teilen der hereinbrechenden Besuchermassen entweder übersehen, nicht verstanden oder schlichtweg ignoriert wird. Manche Marktangestellte haben die aufdringlichen Fremden einfach nur satt und machen ihrer Rage dann und wann Luft.

Solche Anfeindungen der Einheimischen lassen sich aber auf einfachste Art und Weise vermeiden: Genau wie in einem Indianerreservat oder einem Dorf im afrikanischen Busch hat der Besucher den Menschen mit Respekt zu begegnen und ihre Privatsphäre zu achten. Man ist schließlich nicht im Zoo. Vor dem Druck auf den

Auslöser kann man höflich um Erlaubnis für ein Foto bitten. Wer die Grundregeln guter Erziehung mit einem freundlichen Lächeln verbindet, wird auch in Barcelona liebenswürdig aufgenommen. Die Missbilligung der touristischen Überschwemmung Barcelonas manifestiert sich sowieso viel stärker in politischen Protesten als in persönlicher Ablehnung, es sei denn man benimmt sich gezielt daneben.

Die ersten Anwohnerdemonstrationen gegen die Auswüchse der Touristenflut kamen aus der Umgebung der Sagrada Familia. Jeden Tag blockierten hunderte Reisebusse die Straßen und verpesteten die Luft, vielfach ignorierten die Chauffeure jede Verkehrs- und Parkregel beim Entladen der fotowütigen Fracht. Auch die Stadtverwaltung erkannte den dringenden Handlungsbedarf und versuchte, ordnend einzugreifen. Seit 2012 müssen Reisebusse drei Häuserblocks südwestlich parken. Doch damit wurde das Problem nicht gelöst, sondern nur verlagert. Jetzt schieben sich die Besuchermassen zu Fuß den Carrer de la Marina hinauf, manchmal so dicht, dass die Anwohner im Hauseingang warten müssen, bis sie geschwind in eine Lücke springen können. Viele Einzelhändler im Straßenzug mussten ihre Geschäfte aufgeben, weil die Mieten ins Unermessliche gestiegen sind. Inzwischen werden für ein Ladenlokal von 50 Quadratmetern 3.500 Euro pro Monat verlangt. Da kann nur durchhalten, wer sich der veränderten Kundschaft anpasst. In Kürze soll eine dem FC Barcelona gewidmete Kombination aus Museum und Souvenirshop entstehen, was mit der Sagrada Familia und der Nachbarschaft natürlich rein gar nichts gemein hat.

Die Wucht des touristischen Massenaufpralls geht aber weit über Rambles, Boqueria und Sagrada Familia hinaus. Löhne und Gehälter liegen in Barcelona nach wie vor deutlich unter denen bestimmter Besucherschichten Mittel- und Osteuropas, Nordamerikas oder Ostasiens. Der Konkurrenzkampf auf dem Wohnungsmarkt ist unerbittlich, so wie in allen attraktiven europäischen Großstädten. Für viele Immobilieneigentümer ist es weitaus lukrativer, Appartements tage- oder wochenweise an Zugereiste zu vermieten, als langfristig an Einheimische. Allein im Eixample sind über 5.000 Touristenappartements legal registriert, über die Dunkelziffer lässt sich nur spekulieren. Um das Gesamtbild abzurunden: Die meisten Präsidenten des FC Barcelona der letzten Jahrzehnte waren Hoteliers oder Immobilienspekulanten.

Was für Wohnungen gilt, trifft genauso auf Ladenlokale zu. Seit 150 Jahren in der Altstadt ansässige Familienbetriebe müssen schließen, weil sich Messi-Trikots besser verkaufen als Hüte, Krawatten oder Heilkräuter. Darum erlebt das Zentrum Barcelonas eine erschreckende Überflutung durch Franchise-Ableger. Klassische einheimische Cafés können dem Druck von Starbucks und Konsorten nicht standhalten, schließlich ist die globale Konkurrenz so übergewichtig, dass sie sich ohne weiteres auch ein defizitäres Lokal erlauben kann. Entscheidend ist, Präsenz an strategischer Stelle zu zeigen, das hebt den Marktwert der gesamten Kette. Die einheimische, aber inzwischen global agierende Modemarke Desigual zählt nicht weniger als acht Filialen allein im Barri Gòtic.

Die gängigen Theorien zum sozialverträglichen Tourismus werden meist auf Länder der Dritten Welt bezogen, doch in Barcelona müssen sie genauso angewandt werden: internationale Besucher mit größerer Kaufkraft als die Einheimischen haben einen tausendfach stärkeren Einfluss auf die lokale Lebensrealität, als man sich vorstellen kann oder möchte.

Und wie macht man es richtig?

Den simplen Tipp, wie man sozialverträglich nach Barcelona oder nach Tansania reist, kann ich auch nicht abgeben. Ich hoffe, er existiert einfach nicht, um mich von jedweden Vorwürfen freizuhalten.

Fakt ist, dass Tausende Bewohner Barcelonas gegen die Folgen der Besucherflut protestieren. Die Fremdenverkehrspolitik gedieh sogar zum zentralen Wahlkampfthema der Bürgermeisterwahlen im Mai 2015, denn lang gewachsene Strukturen der Stadtviertel haben sich in wenigen Jahren radikal verändert. Das spürt man besonders in Quartieren wie dem Raval oder der Barceloneta, die bis vor 15 Jahren noch der *xusma*, den Unterprivilegierten, vorbehalten waren.

Auf der anderen Seite wirken 16 Millionen Übernachtungen im Jahr natürlich wie eine Adrenalinspritze für die Ökonomie der Stadt. Angesichts dieser widersprüchlichen Situation mitten in der sozialen Katastrophe der Wirtschaftskrise hat sich das aktuell in Katalonien wie in Barcelona regierende Parteienbündnis Convergència i Unió, was sich ganz unerotisch als »Zusammenkunft und Vereinigung« übersetzen lässt, einer überraschend fortschrittlichen und sozialen Politik verschrieben. Im Grunde handelt es sich um eine konservative, wirtschaftsfreundliche, katalanistische Partei, die man gut mit der CSU in Bayern vergleichen könnte. Doch die Zeichen der Zeit haben sich geändert. 2014 wurde die Vergabe von Lizenzen an neue Touristenappartements ausgesetzt, natürlich mit der Folge, dass vor dem Stichtag Hunderte von Genehmigungsanträgen die Verwaltung an den Rand des Kollaps führten. Hotels dürfen im Bereich der Rambles nur noch eröffnen, wenn sie das gesamte Gebäude belegen, gleichzeitig aber nicht über mehr als 100 Betten verfügen. Neue Lizenzen an Restaurationsbetriebe werden nicht mehr vergeben, stattdessen fördert die Stadt die Eröffnung von Kulturbetrieben, Buch- und Schallplattenläden, die nebenbei auch ein kleines Café betreiben dürfen. Barcelona möchte die Rambles, das einstige soziale Zentrum der Stadt, für sich zurückerobern, denn vier Fünftel der täglichen Spaziergänger sind Zugereiste, keine Einheimischen.

Daneben versucht man, die Besucherströme zu dezentralisieren und in neue Richtungen zu lenken, damit der Druck auf bestimmte Viertel nachlässt und andere Bereiche der Stadt wirtschaftlich profitieren können. Der jüngst publizierte neue Stadtplan des Fremdenverkehrsamts weist auf ganz neue, bisher unerwähnte Attraktionen in Randgebieten hin. Diese Anstrengungen haben der Stadt 2013 die von einer Unterorganisation der UNESCO vergebene Auszeichnung für verantwortliche Fremdenverkehrskonzepte eingebracht.

Barcelona preiswert

Noch vor Kurzem war Barcelona für Mitteleuropäer ein kostengünstiges Pflaster, doch der Konkurrenzdruck auf dem Immobilienmarkt, die Wirtschaftskrise und zusätzliche Steuerlasten haben Hotel-, Restaurant- und Eintrittspreise in die Höhe getrieben. Angesichts des von der EU auferlegten staatlichen Sparkurses fielen viele Subventionen für Kulturinstitutionen dem Rotstift zum Opfer. Zwar kommt Barcelona insgesamt immer noch preiswerter als London oder Paris daher, doch viele Museen verlangen nun gesalzene Eintrittspreise.

Dennoch gibt es Wege, sein Budget klein zu halten. Kunstnarren können sich mit dem 30 Euro teuren Articket Zugang zu den sechs wichtigsten Museen der Stadt verschaffen, MACBA, CCCB, MNAC, Picasso, Fundació Miró und Fundació Antoni Tàpies. Erhältlich ist die Museumsflatrate an den Kassen der genannten Institutionen. Um einiges komplizierter ist dagegen, die Barcelona Card richtig zu managen. Sie erlaubt freien Eintritt zu etlichen Kulturinstitutionen, bei anderen erwirkt sie lediglich einen Preisnachlass. Ob sich die Anschaffung für zwei Tage zu 34 Euro, für drei zu 44 oder für vier zu 52 Euro lohnt, muss man nach den eigenen Interessen abwägen. Beim Kauf über die Website http://bcnshop.barcelonaturisme.com erhält man einen zusätzlichen Rabatt von zehn Prozent.

Die Mehrzahl der Kulturinstitutionen erlaubt an bestimmten Tagen freien Eintritt, was natürlich unweigerlich gesteigerten Publikumsandrang zur Folge hat. Am besten, man nutzt das Angebot für solche Museen, die nicht ganz oben auf der Wunschliste stehen, sondern für die, bei denen man nur mal auf Verdacht hin hereinschauen möchte. Kostenlosen Zutritt genießt man in folgenden Momenten:

Kathedrale

▌Pla de la Seu s/n • Gòtic • Metro: Jaume I, L4 oder Liceu, L3 • Mo–Sa 8.00–12.45 Uhr und 17.15–19.30 Uhr, So 8.00–13.45 Uhr und 17.15–19.30 Uhr

Museu d'Història de Barcelona – Museum der Stadtgeschichte

▌Plaça del Rei, s/n • Gòtic • Metro: Jaume I, L4 • Erster Sonntag im Monat ganztägig, jeden Sonntag ab 15 Uhr, plus den ganzen Tag am 12.2., 18.5., und 24.9.

Museu de la Música

▌Carrer Padilla, 155 • Dreta de l'Eixample • Metro: Marina, L1 • Erster Sonntag im Monat ganztägig, jeden Sonntag ab 15 Uhr, außerdem ganztägig am 12.2., 18.5., 24.9. und 22.11.

MACBA Museu d'Art contemporani – Museum für zeitgenössische Kunst

▌Plaça dels Àngels, 1 • Raval • Metro: Universitat, L1 • Nur am 18.5. und 24.9.

Centre de Cultura Contemporània – Zentrum für Gegenwartskultur

▌Carrer Montalegre, 5 • Raval • Metro: Universitat, L1 • Jeden Sonntag ab 15 Uhr, den ganzen Tag auch am 12.2., 18.5., und 24.9.

Museu Marítim – Schifffahrtsmuseum

▌Avinguda de les Drassanes s/n • Raval • Metro: Drassanes, L3 • An jedem ersten Sonntag im Monat ganztägig, ebenso am 18.5. und 24.9.

Museu Picasso

▌ Carrer Montcada, 15–23 • Born • Metro: Jaume I, L4 • Erster Sonntag im Monat ganztägig, jeden Sonntag ab 15 Uhr, jeden Donnerstag von 19 bis 21.30 Uhr, außerdem ganztägig am 12.2., 18.5., und 24.9.

Museu de la Història de Catalunya – Museum der Geschichte Kataloniens

▌ Plaça de Pau Vila, 3 • Barceloneta • Metro: Barceloneta, L4 • Oktober–Juni am jeweils letzten Dienstag des Monats, ganztags am 9.2., 23.4., 18.5., 11.9. und 24.9.

Museu Nacional d'Art de Catalunya – Nationales Kunstmuseum

▌ Parc de Montjuïc, s/n • Montjuïc • Metro: Plaça Espanya, L1, L3, L8 • Erster Sonntag im Monat und ganztags am 18.5., 11.9. und 24.9.

Jardí Botànic – Botanischer Garten

▌ Carrer Doctor Font i Quer, s/n • Montjuïc • Metro: Plaça Espanya, L1, L3, L8 • Erster Sonntag im Monat ganztägig, jeden Sonntag ab 15 Uhr, ganztags am 12.2., 18.5., und 24.9.

Freier Eintritt gilt außerdem für die meisten Kirchen, die Friedhöfe und die Märkte. Im Rahmen der vielen lokalen Feierlichkeiten finden viele Veranstaltungen kostenlos unter freiem Himmel statt. Was gerade ansteht, erfährt man in den einschlägigen Veranstaltungskalendern (siehe Seite 214).

Inzwischen ist Barcelona von einem dichten Netz kostenloser Wireless-Internetverbindungen abgedeckt. Fast alle Parks, Bibliotheken, Kulturzentren und der Strand der Barceloneta bieten diesen Service, abgesehen von vielen Gastronomiebetrieben. Man muss nur auf die hellblauen Schilder mit dem »W« im weißen Rhombus achten oder auf Verdacht hin ausprobieren, ob sich eine Verbindung herstellen lässt.

Und wie kann ich den Besuchermassen entfliehen?

Die Antwort könnte nicht einfacher sein: zur richtigen Zeit am richtigen Ort. Zunächst sollte man sich eine geeignete Jahreszeit für seine Reise aussuchen und nach Möglichkeit die Sommersaison vermeiden. Im August, wenn die meisten Barceloniner Urlaub machen, liegt das Stadtzentrum fast vollständig in der Hand der Besucherinvasion, die Einheimischen haben sich meist irgendwo an die Küste oder auf die Inseln verzogen. Auch die Osterwoche sollte man umgehen, wenn man nicht spezifisch an den christlichen Feierlichkeiten interessiert ist. Ansonsten kann man im Rest des Jahres nicht viel falsch machen. Am besten ist vielleicht sogar der Winter, wenn es im grauen Mitteleuropa stürmt und regnet. Zwar wird man dann auf den Badespaß im Mittelmeer verzichten müssen, wenn man nicht zur Gattung Iron Man gehört, aber wenn nicht ganz viel Pech im Spiel ist, kann man ein bisschen Sonne tanken ohne schwitzen zu müssen. Natürlich sind dann auch in Barcelona die Tage kürzer und es heißt, sich früher zu erheben wenn man das Tageslicht nutzen will. Im Dezember geht die Sonne gegen 8 Uhr auf und gegen 17.30 Uhr wieder unter.

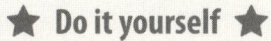

★ Do it yourself ★

Sagrada Familia

Wer zum ersten Mal nach Barcelona kommt, wird vermutlich auch *die* große Attraktion besuchen wollen, die magnetisch die Massen anzieht. Der Erfolg von Gaudís Bauwerk hat natürlich seinen Grund, im Rest der Welt findet sich kaum etwas Vergleichbares. Auf die Frage, ob sich ein Besuch der Sagrada Familia wirklich lohnt, gibt es nur eine eindeutige Antwort: In jedem Fall! Das Innere des Tempels ist noch weit beeindruckender als die Fassaden. Leider wird die Schönheit meist von Blitzlichtgewitter und menschlicher Geräuschkulisse beeinträchtigt. Die beste Zeit für einen Besuch ist früh morgens, nach Möglichkeit steht man schon vor der Öffnung um 9 Uhr vor den Toren. Ganz clevere kaufen ihr Ticket im Voraus über die Website des Tempels und müssen dann nicht mal Schlange stehen. Man kann die Eintrittskarte entweder ausdrucken oder den Barcode, der per E-Mail zugesandt wird, auf sein Smartphone laden.

Es gibt verschiedene Besuchsmodalitäten zu unterschiedlichen, für eine Kirche zugegebenermaßen unverschämt hohen Eintrittspreisen. Mit der einfachsten Eintrittskarte hat man nur Zutritt zum Innenraum, für die Fahrt mit dem Aufzug auf einen der Türme fallen zusätzliche 4,50 Euro an. Dafür wird man mit schönen Ausblicken über die Stadt und dem Abstieg über die großartigen steinernen Wendeltreppen belohnt. Noch ein bisschen teurer wird es mit einem auch in deutscher Sprache erhältlichen Audioguide oder einer Führung. Beide Optionen haben ihre Vor- und Nachteile. Den menschlichen Führer kann man mit Fragen löchern, aber natürlich ist man Teil einer größeren Gruppe und muss sich dem vorgegebenen Rhythmus anpassen. Führungen auf Deutsch finden leider nur selten statt, nämlich von April bis September mittwochs um 17 Uhr und samstags um 16 Uhr. In englischer Sprache kann man sich täglich durch die mächtigen Gewölbe führen lassen.

▌April–September 9–20 Uhr, Oktober-März 9–18 Uhr • Nur Innenraum Erwachsene 14,80 €, Innenraum & Turm 19,30 €, mit Audioguide oder Führung 23,80 €, Schüler, Studenten & Senioren erhalten je 2 € Ermäßigung • Carrer Mallorca, 401 • Dreta de l'Eixample • Metro: Sagrada Familia • www.sagradafamilia.cat

La Pedrera – Casa Milà

Für das zweitberühmteste Gebäude des genialen Architekten Gaudí, der von einer Straßenbahn überfahren zu Tode kam, gilt im

Prinzip das Gleiche wie für die Sagrada Familia. Früh morgens ist noch am wenigsten los. Auch hier ist der Besuch uneingeschränkt empfehlenswert, doch man sollte immer im Auge behalten, dass Gaudí keineswegs alle Details allein entwarf, sondern eine ganze Reihe unbekannter, aber nichtsdestotrotz bedeutender Architekten, Designer und Künstler beschäftigte.

▌ 1. März–4. November Mo–So 9–20 Uhr, sonst Mo–So 9–18.30 Uhr • Erwachsene 16,50 €, Schüler & Studenten 14,85 €, Kinder von 7–12 Jahren 8,25 € • Carrer Provença 261–265 • Dreta de l'Eixample • Metro: Passeig de Gràcia • Tel.: 93 484 5900 • www.lapedrera.com

Top Ten: Barcelona beim ersten Mal

1. Sonntagfrühspaziergang

In der Morgendämmerung aus den Federn, das ist nicht jedermanns Sache, schon gar nicht in den Ferien. Doch am Sonntagmorgen lohnt es sich, eine Ausnahme zu machen, denn man wird eine völlig veränderte Stadt vorfinden. Kaum ein Auto ist unterwegs, schon gar keine Roller, nur ein paar Frühaufsteher führen ihren Hund aus und die letzten Nachtschwärmer versuchen, den Heimweg zu finden. Die Stadt träumt unter einer Glocke himmlischen Friedens, der zwölf Stunden zuvor noch unvorstellbar gewesen wäre. Die Luft ist kristallklar und die noch jungen Sonnenstrahlen tauchen die ausgestorbenen Straßenzüge in ein zartes und verzauberndes Licht. Man kann die Leiden der güldenen Morgenstund ja später wieder mit einer kleinen Siesta wieder ausgleichen.

2. Die Stadtteile

Wer glaubt, Barcelona sei nur in der Altstadt interessant und attraktiv, irrt sich gewaltig. Wahrscheinlich wird man den Barri Gòtic und den Raval als erste erkunden, doch La Barceloneta, Gràcia, dem Eixample, Sants und dem Poble Sec sollte unbedingt ebenfalls ein Besuch abgestattet werden. Die weniger bekannten und daher nur spärlich vom Massentourismus heimgesuchten Viertel warten mit bunt gemischter Architektur und Bevölkerung, intimerer Atmosphäre und vielen authentischen Ecken darauf, entdeckt zu werden.

3. Gaudí

Die Bauwerke Antoni Gaudís gehören zu Barcelona wie der Eiffelturm zu Paris und sind in gewisser Weise für jeden Erstbesucher Pflicht. Auch wenn die Sagrada Familia durch den Weiterbau äußerlich eher an Ästhetik einbüßt, ist der Besuch des Inneren der Kathedrale bedingungslos empfehlenswert. Wer die formvollendete Architektur Gaudís in Ruhe erleben will, wendet sich unbekannteren Bauwerken zu, etwa dem Palau Güell oder der Torre de Bellesguard.

▌**Palau Güell** • April–Oktober täglich 10–20 Uhr, sonst 10–17.30 Uhr • 12 €, Senioren, Jugendliche und Kinder 8 € • Carrer Nou de la Rambla, 3 • Raval • Metro: Liceu, L3 • 93 472 5775 • www.palauguell.cat

▌**Torre de Bellesguard** • Di–So 10–15 Uhr • Erwachsene 9 €, Senioren & Jugendliche 7,20 € • Carrer Bellesguard, 16 • Sant Gervasi • Metro: Avinguda Tibidabo, L7 • 93 250 4093 • www.bellesguardgaudi.com

4. Montjuïc

Der städtische Hausberg bietet nicht nur grandiose Panoramablicke über die Stadt, sondern eine ganze Reihe besuchenswerter Gebäude und Institutionen, vom Friedhof mit teils bombastischen Mausoleen über das Olympiastadion, der modernen Telefonantenne von Santiago Calatrava, dem Kunstmuseum der Fundació Joan Miró, dem botanischen Garten bis zur Festung, die unter der Franco-Diktatur als Kerker für politische Gefangene missbraucht wurde. Im Hof wurde nach Ende des Bürgerkriegs neben vielen anderen Republikanern auch der letzte katalanische Präsident Lluis Companys (sprich »Kompansch«) hingerichtet, nachdem er im französischen Exil von der Gestapo festgenommen und an die Diktatur ausgeliefert wurde. Deutschland und Frankreich haben sich offiziell entschuldigt, die spanische Justiz hingegen weigert sich, das Todesurteil nachträglich aufzuheben.

5. Strand & Uferpromenade

Ein Spaziergang von der Barceloneta zum Port Olímpic und eventuell darüber hinaus lässt sich aus keinem Besuchsprogramm wegdenken. Zwischen der Installation *L'Estel Ferit*, »Der verletzte Stern«, der deutschen Künstlerin Rebecca Horn und dem glitzernden Riesenfisch des amerikanischen Architekten Frank Gehry kann man sich obendrein im Sand niederlassen und sich je nach Grad persönlicher Abhärtung schon im Frühjahr in die Fluten des Mittelmeers stürzen.

6. Museen

Unter dutzenden kleinen und großen Museen kann sich jeder seine Lieblingsthemen herauspicken von Beerdigungsriten bis zum Frisörberuf. Unbedingt empfehlenswert sind das Museum für Gegenwartskunst MACBA, das Museum für Katalanische Geschichte und das nautische Museu Marítim.

▌**Museum für Gegenwartskunst MACBA** • 25. Juni–24. September Mo, Mi, Do 11–20 Uhr, Fr 11–22 Uhr, Sa 10–22 Uhr, So 10–15 Uhr; 25. September–24. Juni Mo & Mi–Fr 11–19.30 Uhr, Sa 10–21 Uhr, So 10–15 Uhr • 9 €, Kinder unter 14 Jahren frei • Plaça dels Àngels, 1 • Raval • Metro: Liceu, L3 • Tel.: 93 412 0810 • www.macba.cat

▌**Museum für Katalanische Geschichte** • Di–Sa 10–19, Mi bis 20, So 10–14.30 Uhr • Erwachsene 4 €, Senioren & Schüler 3 €, Kinder unter 7 Jahren frei • Plaça Pau Vila, 3 • Barceloneta • Metro: Barceloneta, L4 • Tel.: 93 225 4700 • www.mhcat.cat

▌**Museu Marítim** • Täglich 10–20 Uhr • Erwachsene 3,50 €, Senioren & Studenten 1,75 €, Kinder unter 7 Jahren frei • Avinguda de les Drassanes, s/n • Raval • Metro: Drassanes, L3 • Tel.: 93 342 9920 • www.mmb.cat

7. Panoramablicke

Ob nun die Aussicht vom Montjuïc, vom Tibidabo oder vom Mont Carmel die schönste ist, muss jeder selbst herausfinden. Besonders interessante Rundblicke, weil mitten in der Stadt gelegen, bieten die Terrassen der Kirche Santa Maria del Mar oder das Restaurant im obersten Stockwerk des Kaufhauses El Corte Inglés. Ein bisschen Glück gehört natürlich dazu, um einen Fensterplatz zu ergattern. Unbedingt meiden sollte man daher die Frühstückspause der Büroangestellten zwischen 10 und 11 Uhr, die Mittagszeit von 13 bis 16 Uhr und das Abendessen ab etwa 20 Uhr. Auch die freundlichen Angestellten des Deutschen Generalkonsulats erfreuen sich herrlicher Blicke über Stadt und Meer, allerdings wird man nur nach vorheriger Terminabsprache eingelassen und muss ein reales Anliegen vorbringen können.

▌**Santa Maria del Mar** • Gruppenführung stündlich von 11–19 Uhr • 10 € • Plaça de Santa Maria, 1 • El Born • Metro: Barceloneta, L4 • Tel.: 93 342 8333

▌**El Corte Inglés** • Mo–Sa 9.30–21.30 Uhr • Kostet mindestens eine Tasse Kaffee im Selbstbedienungsrestaurant • Plaça de Catalunya, 14 • Barri Gòtic • Metro: Plaça de Catalunya, L1 • Tel.: 93 306 3800

▌**Deutsches Generalkonsulat** • Mo–Fr 8.30–12 Uhr • Torre Mapfre, C/Marina, 16–18 • Tel.: 93 292 1000 • www.spanien.diplo.de

8. Märkte

Der Mercat de la Boqueria direkt an der Westseite der Rambles wird inzwischen so massiv von Touristenhorden heimgesucht, dass sich Atmosphäre und Warenangebot deutlich angepasst haben. Doch Barcelona beherbergt noch 42 weitere überdachte Lebensmittelmärkte, die die Nachbarschaft mit Gemüse, Fleisch, Fisch und allen möglichen frischen Spezialitäten versorgen. Während der historische Mercat de Sant Antoni noch bis mindestens Mitte 2015 renoviert und umgebaut wird, stellt das Jugendstilgebäude des Mercat de Santa Caterina die schönste Alternative dar.

▍**Mercat de Sant Antoni** • Comte d'Urgell, 1 • Esquerra de l'Eixample/Raval • Metro: Universitat, L1, L2

▍**Mercat de Santa Caterina** • Mo & Sa 8–15, Di–Fr 8–20 Uhr • Carrer Aragó, 313 • Dreta de l'Eixample • Metro: Verdaguer, L4 • Tel.: 675 693 616 • www.laconcepcio.com

9. Feste

Wenn es sich terminlich irgendwie einrichten lässt, sollte man den Kalender der Festivitäten im Auge behalten. Fällt der Besuch mit der Diada de Sant Jordi (siehe Seite 257) am 23. April, der Diada de Catalunya (siehe Seite 252) am 11. September oder den Festes de la Mercè (siehe Seite 259) in der Woche vor dem 24. September zusammen, lassen sich Barcelona noch einige exquisite zusätzliche Erfahrungen abgewinnen.

10. Fußball

Der lokale Fußballclub hat die Stadt in der Welt bekannt gemacht und ist weiterhin ihr wichtigstes Aushängeschild. Ein Spielbesuch ist nicht immer leicht zu organisieren, doch ein Abstecher ins Vereinsmuseum verspricht einen Rundgang durch die Clubgeschichte und Vitrinen voller glitzernder Trophäen. Unter dem Titel *Camp Nou Experience* kann man sich außerdem durch das Stadion führen lassen. Weitere Infos ab Seite 236.

▍April–Anfang Oktober 9.30–19.30 Uhr, sonst 10–18.30 Uhr, an Spieltagen keine Stadionbesichtigung • 23 €, Senioren und Kinder bis 13 Jahre 17 € • Carrer Arístides Maillol, 12 • Les Corts • Metro: Palau Reial, L3 • Tel.: 90 218 9900 • www.fcbarcelona.com

Hauptsache gut gelandet

Auf einer Flugreise kann so einiges schiefgehen, sei sie auch noch so kurz. Doch bei Jörns letztem Besuch klappte alles, auch das Gepäck kam an, pünktlich und unversehrt. Vermutlich zu Anfang noch gut gelaunt erinnerte er sich, wie er zwei Jahre zuvor vom Flughafen mit der Bahn in die Stadt gelangt war. Also rollte er seinen Koffer den Richtungspfeilen folgend zur Station hinterher, über spiegelblanken Granitboden, durch automatische Glastüren, Rolltreppen hinunter. Doch da, wo er den Bahnsteig wähnte, waren weit und breit keine Gleise zu sehen. Auch kein weiteres Hinweisschild zur Regionallinie R2 zum Bahnhof Sants. Die geparkten Busse ignorierend, irrte er ziellos umher und nahm schließlich die Rolltreppe zurück zum Terminal. Wahrscheinlich hatte er einen Wegweiser übersehen. Oben angekommen stieß er wieder auf den schon bekannten Pfeil zur Bahn nach unten. Déjà-vu. Runtergerollt und keine Bahnlinie in Sicht, bis zum Horizont.

Jörn wandte sich an den erstbesten Uniformierten, aber: »*Sorry, no English.*« Andere ebenso verloren dreinblickende Reisende konnten sich zwar untereinander verständigen, waren aber genauso ratlos. Jörn entdeckte den blauen Aerobus, der zur Plaça Catalunya fährt. Wieder auf Englisch fragte er den Chauffeur, wo die Bahn nach Sants abfährt, doch der hob verneinend den Zeigefinger: »*Sants no, Sants no.*« Der Bus fuhr nicht nach Sants. Das war keine Neuigkeit.

Solche Situationen erlebt jeder, der auf eigene Faust in ein Ausland reist, dessen Sprache er nicht mächtig ist. Doch das Vertrauen in das Gute im Mitmenschen wird am Ende immer mit einer Lösung belohnt, diesmal in Form einer guten Fee. Ein paar Meter weiter zog eine uniformierte Assistentin der Busgesellschaft ihr Handy vom Ohr, klickte ein letztes Mal, kam auf das frisch gebildete Grüppchen orientierungsloser Fremdländer zu und erklärte in gebrochenem, aber bezaubernd gelächeltem Englisch, dass man zur Bahn nach Sants erst mal den kostenlosen Shuttlebus zum Terminal 2 nehmen müsse. Sie begleitete die verlorenen Söhne und Töchter bis zum Bus und half sogar beim Einladen des Gepäcks.

Plötzlich war alles kein Problem mehr, am zweiten Terminal führten die Schilder wirklich zur Bahnstation, Jörn musste nur sein Ticket ziehen, in die Bahn springen und eine Viertelstunde später in Sants aussteigen. Selbst die sich seit Jahren hinziehenden Bauarbeiten am Gleisbett provozierten keine weitere Verspätung. Jedes Problem wird nebensächlich und schnell vergessen, sobald es gelöst ist.

Wieso ist es denn so kompliziert vom Flughafen in die Stadt zu kommen?

Nichts im Leben ist schwierig, wenn man weiß, wie es geht. Das Problem ist, dass allgemeinverständliche Hinweisschilder leider manchmal nicht ausreichen. Das Logo einer Eisenbahn erklärt nun mal nicht, dass der Flughafen Barcelona seit kurzer Zeit aus zwei Terminals besteht. Der neue, lichtdurchflutete, architektonisch gelungene Terminal 1 hat den obsoleten, einst in A, B und C unterteilten Terminal 2 weitgehend ersetzt. Doch Terminal 2 ist weiter in Betrieb und wird noch von einigen wenigen Billigfliegern wie Ryan Air angesteuert. Air Berlin, German Wings oder Vueling geben sich keine Blöße und docken lieber im modernen Teil des Flughafens an.

Auf den blitzsauberen neuen Terminal darf Barcelona durchaus stolz sein. An den Gates herrscht eine fast meditative, den gestressten Reisenden ungemein entspannende Ruhe. Sogar Lautsprecherdurchsagen wurden in der Kathedrale des Flugverkehrs abgeschafft, abgesehen vom dreisprachigen Sicherheitshinweis jede Viertelstunde, dass man doch auf sein Gepäck achten sollte.

Man kann also auf die besten Intentionen vertrauen, doch wie das überall auf der Welt ist, für Perfektion gibt es kein Budget. Zuerst weigerte sich die spanische Zentralregierung, den Flughafen an die neue Hochgeschwindigkeitsbahnlinie Madrid–Barcelona anzuschließen. Die Züge rauschen mit Tempo zweihundert in weniger als sieben Kilometern Entfernung vorbei. Eine katastrophale Fehlplanung oder eine typisch zentralistische Benachteiligung, wie viele Katalanen vermuten, denn der Flughafen Madrid-Barajas hat sehr wohl einen Schnellbahnhof im Keller. Doch darüber hinaus bekam der funkelnde neue Terminal bisher nicht mal einen Metro-Anschluss. Der soll plangemäß im Jahr 2017 seinen Betrieb aufnehmen.

★ Do it yourself ★

Wie kommt man denn nun vom Flughafen zu seinem Domizil?

Das bequemste Gefährt ist natürlich das Taxi. Je nach Fahrtziel fallen für den Weg in die Stadt zwischen 20 und 30 Euro an. Reist man mit mehreren Personen kann sich ein Taxi durchaus lohnen, man muss nur ein bisschen rechnen.

Die preiswerteste Möglichkeit, die Regionalbahn R2 vom Terminal 2 zum Hauptbahnhof Sants, zum zentrumsnahen Passeig de Gràcia oder weiter in den Nordosten der Stadt, kostet derzeit 4,10 Euro. Bis Sants dauert die Fahrt eine gute Viertelstunde, bis zum Passeig de Gràcia 25 Minuten. Züge verkehren zwischen sechs Uhr morgens und halb zwölf in der Nacht jede halbe Stunde.

Der blaue Aerobus fährt für 5,90 Euro von beiden Terminals die Stationen Plaça Espanya, Gran Via, Universitat und Plaça Catalunya an. Sein Ticket bekommt man beim Fahrer, der allerdings weder Kreditkarten noch Geldscheine von mehr als 20 Euro akzeptiert. Reist man innerhalb von 15 Tagen wieder über den gleichen Weg ab, kann man ein Hin-und-Zurück-Ticket für 10,20 Euro erwerben, muss es aber gut aufbewahren. Die Fahrt ins Zentrum dauert je nach Verkehrsfluss mindestens eine halbe Stunde. Tagsüber fahren die Busse vom T1 alle 5 Minuten ab, früh morgens und später abends alle 10 Minuten. Am alten Terminal 2 verkehren sie seltener, nämlich am Tag alle 10 und am frühen Morgen und späteren Abend alle 20 Minuten. Bei der Abreise zurück zum Flughafen ist darauf zu achten, dass man in den Bus zum richtigen Terminal steigt.

Auch in Barcelona hat die elektronische Mitfahrzentrale Uber versucht, Fuß zu fassen. Doch wie auf fast allen Kontinenten hagelte es heftige Proteste und gerichtliche Klagen der konkurrierenden Taxiunternehmer. Ein Uber-Fahrer führt schließlich weder Mehrwert- noch Einkommenssteuer ab und hat auch keinen Seh- oder Ortskenntnistest bestanden, wie es für Taxifahrer vorgeschrieben ist. Das Thema liegt derzeit noch bei Behörden und Gerichten auf Halde, aber das Wahrscheinlichste ist, dass Ubers Aktivitäten in Barcelona schlicht verboten werden. Die Taxifahrer jedenfalls sind erzürnt und protestieren lautstark gegen die ungeliebte Konkurrenz. Im Oktober 2014 gingen zwei geparkte Vehikel des Uber-Fuhrparks in Flammen auf.

Barcelona Airport

Der Flughafen Barcelonas liegt etwa 13 Kilometer südwestlich des Stadtzentrums. Er heißt El Prat – »das Feld«, doch keine Angst, die Landebahn ist asphaltiert. Der Name lehnt sich an die Gemeinde El Prat de Llobregat an, die das tischebene Territorium der Mündung des aus den Pyrenäen kommenden Flusses Llobregat ihr Eigen nennt.

El Prat ist nach Passagieraufkommen der zehntgrößte Flughafen Europas, in Spanien hinter Madrid die Nummer zwei. Echte Katalanisten wenden sofort ein, dass Madrid zwar mehr Passagiere zählt, aber dass dort weniger Menschen aus- als umsteigen, weil der Flughafen Barajas als Hub fungiert, als zentraler Knotenpunkt zum Weiterflug nach Lateinamerika. Zum Beweis wird angeführt, dass in den USA der Umsteigeflughafen Atlanta deutlich größere Passagierzahlen als New York oder Los Angeles verzeichnet.

Trotz der immensen Konkurrenz und scheinbar unüberbrückbaren mentalen Distanz zwischen Madrid und Barcelona sticht sofort eine anderes Faktum ins Auge. Madrid–Barcelona ist die mit Abstand meistgeflogene Strecke Europas, das Passagieraufkommen liegt locker doppelt so hoch wie das von München–Hamburg. Zwischen der Hauptstadt Spaniens und der Kataloniens sind im Schnitt jeden Tag 8.500 Flugpassagiere unterwegs. In den letzten zehn Jahren ist die Zahl allerdings um über ein Drittel geschrumpft, weil viele auf die neue Hochgeschwindigkeitstrasse der Bahn umsteigen, die direkt ins jeweilige Stadtzentrum führt. Signifikanterweise wird die Flugroute auf globalem Niveau just von ebensolchen konkurrierenden Städtepaaren wie Peking–Shanghai, São Paulo–Rio de Janeiro oder Melbourne–Sydney übertroffen. Konkurrenz belebt das Geschäft.

El pont aeri, die Luftbrücke Barcelona–Madrid, funktioniert derzeit noch wie ein Regionalbus im Halbstundentakt. Man braucht keine Reservierung, sondern steigt einfach in den nächsten Flieger. Doch der Betreiber Iberia denkt über die Einstellung der Flugverbindung nach, die erheblich an Rentabilität eingebüßt hat.

Auf internationaler Ebene sind Paris und London die von Barcelona am meisten bedienten Flugziele, auf interkontinentaler Tel Aviv und New York. Die mit rund 30 Prozent des Passagieraufkommens dominierende Fluggesellschaft ist die auch in Barcelona ansässige Vueling, die als Billigflieger klassifiziert wird, aber beinahe die Servicequalität der klassischen Carrier bietet. Das beweist auch die enge Kooperation mit Linien wie British Airways, Iberia und American Airlines.

Und wenn ich nicht nach Barcelona fliege?

Obwohl die Zeiten der Super-Schnäppchen schon lange der Vergangenheit angehören, ist Ryan Air abgesehen vom Trampen weiterhin die preiswerteste Form nach Barcelona zu gelangen. Der irische Billig-Liner fliegt El Prat derzeit nur von Köln aus an. Bedeutend besser angebunden ist das 90 Kilometer nördlich gelegene Girona, das aktuell von sechs deutschen Flughäfen erreichbar ist. Je nach Wohnort kann man außerdem auch Flughäfen in Nachbarländern in Betracht ziehen.

Girona Airport ist durch Linienbusse an Barcelona angebunden, die sich an den Ankunfts- und Abflugzeiten der Flieger orientieren. Etwa 20 Minuten nach jeder Landung fährt ein Bus nach Barcelona ab. Die Fahrt dauert rund 75 Minuten, ein einfaches Ticket kostet 16 Euro, Hin- und Rückfahrt innerhalb von 30 Tagen 25 Euro. Die Busse steuern den zentralen Busbahnhof Barcelonas an, die Estació del Nord beim Arc de Triomf, wenig mehr als einen Kilometer nordöstlich der Plaça Catalunya.

Die Rückfahrt funktioniert genauso, die Busse starten an den Bussteigen 28 oder 29 der Estació del Nord. Allerdings sollte man sich rechtzeitig über die Abfahrtszeiten erkundigen, das geht über die auch auf Englisch verfügbare Website www.sagales.com. Obwohl am Flughafen Girona nicht mehr allzu viel los ist, wird offiziell empfohlen, 90 Minuten vor Abflug einzuchecken.

Und wenn ich nicht nach Barcelona fliege?

Außer dem Flieger bleiben im Prinzip noch vier Möglichkeiten, nach Barcelona einzufallen. Mit der Bahn, einem Fernbus, dem eigenen Vehikel oder auf einem Schiff. Letzteres ist gar nicht so unwahrscheinlich, wie man im ersten Moment denken möchte, denn pro Jahr steigen gut 2,5 Millionen Menschen im Hafen von einem Kreuzfahrtdampfer, abgesehen von einer halben Million Fährpassagieren, die auf den Balearen, in Italien, Tunesien oder Marokko an Bord gegangen sind. Sollte Barcelona also Endstation einer Mittelmeerkreuzfahrt sein, kommt man praktisch schon im Zentrum an. Dann heißt es, Gepäck unterklemmen und zu Fuß oder mit dem Taxi zum Hotel. Metrostationen sind auch nicht weit, je nachdem, wo der Dampfer anlandet, bewegt man sich zu den Bahnhöfen Drassanes oder Barceloneta.

Mit der Eisenbahn trifft man höchstwahrscheinlich am Bahnhof Sants ein. Von dort setzt man den Weg zum Hotel ebenfalls zu Fuß, im Taxi oder in der U-Bahn fort. Die grüne L3 fährt ins Zentrum, die blaue L5 zur Sagrada Familia.

Fernbusse bedienen in Barcelona die bereits erwähnte Estació del Nord. Taxis warten an den beiden nördlichen Ausgängen. Die nächste Metrostation ist Arc de Triomf, von der Nordwestecke des Bahnhofskomplexes geht man schräg durch den verkehrsberuhigten Carrer de Ribes.

Bleibt noch das Auto. Hier hängt natürlich alles davon ab, wo man hin muss. Über die Autobahn 7 aus dem Norden kommend, wechselt man auf den Zubringer C-33 und orientiert sich immer in Richtung Barcelona. Dann gibt es zwei Wege ins Zentrum, beide sind gleichwertig staugefährdet und man benötigt in etwa die gleiche Zeit. Ohne ein rationales Argument für diesen Weg zu besitzen, bevorzuge ich die Avinguda Meridiana. Man folge nur der entsprechenden Beschilderung. Nach fünf Kilometern heißt es, bei der Metrostation Clot nach rechts in den Carrer Aragó abzubiegen, nach weiteren drei Kilometern erreicht man den Passeig de Gràcia direkt oberhalb der Plaça Catalunya. Links abbiegen darf man allerdings nicht; will man zur Plaça, biegt man zwei Blöcke später in den Carrer Balmes, dessen Verlauf man einen weiteren Kilometer folgt.

Die Alternative, die Umgehungsautobahn Ronda Litoral, führt direkt zum Hafen und zum südlichen Ende des Stadtzentrums. Allerdings ist maximale Aufmerksamkeit gefordert, um die richtige Ausfahrt nicht zu verpassen, denn die befindet sich in einem Tunnel hinter einer Kurve und wird erst im letzten Moment sichtbar. Hat man sich noch nicht auf die rechte Spur eingeordnet, rauscht man garantiert vorbei. Die bereits vor dem Tunnel angekündigte Ausfahrt Nummer 21 (Ciutat Vella) mündet auf den riesigen Kreisverkehr der Plaça de Draçanes. Nach einer vollständigen Umrundung biegt man rechts in Richtung Passeig de Colom und findet sich nach hundert Metern am unteren Ende der Rambles wieder.

Fenster zum Hof

Wo und wie man in Barcelona unterkommt

Als langjährige und erfahrene Rucksackreisende buchten Tina und Jürgen ganz und gar sorglos einen Billigflug nach Girona, um dann mit dem Bus direkt in die Hauptstadt weiterzufahren. Ein kurzer Blick ins Internet genügte, um festzustellen, dass das Angebot an preiswerten Herbergen in der Altstadt mehr als reichhaltig ist. Sie hielten sich für relativ anspruchslos und wussten von vielen teils ausgedehnten Reisen auf fast allen Kontinenten, dass es für jedes Problem eine Lösung gibt, erst recht in einer europäischen Metropole. Also verzichteten sie großzügig auf eine Reservierung.

Doch als sie in abendlicher Dunkelheit in Barcelona aus dem Bus stiegen, ging ein heftiges Sommergewitter nieder, es regnete aus Eimern – das ist nicht ungewöhnlich mitten im August. Im Reiseführer zu blättern und nach einer empfohlenen Herberge zu forschen, war jetzt zu umständlich. Tina erinnerte sich, dass an der Rambla einige preiswerte Hostals lagen, also machten sie sich halb rennend auf den Weg durch den strömenden Regen. Gleich am Anfang der Rambles entdeckten sie in großen Lettern das Wort »Hostal«, ohne weiteres Nachdenken stiegen sie die Treppen in den zweiten Stock hinauf. In der winzigen Lobby herrschte Hochbetrieb, schließlich ging bei dem Wetter kein Mensch auf die Straße. Auf die Frage nach dem Zimmerpreis bekamen Tina und Jürgen jedoch eine völlig unerwartete Antwort: »Wir sind ausgebucht.«

Die beiden waren erst mal baff, doch das Unglück schien sich zum Drama auszuweiten, als sie in der nächsten Herberge ebenfalls abgewiesen wurden. Inzwischen vollkommen durchnässt, stieg allmählich Panik auf. Wo sollten sie bei diesem Wetter unterkommen? Doch beim dritten Versuch hatten sie Glück, zumindest halbwegs. Alle Doppelzimmer waren ausgebucht, aber es gab immerhin zwei freie Betten im großen Schlafsaal. Wenigstens eine Lösung für die erste, wenn auch unruhige Nacht. Tina zerrupfte ein Papiertaschentuch und rollte die Fetzen zu improvisierten Ohrstöpseln zusammen, um die fremden Schnarcher zu dämpfen.

Am nächsten Morgen waren die Straßen noch nass, doch die Sonne strahlte schon wieder vom tiefblauen Himmel. Diesmal gingen die beiden das Problem strategisch an und markierten in ihrem Reiseführer einige nahegelegene Herbergen, die von Preis und Qualität akzeptabel erschienen. Nach ein paar Tassen Kaffee steuerten sie die nächstgelegene Option an. Doch wieder waren die Erklärungen der Rezeptionistin wenig erfreulich. Bis zum Mittag wisse man nicht, ob ein Zimmer frei würde, sie sollten doch so gegen zwei Uhr noch mal reinschauen.

Schon zwölf Stunden in der Stadt und immer noch keine Bleibe gefunden, es war zum Verzweifeln. Doch beim nächsten Versuch hatten sie Glück, es gab ein freies Doppelzimmer, sogar mit einem kleinen Balkon und Blick auf die Rambles. Der Preis war akzeptabel, also checkten sie gleich für die ganze Woche ein. Problem gelöst, jetzt konnte die Reise wirklich beginnen.

Nach einem langen Tag in der Altstadt fielen Tina und Jürgen todmüde ins Bett, schließlich war die vorherige Nacht nicht gerade erholsam gewesen. Doch in dem winzigen Zimmer herrschten mindestens dreißig Grad, an Schlaf war kaum zu denken. Das flugs geöffnete Fenster linderte die Schwüle, doch in kaum fünf Metern Entfernung knatterten Mopeds und Autos vorbei, aus der Kneipe nebenan tönte laute Musik und bis in die frühen Morgenstunden grölten die Nachtschwärmer. Auch dieses Zimmer entpuppte sich als Albtraum.

Tina fragte am nächsten Morgen an der Rezeption nach einem ruhigeren Gemach. Ein Blick auf den Computer und wieder kam eine niederschmetternde Absage: »Heute nicht, aber morgen könnt ihr das Zimmer 14 haben, das hat ein Fenster zum Hof.« Also noch eine geräuschvolle Nacht. Tina steuerte direkt die nächste Apotheke an und erstand ein paar anständige Ohrstöpsel.

Zimmer 14 erwies sich schließlich als ganz passabel. Der Blick in den engen Hinterhof und auf die trocknende Wäsche der Nachbarn war keine Augenweide, aber immerhin heizte die Sonne den Raum nicht auf und die nächtliche Geräuschkulisse war erträglich.

Also sollte man unbedingt vorher seine Bleibe reservieren?

Es spricht eigentlich nichts dagegen und vieles dafür. Bei einem Städtetrip ist es immer praktisch, zu wissen, wo man nach der Ankunft hin muss, denn sich mit Gepäck beladen auf die Suche nach einer Unterkunft zu machen, ist nicht die angenehmste Aufgabe. Wer länger als nur ein paar Tage bleibt, muss nicht unbedingt für den ganzen Zeitraum buchen, sondern kann sich ja nach ein oder zwei Tagen auf die Suche nach der optimalen Bleibe machen. Vielleicht ist es auch nicht die schlechteste Idee, nach einigen Nächten das Stadtviertel zu wechseln und so die vielen Facetten der Stadt intensiver kennenzulernen.

Zwar ist das Angebot an Unterkünften reichhaltig, doch in den Sommermonaten und zu Ostern können Zimmer knapp werden. Das gilt besonders für preiswerte Unterkünfte wie die Hostals, denn Barcelona ist unter Studenten und Rucksackreisenden ein äußerst populäres Ziel. Aber auch am anderen Ende des Preisspektrums kann das Angebot an Hotelzimmern zeitweise weitgehend ausgebucht sein. Barcelona richtet ganzjährig große Kongresse und Messen aus, und wenn schlagartig zwanzigtausend Geschäftsreisende über die Stadt herfallen, wird es eng.

Wie findet man denn aus der Entfernung die optimale Unterkunft?

An erster Stelle steht natürlich die Budgetfrage. Barcelona bietet die gesamte Bandbreite an Unterkünften, von preiswerten Herbergen mit Schlafsaal über Pensionen zu Hotels aller Kategorien. Die Preise variieren nach Jahreszeit, außerhalb der Hauptsaison sinken sie natürlich.

Die Herbergen waren früher finstere, primitive Absteigen, doch das hat sich grundlegend geändert. Man kann ein angenehmes und fröhliches Ambiente erwarten. Gemeinschaftsräume, Küche, wireless Internet und Waschmaschinen gehören zur Standardausstattung. Für ein Bett in einem Schlafsaal muss man pro Nacht zwischen 20 und 35 Euro berappen. Viele Herbergen (*albergues* oder katalanisch *albergs*) bieten auch Einzel- und Doppelzimmer an. Bei einem Preis zwischen 40 und 60 Euro sollte man allerdings keinen Luxus erwarten, die Zimmer sind klein und nur mit dem Nötigsten ausgestattet. Wer ein eigenes Bad, Fernseher, Klimaanlage oder Heizung verlangt, muss schon etwas tiefer in die Tasche greifen. Ab etwa 70 Euro wird man in kleinen Pensionen und Hostals fündig.

Im oberen Teil des Preisspektrums sind der Behaglichkeit keine Grenzen gesetzt. Neben den standardisierten und vergleichsweise anonymen Ablegern großer Hotelketten finden sich eine Menge kleiner Boutique-Hotels, die mit Liebe zum Detail eine ganz individuelle und intime Atmosphäre schaffen. Kleinere Hotels haben außerdem den Vorteil, dass Lobby und Rezeption nicht plötzlich von einer 50-köpfigen Reisegruppe überflutet werden. Seine Reservierung macht man am besten über eines der großen Reiseportale im Internet vom Typ Expedia, HRS, Booking oder eDreams. Die Preisunterschiede sind üblicherweise nicht sehr groß, die Aufbereitung der

Daten dagegen durchaus. Auf der Suche nach dem besten Preis kann man vergleichende Suchmaschinen wie www.kayak.de nutzen.

Eine sehr interessante Alternative stellen die vielen meist von privat vermieteten Appartements dar, ganz besonders für Familien mit Kindern. In der Altstadt sind über 600 offiziell registriert, im Eixample sogar über 5.000. Für eine kleine Wohnung mit zwei Schlafzimmern für vier Personen werden ab etwa 100 Euro pro Nacht fällig, was schon einen Preisvorteil gegenüber einem Hotel darstellt. Dazu addiert sich die Ersparnis durch zumindest teilweise Selbstverpflegung. Allerdings sollte man vor der Reservierung unbedingt aufs Genaueste die Ausstattung des Appartements mit Küchenutensilien, Bettwäsche und Handtüchern unter die Lupe nehmen. Gleiches gilt für Miet- und Zahlungsbedingungen und eventuell anfallende Zusatzkosten. Ferienwohnungen werden von vielen Internet-Agenten wie www.apartmentsbarcelona.com, www.top-barcelona-apartments.com oder www.fewo-direkt.de vermittelt.

Die zweite wichtige Frage ist die nach dem richtigen Stadtviertel. Die Antwort hängt natürlich von den eigenen Vorlieben ab. Wer Strandnähe bevorzugt, sollte so früh wie möglich reservieren, die wenigen Hotels auf der Barceloneta sind oft ausgebucht. Will man sich dagegen eher auf die Erkundung der Stadt konzentrieren, steigt man am besten in der Altstadt ab. Hier findet sich ein großer Teil der Attraktionen und alle anderen Stadtteile sind problemlos mit öffentlichen Verkehrsmitteln erreichbar. Allerdings wird die Altstadt auch von der großen Masse der Touristen frequentiert. Wünscht man sich eine authentischere Stadtgegend, sucht man in Gràcia oder dem Eixample. Letzterer ist allerdings ausgesprochen weitläufig – man sollte die Entfernungen nicht unterschätzen und die Nähe zu einer Metro-Station suchen.

Seit 2012 wird in Katalonien eine Tourismussteuer erhoben, die normalerweise in den angegebenen Preisen nicht enthalten ist. Sie beträgt je nach Qualitätsstandard einer Unterkunft zwischen 0,65 und 2,50 Euro pro Tag und Person über 16 Jahren.

Ein Campingplatz ist für eine Stadtreise nach Barcelona keine gute Option, denn die urbane Konzentration lässt kein Terrain für eine solche Einrichtung, auch nicht in den Außenbezirken. Nur wer mit dem Campingbus oder Wohnmobil anreist, ist möglicherweise auf einen Campingplatz angewiesen. Wildes Campen ist natürlich verboten, auch im Campingbus. Die beste Option ist dann der Camping Masnou, 20 Kilometer nordwestlich der Stadt. Zur Bahnstation sind es keine 10 Fußminuten und die Fahrt zur Plaça Catalunya dauert keine halbe Stunde. Die Bahnen verkehren zu den Stoßzeiten alle zehn, früh morgens und spät abends alle zwanzig Minuten. Hin- und Rückreise kosten zusammen fünf Euro [www.campingmasnoubarcelona.com].

Trotz des Verbots verbringen nicht wenige die Nacht im Campingbus in der Gegend des Olympiastadions auf dem Montjuïc. Solange daraus keine Massenbewegung wird, scheint die Stadt das Verhalten stillschweigend zu dulden. Nachts ist die Gegend ausgestorben, aber von Überfällen hat man bisher nicht gehört.

Und wo kann man zur Not für eine Zeit sein Gepäck abstellen?

Der Bahnhof Sants, die Estació de França und der Busbahnhof Estació del Nord bieten Schließfächer zur Gepäckaufbewahrung, genannt *consigna*. In Sants findet man sie gleich neben dem McDonald's, in der Estació de França rechts neben dem zentralen Eingang zur Abfahrtshalle und an der Estació del Nord etwa in Höhe des Bussteigs 6. Im Stadtzentrum gibt es außerdem eine kommerzielle Gepäckaufbewahrung namens Locker Barcelona im Carrer Estruc 36, wenig unterhalb des Corte Inglés an der Plaça Catalunya. Dieses Unternehmen bietet auch den von Reisenden oft benötigten Service, seine Bordkarte ausdrucken zu können.

Wichtig ist bei allen Optionen, dass man sich genauestens mit den Öffnungszeiten vertraut macht, damit man im entscheidenden Moment auch an sein sicher verstautes Gepäck herankommt.

Oben und unten, links und rechts

Orientierung in Barcelona

Es war kurz vor Weihnachten 2011, ein Sonntag, der seinem Namen alle Ehre machte. Gleißendes Licht fiel durch alle Fenster der Wohnung, draußen waren bestimmt 18 oder 20 Grad, der Himmel meinte es gut mit Barcelona. Das Telefon klingelte, Nina war dran und nach kurzem Palaver schlug sie einen Ausflug in den Park Güell vor, ein Schmuckstück modernistischer Landschaftsarchitektur aus der Feder des Meisters Antoni Gaudí. Nina wohnte am anderen Ende der Stadt. Wir verabredeten, dass ich sie an einer Bushaltestelle nahe des Parks erwarten sollte, wo sie mit dem 116er ankommen würde.

Ich hatte nur eine ungefähre Ahnung, wo sich wohl der Carrer de Sostres, die »Straße der Dächer«, befinden würde, aber heutzutage hat man ja sein Clever-und-Smart-Phone in der Tasche, das solche Problemchen zu lösen weiß. Kurz darauf machte ich mich auf den Weg, sprang in die U-Bahn und an der Plaça Lesseps wieder raus. Während ich schon mal die ungefähre Richtung einschlug, rief ich Google Maps auf und tippte »sostres« ein, doch mein Freund und Helfer kannte diesen Straßennamen nicht. Stattdessen schlug er mir Architekturbüros und Dachdeckerbetriebe vor. Auch die Suche nach verschiedenen Varianten schlug fehl und den erstbesten Passanten war die kaum 250 Meter lange Straße kein Begriff. Ein bisschen ratlos schlug ich den Rückweg zur Bahnstation ein, um einen Blick auf den Stadtplan zu werfen. Keine zehn Sekunden später war die Straße geortet, höchstens zehn Fußminuten entfernt. Etwas verstört rief ich noch mal Google Maps auf und glich die beiden Karten miteinander ab. An der richtigen Stelle verzeichnet der elektronische Stadtplan eine Straße namens Calle de Techos. Da ging mir ein Licht auf: Google hatte den katalanischen Straßennamen ins Spanische übersetzt! Die Ronda de Dalt war in Ronda de Arriba und der Carrer Argenteria in die Calle Platería umgetauft worden. Damit war das an sich praktische Werkzeug des Informationsmultis zumindest für Barcelona so gut wie unbrauchbar geworden.

Uns dagegen lieferte Google netterweise ein Thema, über das wir herzlich lachen konnten. Schade nur, dass man nicht gleich ins Deutsche übersetzt hatte, dann hätte Barcelona so skurrile Verkehrswege wie den »Sturzbach vom Kochtopf«, den »Platz des Zweifels« und die »Straße der Sintflut«. Doch längst nicht alle Teile der Gesellschaft nahmen den Google-Lapsus mit Humor. Es hagelte Proteste und die Firma beeilte sich, die geänderte Nomenklatur rückgängig zu machen.

Auch im Zeitalter der Navigationsgeräte ist also ein Minimum an persönlicher Orientierung hilfreich oder sogar lebensnotwendig. Vor wenigen Jahren machte die Nachricht von einem Autofahrer in Südspanien die Runde, der in blindem Vertrauen auf sein Navi geradewegs in einen Fluss gefahren und ertrunken war. Früher hatte an jener Stelle eine Brücke gestanden.

Welche sind denn die Grundregeln für die Orientierung in der Stadt?

Barcelona muss sich zwischen Meer und Gebirge zwängen und hat praktisch kein Terrain mehr, um flächenmäßig zu wachsen. Darum ist das urbane Gebilde ungemein konzentriert. Die Einwohnerdichte übersteigt die Hamburgs um das siebenfache, statistisch leben auf jedem Quadratkilometer der Stadt über 16.400 Menschen. Parks und Grünanlagen sind in diesem Gedränge klein und rar, größere Flächen geringer Siedlungsdichte finden sich nur in der Peripherie, sprich im Gebirge der Serra de Collserola und auf dem Montjuïc. Beide bilden wichtige Kardinalspunkte zur Orientierung. Die Serra mit dem Fernsehturm begrenzt die Stadt grob immer im Westen, der Montjuïc im Süden, das Mittelmeer im Osten. Der Flughafen findet sich südlich der Stadt wenige Kilometer hinter dem Montjuïc.

Administrativ ist das Stadtgebiet in zehn Distrikte unterteilt, die tatsächlich gut der Orientierung dienen können, weil sie sozial und städtebaulich gut unterscheidbare Einheiten bilden. Ciutat Vella ist die Altstadt, also das Zentrum, das sich nochmals in drei verschiedene Viertel gliedert. Die berühmte Flaniermeile der Rambles trennt von Nordwesten nach Südosten den Raval vom Barri Gòtic. Letzteres ist der unter Touristen populärste Bereich der Stadt mit Rathaus, katalanischer Regionalregierung und der Kathedrale. Südlich der Rambles liegt der einst als »Chinatown« verrufene Raval, ein lebendiges und hochgradig multikulturelles Stadtviertel. Auf der nördlichen Seite wird das Barri Gòtic durch die Via Laietana vom dritten Altstadtquartier getrennt, das offiziell »Sant Pere, Santa Catalina i la Ribera« genannt wird. An dessen östlichem Ende liegt das vitale und sehr populäre Viertel El Born mit dem Picasso-Museum. Der Einfachheit halber wird im Folgenden dieser Name auf das gesamte Stadtviertel angewandt, auch wenn das strenggenommen schlichtweg nicht korrekt ist.

Weiter im Osten schließt sich die Halbinsel Barceloneta an, mit gänzlich anderer Atmosphäre und Architektur. Hier findet sich auch der innenstadtnächste Strand, der bei entsprechenden Temperaturen außerordentlich gut besucht ist.

Am westlichen Ende des Barri Gòtic breitet sich die riesige Plaça Catalunya aus, der wichtigste Verkehrsknotenpunkt des Zentrums. Hier kreuzen sich mehrere Linien der U-Bahn und der Regionalbahn und hier starten und enden auch die blauen Aerobusse zum Flughafen.

Zwischen die Altstadt und den Montjuïc zwängt sich jenseits der Verkehrsachse des Paral·lel noch El Poble Sec, ein neueres, aber nichtsdestotrotz besuchenswertes Stadtviertel mit ausgeprägtem Nachtleben.

Westlich der Altstadt schließt sich der für das Barcelona-Bild so markante Eixample an, was »Eschample« ausgesprochen wird und nichts anderes als »Erweiterung« bedeutet. Als die überbevölkerte Altstadt zur Mitte des 19. Jahrhunderts aus allen Nähten zu platzen drohte, wurden die urbane Expansion zentral geplant und das charakteristische einheitliche Netz der perfekt quadratischen Wohnblocks angelegt. Man unterscheidet grob zwischen der von der Plaça Catalunya aus gesehenen rechten Dreta de l'Eixample, wo die Sagrada Familia liegt, und der linken Esquerra de l'Eixample. Administrativ ist Sagrada Familia eine eigenes Stadtviertel, doch der Einfachheit halber verschmelzen wir es genau wie einige andere mit der Dreta de l'Eixample. Die offizielle Trennungslinie der beiden Eixample-Hälften ist der Carrer Balmes, die parallel verlaufende wichtigste Verkehrsachse des Passeig de Gràcia, »Passetsch« ausgesprochen, liegt also theoretisch in der rechten Hälfte, wird aber im Alltag oft als die eigentliche Grenze betrachtet.

Wie der Name des Prachtboulevards vermuten lässt, führt er von der Altstadt zur einst unabhängigen Gemeinde Gràcia, ein lebendiges und sehr sympathisches Stadtviertel mit fast dörflicher Atmosphäre. Man sollte die schmalen Straßen und hübschen Plätze unbedingt zu Fuß erkunden, ohne aber Attraktionen der ersten Güteklasse zu erwarten. Südwestlich von Gràcia klettern Les Corts, Sarrià, Pedralbes und Sant Gervasi die zunehmend steiler werdenden Hänge der Serra de Collserola hinauf. Hier leben die ökonomisch besser gestellten Schichten und die Prominenz.

In den nördlichen bergseitigen Stadtvierteln Nou Barris und Sant Andreu konzentrieren sich dagegen eher die Unter- und Mittelschichten. Sant Andreu hat eine eigene, sehr gefällige Altstadt. In Richtung Mittelmeer schließt sich südlich an Sant Andreu der Distrikt San Martí an, der den Olympiahafen, das ehemalige Olympische Dorf und die Torre Agbar beherbergt, das 145 Meter hohe, nachts bunt schillernde Hochhaus.

Das Stadtgebiet wird von zwei urbanen Umgehungsautobahnen, der Ronda de Dalt oben am Gebirgshang und der Ronda Litoral entlang der Küstenlinie umrundet.

Wenn gebürtige Barceloneses von einer bestimmten Straßenseite sprechen, beziehen sie sich auf vier Kardinalsrichtungen, die allerdings nicht Osten oder Westen heißen, sondern *mar, muntanya*, Besòs und Llobregat, also »Meer«, »Gebirge« und die beiden Grenzflüsse des Stadtgebiets im Norden und Süden. Um einen genauen Treffpunkt zu definieren, würde man also beispielsweise zu hören bekommen: »Wir sehen uns um acht an der Kreuzung Aragó/Girona, auf der Seite Mar/Llobregat.«

Die Benennung der Straßen und Plätze erfolgt konsequent in katalanischer Sprache, obwohl sich an einigen wenigen Stellen noch Straßenschilder auf Spanisch finden lassen. Die Straßenschilder sind üblicherweise an den Hauswänden angebracht, meist nur auf einer Straßenseite und längst nicht an allen Kreuzungen. Sie sind nicht immer leicht zu entdecken und oft von Bäumen verdeckt.

Den spanischen und katalanischen Schreibweisen zufolge werden Straße und Hausnummer bei Adressangaben durch ein Komma getrennt. Folgen der Hausnummer noch weitere kryptischen Zahlen- und Buchstabenkombinationen, handelt es sich um eine genaue Definition der Wohnung mit Angabe des Stockwerks, der Nummer der Eingangstür oder auch einfach nur rechte oder linke Tür. Die Adresse »Carrer Balmes, 175 2on 3a« bedeutet also Hausnummer 175, zweiter Stock, dritte Tür. Möchte man jemanden besuchen oder abholen, sind diese Daten von entscheidender Bedeutung, denn nur selten finden sich die Namen der Bewohner auf den Klingelschildern, stattdessen klingelt man eben bei »2on 3a«.

Bei Postadressen wird gewohnheitsmäßig hinter der Ortsangabe in Klammern die Provinz mit angeführt, obwohl das gar nicht notwendig ist, denn die ersten beiden Ziffern der Postleitzahl definieren bereits die Provinz. Alle mit »08« beginnenden Postleitzahlen deuten auf eine Adresse in der Provinz Barcelona, die allerdings weit über das Stadtgebiet hinausreicht und eine Fläche dreimal so groß wie das Saarland bedeckt. Die nördliche Provinzgrenze liegt 130 Straßenkilometer entfernt in den Pyrenäen.

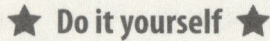

★ Do it yourself ★

Touristen-Informationen

In den städtischen Touristen-Informationsbüros bekommt man kostenlose Stadtpläne. Unverzichtbar ist natürlich auch ein Plan des U-Bahn-Netzes. Fast ein Dutzend Informationsbüros finden sich an strategisch günstigen Punkten der Stadt, allerdings von erheblich unterschiedlicher Größe und Ausstattung. Gleich bei der Ankunft kann man sich in den beiden Flughafenterminals oder am Bahnhof Sants mit Karten ausstatten und sich auf Englisch Fragen beantworten lassen. Größere Chancen, einen deutschsprachigen Gesprächspartner anzutreffen, hat man im Hauptbüro an der Plaça Catalunya.

❚ Täglich 8.30–20.30 Uhr • Plaça de Catalunya, 17-S • Metro: Plaça Catalunya, L1 und L3 • Tel.: 93 285 3834 • www.barcelonaturisme.com

Apps für Smartphones

Um sich in dem dichten Straßengewirr Barcelonas zurechtzufinden, ist eine entsprechende Smartphone-Applikation natürlich hilfreich, allerdings sollte man sich vor der Reise über die anfallenden Roaming-Gebühren schlaumachen.

Die Bandbreite kostenpflichtiger und -loser Apps für iPhone und Android wächst ständig, was allerdings keineswegs eine Qualitätssteigerung impliziert. Tiefschürfende Informationen bleiben auch weiterhin schwer auf vergleichsweise winzigen Bildschirmen darstellbar und Neuheiten unterscheiden sich eher durch ihre grafische Aufbereitung als durch ihren Inhalt. Die offizielle Reisewebsite der Stadt www.barcelonaturisme.com bietet eine allgemeine und mehrere thematische englischsprachige Apps zum teils kostenpflichtigen Download an. Der gute alte Reiseführer in Papierform wird sich von oberflächlichen Applikationen mit den typischen Top-Ten-Listen nur für gleichfalls oberflächliche, konsumorientierte Kurzbesucher ersetzen lassen. Abgesehen davon ist die Nutzbarkeit der Apps durch die Batterie des Smartphones begrenzt. Die wenigsten halten bei kontinuierlicher Nutzung einen ganzen Tag durch und ohne Alternative zum Telefon steht man dann plötzlich orientierungs- und informationslos da.

Bus und Bahn

Mit öffentlichen Verkehrsmitteln unterwegs

Einige Monate nach dem ersten Familienbesuch bekam Chen Lu selbst Lust, ein bisschen mehr von Europa zu sehen und sie beschloss, ihren Onkel in Birmingham zu besuchen. Ein Blick ins Internet bestätigte außerdem, dass Ryan Air die mittelenglische Industriestadt direkt anflog. Es schien also alles zusammenzupassen, die Reise würde nicht mal teuer werden. Im Kalender suchte sie das nächste verlängerte Wochenende heraus und rief voller Vorfreude die Verwandtschaft an, um die Daten abzuklopfen und möglichst schnell ein preiswertes Flugticket zu erstehen. Doch die Reaktion des Onkels bedeutete eine Vollbremsung ihres Tatendrangs: »Großbritannien hat das Schengener Abkommen nicht unterzeichnet. Als Chinesin musst du beim britischen Konsulat ein Visum beantragen.«

So umständlich hatte Chen Lu sich ihren Ausflug auf die Insel nicht vorgestellt.

Doch die Informationen der Website des Konsulats erwiesen sich als noch weit niederschmetternder. Für die Einreiseerlaubnis musste sie außer ihrem Pass und zwei Fotos auch ein Einladungsschreiben, einen beglaubigten Einkommensnachweis und die Kopie eines Einkommensnachweises des Onkels vorlegen. Die Ausstellung des Visums würde bis zu drei Wochen dauern und volle 85 Pfund kosten. Obendrein ging aus den Informationen der Website nicht einmal klar hervor, ob sie für den Onkel überhaupt eine Besuchsvisum erhalten könnte, denn es wurden nur Kinder, Eltern, Großeltern und Geschwister erwähnt. Chen Lu beschloss trotzdem, die Prozedur durchzustehen. Am Ende erhielt sie ihr Visum und auch ein Flugticket.

Es kam der Moment der Abreise, doch weil der Flieger erst am Nachmittag abhob, nutzte sie den freien Tag, um mit einer Freundin Barcelona zu durchstreifen. Das gemeinsame Mittagessen zog sich hin, immer wieder kam eine neues Thema zur Sprache, bis Chen Lu sich irgendwann losreißen konnte, die Reisetasche schulterte und sich eiligst auf den Weg zum Bahnhof Passeig de Gràcia machte, von wo die R3 direkt zum Terminal 2 durchfährt. Die Treppen hinunter, sich orientieren, R3, Pfeil nach rechts, einen endlosen Gang hinunter, Treppen hinauf, wieder hinunter, bis sie schließlich vor der richtigen Schranke stand. Schnell das Ticket aus dem Automaten gezogen, zurück zur Schranke, Fahrschein in den Schlitz geschoben – die Türen öffneten sich nicht. *Bitllet no vàlid*, »Fahrkarte ungültig«, kommentierte das kleine elektronische Display und die Karte wurde wieder ausgespuckt. Sie versuchte es noch mal, und dann am Durchgang nebenan, mit dem gleichen Ergebnis. Ratlos blickte sie sich nach Hilfe um. Kein Uniformierter weit und breit, doch gegenüber war ein besetzter Fahrkartenschalter. Von einem Fuß auf den anderen wippend, wartete sie ungeduldig bis sie an der Reihe war, schon halb in Panik erklärte sie dem Schalterbeamten, was passiert war, doch der blickte sie nicht mal an, knallte einen Stempel auf die Rückseite des Fahrscheins und sagte ungerührt: »Geh hier links an den Schranken vorbei.« Der Mann kannte das Problem offensichtlich schon. Chen Lu raste zum Bahnsteig, der Zug ließ zum Glück nicht lange auf sich warten. Zwanzig Minuten später sprang sie heraus, rannte zum Terminal und geradewegs zur Sicherheitskontrolle, wo sie dem ersten Beamten Pass und ausgedruckte Bordkarte unter die Nase hielt. Der ging die Dokumente bis ins Detail durch, runzelte die Stirn und sagte: »Sie müssen zum Schalter von Ryan Air gehen und die Bordkarte abstempeln lassen.« Chen Lu verstand überhaupt nichts mehr, inzwischen war sie in heller Aufregung. Sie wusste nicht, dass die Fluggesellschaft die Einreisedokumente überprüfen musste, um sicher zu gehen, dass sie keine Probleme bei der britischen Grenzkontrolle bekommen würde. Auch diese Hürde konnte sie nehmen, raste zurück zur Sicherheitskontrolle und dann weiter zum Gate, das gerade von den Flugassistentinnen geschlossen wurde. Erneut zückte sie Pass und Bordkarte und wurde gerade noch durchgelassen. Die Bemerkung: »Bitte beeilen Sie sich«, erschien ihr völlig überflüssig.

Wieso ist die Fortbewegung mit öffentlichen Verkehrsmitteln so kompliziert?

Das ist sie gar nicht. Wenn man einmal weiß, wie es richtig geht, erscheint es ganz leicht. Die meisten Menschen benutzen immer die gleichen Transportmittel und -wege und beherrschen ihre Marschrouten im Schlaf. Doch in einer fremden Stadt, noch dazu mit fremder Sprache, muss man das System erst erlernen. Im Prinzip funktioniert der öffentliche Nahverkehr in Barcelona genauso wie in jeder anderen europäischen Großstadt. Aber genauso hält er auch einige Fallen bereit. Wer sich auf den Weg zu einem so unverrückbaren Termin wie einer Flugreise macht, sollte entweder seinen Weg genau kennen oder eine angemessene Zeitmarge einplanen. Schließlich kann ja auch immer Unvorhergesehenes eintreten, eine Zugverspätung oder ein Verkehrsstau.

Einige zentrale Metrostationen und Bahnhöfe sind wahre Labyrinthe, ganz besonders der der Plaça Catalunya. Obwohl es sich um einen einzigen Komplex handelt, können die Distanzen zwischen zwei Bahnsteigen immens sein. Doch schon die Orientierung auf dem Metroplan Barcelonas ist nicht ganz leicht, denn das Streckennetz ist engmaschig. Elf Metrolinien verbinden 165 Bahnhöfe. Die längste Linie, die rote L1, braucht eine gute Dreiviertelstunde, um auf 21 Kilometern 30 Stationen abzuklappern. Obendrein wird das Netz ständig ausgebaut und erweitert. Hinzu kommen Regionalbahnen, Straßenbahnen und ein noch weit komplexeres Bussystem.

Kurioses im Untergrund

Wegen der extremen urbanen Konzentration verläuft die Untergrundbahn in Barcelona tatsächlich fast immer und überall unter dem Niveau der Straße. Ganz im Gegensatz zu Hamburg oder Berlin werden die Züge nur an wenigen und sehr kurzen Abschnitten mal vom Tageslicht getroffen.

Straßenmusiker trifft man im Vergleich zu anderen Städten in den Tunneln der Bahnhöfe eher selten an, die notwendige offizielle Erlaubnis erhalten nur wenige. Dafür pendeln Musiker häufig direkt in den Bahnen, vielfach dem Teenager-Alter gerade entsprungene Alternative, noch öfter aber rumänische Folkloristen, vorzugsweise mit Akkordeon. Die Aufdringlichkeit, die Fahrgäste ungefragt mit Musik zu belästigen, verdient nicht automatisch ein Trinkgeld, aber einige sind wahre Virtuosen, die eher einen Plattenvertrag als eine 50-Cent-Münze verdienen.

Weit verbreitet ist auch, dass sich während der Fahrt plötzlich eine Einzelperson erhebt, um öffentlich und mit selbstkritischen Anmerkungen gespickt ihr desaströses Einzelschicksal zu berichten und um finanzielle Hilfe zu bitten. Eine ethisch korrekte Einschätzung gestaltet sich schwierig, einerseits sind die persönlichen Lebensgeschichten nachvollziehbar und oft erbarmungswürdig, andererseits hat diese aggressive Art zu betteln schon etwas von Nötigung.

Dem katalanischen Charakter entsprechend war die Metro in Barcelona immer ein rational geplantes Transportmittel; nur wenige Legenden ranken sich um die Tunnel im Untergrund. Es existieren nur zwei »Geisterstationen«, beide liegen entlang der L4 und wenn man sich an der richtigen Stelle die Nase an der Fensterscheibe platt drückt, kann man vielleicht ein düsteres Bild verlassener Bahnsteige erhaschen. Den ersten verlassenen Bahnhof namens »Banco i Beatas« an der Plaça Antoni Maura umrankt der

Mythos, dass er niemals als öffentlicher Bahnhof geplant worden sei, sondern als unterirdische Entladerampe für Geldtransporte mit anschließendem Geheimtunnel zum Gebäude der Banco de España, das heute von der Caixa Catalunya belegt ist. Diese Hypothese wird durch das Faktum gestützt, dass der Bahnsteig nur ganze 23 Meter lang ist, im Vergleich zu dem Minimum von 90 Metern für öffentliche Bahnsteige.

Wenige hundert Meter südlich, an der Ecke Via Laietana/Plaça Antonio López findet sich an der Nordostecke des voluminösen Gebäudes der Post ein einfaches Metallgitter am Boden. Hier stieg man einst die Treppen zur Metrostation Correus hinab, die 1972 aus dem Netz genommen und verschlossen wurde. Der alte Eingang dient heute als Lüftungsschacht.

Die am meisten von Legenden umwobene Metrostation ist Rocafort im Eixample, gleich bei der Presó Model, dem »Modellgefängnis« aus dem 19. Jahrhundert. Der Bahnhof gilt nicht nur als Magnet für Selbstmörder, sondern genießt obendrein den schauerlichen Ruf, dass deren Geister nächtens die Bahnsteige bevölkern. Angeblich werden die Bahnhofsvorsteher nach Rocafort strafversetzt, weil niemand den Posten übernehmen möchte.

Dem aufmerksamen Beobachter wird vielleicht nicht entgehen, dass man zum Eintritt in einige Bahnstationen erst einige Stufen hinaufsteigen muss, bevor es in den Untergrund hinab geht. Diese überraschende Konstruktionsweise soll verhindern, dass größere Mengen Regenwasser in das Tunnelsystem eindringen. Trotzdem sind Bahnstationen im Lauf der Jahre schon des Öfteren Opfer von Überschwemmungen geworden.

Im Spanischen Bürgerkrieg wurde Barcelona zwischen 1936 und 1939 von den faschistischen Truppen Spaniens und Italiens 180-mal bombardiert. Bei Luftalarm flüchteten viele Menschen in die U-Bahnstationen, viele richteten sich dort regelrecht häuslich ein, bauten Betten auf und brachten Küchenutensilien mit. Waghalsigere Zeitgenossen warteten unter dem Geheul der Sirenen an den Bahnhofseingängen, um einen Blick auf die Bomber am Himmel zu werfen, bevor sie im letzten Moment die Stufen hinunterhasteten. Außer den unterirdischen Bahnstationen errichtete die Stadt 1.400 Luftschutzbunker als Zufluchtsstätte für die Bevölkerung.

Was muss man bei der Nutzung des öffentlichen Nahverkehrs noch beachten?

Der Zugang zu den Bahnsteigen wird in allen Bahnhöfen von Drehkreuzen oder automatischen Türen verschlossen, die man nur mit einem gültigen maschinenlesbaren Ticket öffnen kann. Dass die Fahrscheine mit Magnetstreifen wie im Fall von Chen Lu hin und wieder nicht funktionieren, ist kein Grund zur Beunruhigung. Dann wendet man sich mit dem Hinweis »*no funciona*« an den nächsten Schalterbeamten. Wichtig ist, dass man auch einen Einzelfahrschein bis zum Verlassen seines Zielbahnhofs aufbewahrt, denn an einigen Stationen öffen sich die Schranken auch am Ausgang nur, wenn man sein Ticket nochmals einlesen lässt.

Aufgrund dieses intensiven Kontrollsystems ist Schwarzfahren wenig verbreitet, hin und wieder sieht man aber meist jugendliche Nutzer, die die Drehkreuze überspringen oder sich zu zweit durchquetschen. Kontrollen in den Bahnen selbst sind selten, finden aber zusätzlich statt. Wer erwischt wird, zahlt hundert Euro Strafe.

Das Verhalten der Passagiere ähnelt entgegen manchen Klischees sehr dem in mitteleuropäischen U-Bahnen. Fremde sprechen sich nicht an, Bekannte unterhalten sich eher leise, ein paar lesen, sehr viele beschäftigen sich mit ihrem Handy oder hören Musik, gebrechlichen oder schwangeren Fahrgästen wird der Sitzplatz überlassen und einige wenige benehmen sich unter der stillschweigenden Missbilligung der Mehrheit daneben.

Nicht nur zu den Stoßzeiten sind die Bahnen prall gefüllt, deshalb ist bei der Fahrt im Untergrund Vorsicht geboten. Man braucht keine Angst zu haben – Metro fahren ist nicht gefährlicher als in Frankfurt oder London –, es genügt, seine sieben Sachen unter Kontrolle zu haben. Die U-Bahn Barcelonas hatte bis vor wenigen Jahren einen miserablen Ruf. Unglaubwürdigen Medienberichten zufolge wurde ein Drittel aller japanischen Touristen Opfer eines Diebstahls.

Fakt ist, dass die Stadt reagierte und seit 2011 Polizeibeamte und Sicherheitskräfte verstärkt Präsenz in den Bahnen zeigen. Vorher wurden im Schnitt bei 1,1 Millionen Passagieren 60 Diebstahlsanzeigen pro Tag registriert, seitdem wurde die Zahl um ein Drittel reduziert. Im Gegensatz zu mitteleuropäischen Großstädten bilden Betrunkene, Hooligans oder gewalttätige Rassisten eine absolute Ausnahme in den U-Bahnen Barcelonas.

Der Grund dafür, dass auf vielen Streckenplänen der Metro die Linien L6 bis L8 getrennt aufgeführt werden, liegt übrigens darin, dass sie von einer anderen Gesellschaft betrieben werden, was auf den Nutzer allerdings keinerlei Auswirkungen hat.

Auf die städtischen Autobusse wird man vermutlich weniger zurückgreifen. Zum einen kommen sie trotz reservierter Busspuren im Getümmel eher langsam voran, zum anderen fällt die Orientierung unter den 215 verschiedenen Linien nicht gerade leicht. Ist man aufgrund seines Standorts auf die Nutzung des Bussystems angewiesen, findet man anhand der Karten an der Haltestelle heraus, welche Linie zu nutzen ist, um nach B oder C zu kommen. Steht man dennoch vor einem kniffligen Transportproblem, kann man sich an die »Punt TMB« genannten Auskunftsbüros in den Bahnhöfen Sants, Diagonal und Universitat wenden. Alle sind an Werktagen von 8 bis 20 Uhr besetzt, am Wochenende öffnet nur Sants, nämlich samstags von 9 bis 19 und sonntags von 9 bis 14 Uhr. Vorher kann man noch versuchen, sich von der Website www.tmb.cat unter »going to« eine Verbindung errechnen zu lassen.

Am ehesten wird man noch auf die Schnellbusse zurückgreifen, deren Nummern die Buchstaben H, V oder D vorangestellt sind. H steht für »horizontal«, es handelt sich um Linien, deren Route parallel zum Meer verläuft. Da das Metrosystem überwiegend radial angelegt ist, und die meisten Linien durchs Zentrum verlaufen, kann es sich als weit schneller erweisen, in den höher gelegenen Stadtteilen einen horizontalen Bus zu nutzen. Die mit V gekennzeichneten »vertikalen« Busse verkehren in grober Richtung zwischen Meer und Gebirge, während die Linie D 20 vom Hafen »diagonal« über Sants bis nach Sarrià führt, wo sie in der Nähe des Fußballstadions des FC Barcelona endet.

Die Stadtbusse unterliegen dem gleichen Tarifsystem wie die U-Bahn und können mit jedem Multi-Fahrschein genutzt werden. Ein Einzelticket kann auch beim Fahrer gelöst werden, allerdings werden keine größeren Banknoten als 10 Euro akzeptiert. In den langen Gelenkbussen kann man sich sein Ticket am Automaten ziehen.

Zwischen 22.30 und 6 Uhr morgens verkehren alle 20 Minuten die mit N gekennzeichneten Nachtbusse auf 17 verschiedenen Linien. Abgesehen von der N-0 fahren alle von der Plaça Catalunya ab.

Übrigens werden immer mehr Busse und Metrostationen mit kostenlosen Wireless-Verbindungen ausgestattet.

Auch die Bergbahn von der Station Paral·lel hinauf zum Montjuïc gehört zum städtischen Nahverkehrssystem und unterliegt der gleichen Tarifstruktur, kann also mit jedem Ticket genau wie eine U-Bahn genutzt werden. Das gilt allerdings nicht für die Seilbahnen, die zum Montjuïc schweben. Sie sind deutlich teurer, aber wegen der grandiosen Aussicht die Investition allemal wert.

Schließlich existieren noch sechs moderne aber vergleichsweise kurze Straßenbahnlinien, die in bestimmten Zonen nördlich und südlich der Innenstadt verkehren. Auch sie gehören zum gleichen Tarifsystem. Beim Einstieg muss man sein Ticket auf klassische Art und Weise am Automaten entwerten. Detaillierte Informationen lassen sich unter www.tram.cat einholen. Die einzige noch verkehrende historische Straßenbahn klettert von der Avinguda Tibidabo die Hänge des Collserola hinauf und ist eher als Touristenattraktion zu betrachten. Dementsprechend gelten die Fahrkarten des TMB hier nicht, sondern man muss einen Einzelfahrschein zum Preis von 4,20 Euro erstehen.

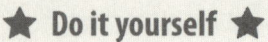

★ Do it yourself ★

Metro fahren

Die Metro ist das zentrale Nervensystem der Stadt. Im Schnitt transportiert sie 1,1 Millionen Passagiere am Tag, also mathematisch zwei Drittel der Einwohnerschaft. Elf Linien decken praktisch das gesamte Stadtgebiet plus umliegende Vorstädte ab. Nur einige Stadtviertel hoch oben am Gebirgshang lassen sich nicht sonderlich gut mit der Metro erreichen.

Zunächst heißt es, die Entscheidung für das passende Ticket zu fällen. Das Nahverkehrssystem teilt die Metropolregion der Stadt in sechs Tarifzonen ein, die Stadt Barcelona und die angrenzenden Vorstädte befinden sich vollständig in der Zone 1, in den wenigsten Fällen wird also ein Fahrschein benötigt, der ein größeres Territorium abdeckt.

Seine Fahrkarte bekommt man in größeren Bahnhöfen am Ticketschalter, in kleineren nur an Automaten, die aber in verschiedenen Sprachen funktionieren und relativ leicht zu bedienen sind. Bezahlt wird mit Münzen, Geldscheinen oder Kreditkarte. Man muss nur den Fahrscheintyp und die Menge auswählen, möglicherweise die PIN-Nummer der Kreditkarte eingeben und nach Sekunden ist die Hürde überwunden. Alle Automaten geben Wechselgeld.

Es gibt eine ganze Reihe verschiedener Ticket-Optionen, doch je nach persönlichen Plänen und der Aufenthaltsdauer schrumpft die Liste schnell auf zwei, maximal drei bedenkenswerte Alternativen. Alle angegebenen Preise beziehen sich auf die genannte Tarifzone 1, benötigt man eine größere Flächendeckung steigen die Kosten natürlich. Tarifzone 2 kostet fast das Doppelte, Tarifzone 6, die 253 eigenständige Gemeinden umfasst, beinahe das Vierfache.

Einfache Fahrt – Bitllet Senzill: Für 2,15 Euro lässt man sich von Bus oder Bahn ohne Umsteigen von einem Punkt zum nächsten tragen. Diese Option macht eigentlich nur Sinn, wenn vorhersehbar ist, dass man den öffentlichen Nahverkehr nur äußerst selten nutzen wird.

Zehn Fahrten – T-10: Ausgesprochen »Te-de-u« auf Katalanisch oder »Te-diéss« auf Spanisch: Für einen Kurzaufenthalt ist die 10,30 Euro teure Karte mit Umsteigerecht sicher eines der attraktivsten Angebote. Man darf bis zu drei Busse oder Bahnen hintereinander als eine einzige Fahrt verbuchen. Allerdings muss das Pensum innerhalb von zwei Stunden abgefahren sein, und zwischen der ersten und letzten Entwertung dürfen maximal 75 Minuten liegen. Der große Vorteil liegt darin, dass auf einem einzigen Ticket mehrere Personen fahren dürfen, allerdings muss die Fahrkarte entsprechend oft entwertet werden. Für eine Rückfahrt auf der gleichen Strecke muss allerdings noch mal entwertet werden, auch wenn die Reise im Zeitrahmen liegen sollte.

Die 10er-Karte hat keine definierte Begrenzung der Gültigkeitsdauer. Bleiben am Ende noch Fahrten übrig, kann man den Fahrschein verschenken oder bis zum nächsten Besuch aufbewahren. Wenn in der Zwischenzeit keine Fahrpreiserhöhung stattgefunden hat, ist er weiterhin gültig.

Tageskarte – T-Dia: Die Tageskarte zu 7,60 Euro ist personengebunden, ein Pärchen benötigt also zwei. Innerhalb der Tarifzone 1 kann man an einem Kalendertag so oft ein- und aussteigen wie man möchte. Für größere Reichweiten wird das Ticket entsprechend teurer.

Touristenkarte – Hola BCN!: Mit den personengebundenen Tickets kann man sich in Zone 1 über mehrere Tage unbegrenzt hin- und her chauffieren lassen. Für zwei Kalendertage werden derzeit 14 Euro verlangt, für drei Tage sind es 20, für vier 25,50 und für fünf 30,50 Euro.

Nur wer plant, länger in der Stadt zu bleiben, könnte Interesse an den übrigen Angeboten haben:

T-50/30: Fünfzig Fahrten innerhalb von dreißig Tagen ab dem Kaufdatum zum Preis von 42,50 Euro wird vermutlich nur nutzen, wer sich in der Stadt niedergelassen hat und täglich zur Arbeit oder Universität pendelt. Außerdem gibt es noch die T-70/30 zu 59,50 Euro.

Monatskarte – T-Mes: Freie Fahrt für zahlende Bürger bedeutet unbegrenzte Nutzung von Bus und Bahn innerhalb der Zone 1 für 52,75 Euro. Die Karte ist nicht auf andere Personen übertragbar. Beim Erwerb wird die Pass- oder Ausweisnummer aufgedruckt und man muss das entsprechende Dokument immer vorzeigen können. Nach dem gleichen System gibt es für 142 Euro noch die Drei-Monats-Karte T-Trimestre oder mit Rabatt für unter 25-Jährige als T-Jove zum Preis von 105 Euro.

Die vollständigste Informationssammlung zu allen öffentlichen Verkehrsmitteln der Stadt findet sich unter www.amb.cat/mobilitat, eine englischsprachige Version soll in Kürze verfügbar sein.

Auf zwei Rädern

Barcelona mit dem Fahrrad

Es ist noch gar nicht lange her, da glich eine Radtour durch Barcelona eher einem Selbstmordkommando. Bei völliger Abwesenheit von Radwegen war ein Radfahrer auf den Straßen ein unerwünschter Außerirdischer. Er wurde übersehen, ignoriert, abgedrängt, geschnitten, bepöbelt und angehupt. Schlecht gelaunte Taxi- und hyperaggressive Rollerfahrer stellten eine essentielle Bedrohung dar.

In den vergangenen Jahren hat sich diese Situation grundlegend gewandelt. Inzwischen hat sich die Autofahrerschaft an die Präsenz von Radlern gewöhnt und ein Bewusstsein für die Verletzlichkeit der schwächsten Verkehrsteilnehmer entwickelt. Bei der Stadtverwaltung steht das Thema weit oben auf der Liste der Prioritäten: Das Straßennetz soll entlastet und die Luftqualität verbessert werden. Mit vielfältigen Maßnahmen versucht man, die Nutzung des Fahrrades anzukurbeln. Das auf mittlerweile 180 Kilometer Länge angewachsene Radwegenetz wird ständig erweitert und verbessert. Ein städtisches Büro für alle Fragen rund ums Fahrrad steht jedem Interessierten offen und in jedem Juni wird eine offizielle Fahrradwoche veranstaltet. Das Rad soll zu einem ganz alltäglichen Transportmittel für jedermann werden.

Dennoch ist Barcelona derzeit noch weit davon entfernt, eine richtige Radfahrerstadt zu sein, auch wenn der Drahtesel immer populärer wird. Die Verkehrsbehörde hat errechnet, dass im Stadtgebiet täglich über 100.000 Verkehrsbewegungen mit dem Fahrrad zurückgelegt werden. Doch bis Barcelona eine echte Radfahrerstadt wird, werden wohl noch einige Jahre ins Land gehen.

Bicing

Nach dem Vorbild vieler anderer europäischer Städte richtete Barcelona 2007 das Fahrradleihsystem Bicing ein. An 420 vollautomatisierten und in der ganzen Stadt verteilten Verleihstationen stehen den Nutzern theoretisch sechstausend Räder zur Verfügung. Leider ist das System so konzipiert, dass es für Zugereiste nicht nutzbar ist. Man will kommerziellen Radverleihern nicht das Geschäft verderben und die Räder sollen quasi als öffentliches Transportmittel nur für eine bestimmte Wegstrecke benutzt werden. Um die Fahrräder nutzen zu können, muss man sich anmelden und einen Jahresbeitrag von 44 Euro bezahlen. Für jede einzelne Radübernahme fallen für die ersten 30 Minuten keine Gebühren an, danach wachsen die Kosten mit zunehmender Leihzeit. Eine Ausleihzeit von mehr als 24 Stunden wird automatisch mit 150 Euro Strafe belegt.

Auch wenn laut Statistik 80 Prozent der Straßen eine Steigung von weniger als zwei Prozent aufweisen, ist die zum Meer hin abfallende Topographie der unmotorisierten Fortbewegung nicht gerade zuträglich. In Richtung Nordwesten geht es irgendwann immer bergauf. Darum sollen ab dem Frühjahr 2015 dem System Bicing auch Räder mit zusätzlichem Elektromotor hinzugefügt werden. Unter der Bedingung, dass Vehikel und Bereitstellungssystem akzeptabel funktionieren, kann man mit einem umfassenden Erfolg der Initiative rechnen.

Wie bewegt man sich denn mit dem Fahrrad richtig in der Stadt?

Dem Kurzbesucher bietet sich offensichtlich keine andere Möglichkeit, als auf einen kommerziellen Fahrradverleih zurückzugreifen, doch deren große Zahl sorgt für moderate Preise, sodass das Zweirad zum idealen Fortbewegungsmittel wird. Obendrein räumt die städtische Verkehrsregelung dem Rad rechtlich Vorrang vor allen anderen Verkehrsteilnehmern außer Fußgängern ein. Allerdings werden auch Grenzen gesetzt und die städtische Polizei ist angewiesen, durchzugreifen und bei Regelübertretungen Geldstrafen zu verhängen.

Die Nutzung eines Helms ist nicht vorgeschrieben, wird aber natürlich empfohlen. Einbahnstraßen darf man auch mit dem Rad nicht in Gegenrichtung befahren. Grundsätzlich ist erlaubt, das Rad auf Bürgersteigen zu benutzen, allerdings mit der Einschränkung, dass der Fußweg mindestens fünf Meter breit sein muss, was natürlich nur in den breiten Alleen der Fall ist. Bei der Vorbeifahrt an einem Fußgänger muss mindestens ein Meter Abstand gehalten werden. In öffentlichen Parks, Grünanlagen und Fußgängerzonen ist Radfahren erlaubt, allerdings nicht auf den Busspuren.

Gibt es keine andere Möglichkeit, muss man die Straße benutzen, was angesichts des üblichen Verkehrsaufkommens nicht immer angenehm ist. Es wird empfohlen, sich nicht am äußersten rechten Rand, sondern in der Mitte der Fahrspur zu bewegen. So werden Autofahrer nicht zu für den Radfahrer riskanten Überholmanövern verleitet. Allerdings kann man sich so auch die Missgunst anderer Verkehrsteilnehmer zuziehen.

Abstellen darf man sein Rad theoretisch nur an den inzwischen über 22.000 dafür vorgesehenen Radparkplätzen, nicht aber an Laternenpfählen oder Bäumen. Solange Räder noch kein Nummernschild tragen, ist es für das Auge des Gesetzes natürlich schwierig, Zuwiderhandlungen zu bestrafen, wenn der Übeltäter nicht auf frischer Tat ertappt wird. Blockiert man aber einen Fußweg oder den Zugang zu einem Müllcontainer oder Behindertenparkplatz, ist es gut möglich, dass das Rad von der Polizei entfernt wird. Bestraft werden auch das Telefonieren mit dem Handy und das Tragen von Kopfhörern während der Fahrt.

In der Metro darf man sein Gefährt nur beschränkt transportieren, nämlich an Wochenenden, Feiertagen und in den Ferienmonaten Juli und August rund um die Uhr. An normalen Arbeitstagen ist die Mitnahme des Zweirads wegen des hohen Passagieraufkommens von 7 bis 9.30 und von 17 bis 20.30 Uhr untersagt. Ist eine Bahn auch außerhalb dieser Zeiten prall gefüllt, muss man gemäß der offiziellen Regelung den nächsten Zug abwarten.

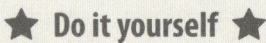

★ **Do it yourself** ★

Fahrradverleiher

In der Stadt tummelt sich eine große Zahl kommerzieller Radvermieter. Im Großen und Ganzen bewegen sich Angebot und Preise auf vergleichbarem Niveau. Die wichtigeren Faktoren sind für den Besucher daher eher die leichte Erreichbarkeit von der eigenen Unterkunft und die Verfügbarkeit eines bestimmten Fahrradtyps.

Barcelona Biking: Hollandräder, Rennräder, Mountainbikes
▌ Täglich 10–20 Uhr • Eine Stunde ab 5 €, ein Tag ab 15 € • Baixada de Sant Miquel, 6 • Barri Gòtic • Metro: Liceu, L3 oder Jaume I, L4 • Tel.: 656 356 300 • www.barcelonabiking.com

Un cotxe menys (»Ein Auto weniger«): Hollandräder
▌ Täglich 10–19 Uhr • Eine Stunde ab 5 €, ein Tag ab 12 € • Carrer Esparteria, 3 • El Born • Metro: Jaume I, L4 oder Barceloneta, L4 • Tel.: 93 268 21 05 • www.bicicletabarcelona.com

Barcelona Rent a Bike: Hollandräder, Klappräder, Tandems und Elektrobikes, keine Rennräder oder Mountainbikes
▌ Täglich 9.30–20 Uhr • Zwei Stunden ab 6 €, 11 Stunden ab 12 € • Carrer Tallers, 45 • Raval • Metro: Plaça Catalunya, L1, L3 • Tel.: 93 317 1970 • www.barcelonarentabike.com

Bike Rental Barcelona: Hollandräder, Klappräder, Rennräder und Mountainbikes

⫿ Täglich 10–14 & 16–20 Uhr • Drei Stunden 12 €, 8 Stunden 16 € • Carrer de Montserrat, 8 • Raval • Metro: Liceu, L4 • Tel.: 666 057 655 • www.bikerentalbarcelona.com

Radtouren

Statt auf zwei Rädern die Attraktionen Barcelonas abzuklappern, kann man auch längere Touren auf Radwanderwegen aus der Stadt hinaus unternehmen.

Costa del Maresme: Vom Forum aus startet man in Richtung Norden, durchquert Sant Adrià de Besòs und Badalona und kann dem Radweg der Strandlinie praktisch ohne Steigungen volle 32 Kilometer bis nach Premià de Mar folgen. Für die Rücktour kann man dort oder auch schon vorher in Montgat oder El Masnou in die Regionalbahn springen. Der Fahrradtransport ist erlaubt und kostenlos, solange die Bahn nicht überfüllt ist.

Parc del Besòs: Vom gleichen Ausgangspunkt folgt man dem Verlauf des Carrer Narcís Roca 1,5 Kilometer nach Norden bis der Fluss Besòs überquert ist. Dessen Ufer wurde in einen fünf Kilometer langen Park mit asphaltiertem Radweg verwandelt. Mit dem Mountainbike kann man auf einem unasphaltierten Weg sogar noch gute 20 Kilometer weiter bis nach Granollers strampeln, wo es auch wieder mit der Regionalbahn zurück nach Barcelona gehen kann.

Carretera de les Aigües: Während die ersten beiden Routen eher für Spazierfahrer gedacht sind, können sich echte Sportler an den heftigen Steigungen und schönen Ausblicken des größtenteils nicht asphaltierten BTT-Wegs unterhalb des Tibidabo erfreuen. Startpunkt ist die Avinguda del Tibidabo, deren Steigung man 1,5 Kilometer bis zum Parkplatz am Beginn der Carretera de les Aigües folgt. Dort wendet man sich nach links und folgt der knapp vier Kilometer langen, dann vergleichsweise ebenen Strecke am Berghang entlang bis zur Seilbahnstation Vallvidrera, von wo aus es wieder zurück hinunter in die Stadt geht.

Im Kaufrausch

Jörn, ein alter Kumpel aus Studienzeiten, erwirtschaftet sich in Kiel mit einer Softwarefirma ein mehr als ordentliches Einkommen. Ihm fehlt eher die Zeit als das Geld, um unbeschwert durch die Weltgeschichte zu reisen. Vor einigen Jahren kam er auf Blitzbesuch nach Barcelona und quartierte sich für ein paar Nächte bei mir ein. Von Natur aus hyperaktiv, erlegte er sich ein Besuchsprogramm auf, das ein Durchschnittsmensch kaum in einer Woche schaffen würde. Beim Bier am zweiten Abend bekundete er freimütig seinen Neid, dass ich in so einer grandiosen Stadt leben dürfte. Kein Wunder, charakterlich sind sich Jörn und Barcelona in ihrer frenetischen Tatkraft höchst ähnlich.

Doch kurz vor dem Abschied kehrte sich Jörns Begeisterung ins Gegenteil. Er wollte den letzten Tag nutzen, um gefällige Mitbringsel für Frau, Kinder und Freunde zu besorgen. Aber er kehrte mit weitgehend leeren Händen zurück und beschwerte sich bitter: »Ich dachte, ich finde hier ein paar originelle Geschenke, aber es gibt ja nur den gleichen Schund wie überall.«

Findet man in Barcelona keine außergewöhnlichen Souvenirs?

Jörn hatte sich auf die vermeintlich wichtigste Einkaufsmeile, den Straßenzug Passeig de Gràcia – Plaça Catalunya – Portal de l'Àngel gestürzt. Hier werden die höchsten Ladenmieten Spaniens verlangt. Das hat logischerweise zur Folge, dass an dem Prachtboulevard in erster Linie das ABC der großen Markenketten vom Typ Apple, Benetton, Chanel residiert. Wenig also, was man nicht genauso gut in Stuttgart oder Dresden finden würde.

Barcelona bietet – wie wohl alle vergleichbaren europäischen Großstädte – die ganze Bandbreite von Einkaufsmöglichkeiten, doch an den exponiertesten Stellen konzentrierten sich die altbekannten Namen. Das Angebot von H&M, Zara und Konsorten ist zwischen Las Vegas und Tokio praktisch das gleiche, wenn die Preise auch in Abhängigkeit vom lokalen Preisniveau und den erhobenen Steuern variieren. Also macht es eigentlich wenig Sinn, die weltweit vertretenen Kettenableger anzusteuern, doch komischerweise tun das Millionen von Touristen trotzdem. Markentreue ist eines der hehren Ziele der multinationalen Modeausstatter und man schafft es, den Konsumenten auf den Stil des Hauses einzuschwören. Wer Barcelona durchstöbert, wird automatisch auf seine Lieblingskette stoßen und sie sich eventuell auch anlegen.

Eine europaweite Vergleichsstudie der Barceloniner Universität Ramon Llull ergab sogar – vielleicht überrascht, vielleicht im Interesse der nicht genannten Auftraggeber – dass Barcelona als die Shopping-Hauptstadt Europas zu betrachten sei, jedenfalls was Zugereiste betrifft. Touristen verbraten demnach 34 Prozent ihres Urlaubsbudgets beim Einkauf, aber nur 21 Prozent mit der Unterkunft, dem üblicherweise wichtigsten Kostenfaktor auf Reisen. In London dagegen landen nur 28 Prozent des Urlaubsetats in den Registrierkassen von Mode-, Souvenir- und Schnickschnack-Läden, in Paris noch vier Prozentpunkte weniger.

Die schöne Statistik vergleicht natürlich Äpfel mit Kirschen, schließlich ist die Unterkunft in der katalanischen Hauptstadt bedeutend preiswerter als bei der franko-anglikanischen Konkurrenz. Aussagekräftiger ist die Erkenntnis, dass Shopping für 57 Prozent der ausländischen Besucher Barcelonas die Hauptattraktion darstellt, weit vor kulturellen Anziehungspunkten, Stränden oder dem Nachtleben.

Was den einzigartigen Charakter einer Stadt ausmacht, sind neben vielen anderen Dingen ihre speziellen, spezialisierten und außergewöhnlichen Läden, solche mit Atmosphäre, mit Liebe zum Detail, mit Hang zum Kuriosen. Wer einfach nur stöbern will oder sich auf die Suche nach wahrhaft sonderbaren oder gar verschrobenen Objekten begibt, ist in Barcelona durchaus an der richtigen Stelle, denn es gibt Läden, die gibt es eigentlich gar nicht, oder zumindest glaubte man das bis vor Kurzem. Doch solche Gewerbe, mit Angeboten ab- und jenseits des Massengeschmacks, finden sich eben gerade *nicht* an den großen Flaniermeilen mit berühmten Namen, sondern verstecken sich geographisch wie kommerziell in winzigen Nischen.

Der Barri Gòtic, der Altstadtteil östlich der Rambles, ist vollgestopft mit kleinen, unabhängigen Einzelhandelsgeschäften, in denen sich so einiges an Merkwürdigkeiten entdecken lässt. Grundsätzlich gilt: Je abgelegener, dunkler und schmutziger eine Straße, umso kleiner, spezieller oder alternativer das Angebot. Weiter unten folgt eine Liste mit Vorschlägen für Einkaufserlebnisse der ungewöhnlichen Art, die sich aber auf das gesamte Stadtgebiet verteilen. Leider gehen immer mehr kleine Familienbetriebe im ungleichen Kampf mit den globalen Giganten unter. In Barcelona haben in den vergangen Jahren so viele Traditionsunternehmen ihre Pforten geschlossen, dass der Bürgermeister einen Rettungsplan ins Leben rief. Trotzdem ist es gut möglich, dass zur nächsten Auflage dieses Buches einige der am Ende aufgeführten Läden gestrichen werden müssen.

Kleine, unabhängige Händler finden sich mitunter auch in modernen Shopping-Malls, doch im Zentrum Barcelonas gibt es nur eine einzige, nämlich El Triangle auf der Westseite der Plaça Catalunya. Sie beherbergt einen Ableger der französischen Kette Fnac, die kurioserweise von zwei militanten Marxisten gegründet wurde. Die übrigen Malls liegen in entfernteren Stadtteilen und zielen vor allem auf einheimisches Publikum, das aus der weiteren Umgebung im Auto anreist. Nahezu automatisch wird man auf Les Arenes sto-ßen, eine umgebaute Stierkampfarena an der Plaça d'Espanya. In dem neomaurischen Gemäuer aus dem Jahr 1900 wurde 1977 zum letzten Mal ein Stier erlegt. Nach Jahren des Verfalls leitete der britische Stararchitekt Richard Rogers, der auch das Centre Pompidou in Paris gestaltet hatte, den Umbau zur Einkaufsmeile.

Gegenüber dem Triangle, an der Ostflanke de Plaça Catalunya, residiert im hässlichsten Gebäude weit und breit El Corte Inglés, ein gewaltiges Warenhaus vom Typ Karstadt oder Kaufhof. Der Name (»der englische Schnitt«) deutet schon darauf hin, dass die einzige Kaufhauskette Spaniens aber umsatzstärkste Europas aus einer Schneiderei in Madrid hervorgegangen ist.

Eines der Shopping-Flaggschiffe Barcelonas liegt volle 40 Kilometer vom Stadtzentrum entfernt. La Roca Village ist das größte künstliche Outlet-Dorf Südeuropas. Über 100 Markenboutiquen verramschen die ausgelaufenen Modelle der Mode der vergangenen Jahre. Touristen werden busweise herangekarrt; Japaner, Amerikaner und Chinesen geben laut Statistik am meisten aus, nämlich 295 Euro pro Nase. Der Rubel rollt also und 2014 schrieb die Betreibergesellschaft gleich 300 neue Arbeitsplätze aus. Man braucht Verkäufer mit Fremdsprachenkenntnissen. Das ist in Spanien zwar Mangelware, trotzdem bewarben sich 1.500 Menschen für einen Job.

Das Shopping-Paradies liegt seit Jahren im Clinch mit dem katalanischen Einzelhandelsverband. Man möchte auch sonntags öffnen dürfen, doch das ist nur in Touristenorten erlaubt. Die 10.000-Einwohner Gemeinde La Roca del Vallès ist ein hässliches Entlein und kein wirkliches Reiseziel, doch das Outlet-Center zieht jährlich drei Millionen Besucher an, was von Betreiberseite als Beweis für touristische Attraktivität angeführt wird. Die Streithähne kommunizieren inzwischen nur noch vor Gericht, das irgendwann endgültig über die Erlaubnis zur Sonn- und Feiertagsöffnung entscheiden wird.

Rebaixes – Rebajas

Der Auftakt von Sommer- und Winterschlussverkauf, auf Katalanisch *rebaixes* (sprich »rebásches«) oder Spanisch *rebajas* bedeutet in Barcelona genau wie überall den Anpfiff zum Großkampftag. Die Saison der Schleuderpreise mit Rabatten bis zu 50 Prozent dauert im Sommer üblicherweise den ganzen Juli und August, aber nach der ersten Woche bleiben erst mal nur noch Restposten. Gleiches gilt im Prinzip auch für den Winterschlussverkauf, der sofort nach dem Dreikönigsfeiertag am 6. Januar beginnt. Doch clevere Einzelhändler versuchen, die Einkaufseuphorie in die Länge zu ziehen, leiten nach zwei Wochen eine Phase zusätzlicher Preissenkungen ein und holen bisher zurückgehaltene Waren aus dem Lager. Wer sich in den Schnäppchenkampf »jeder gegen jeden« stürzen will, beginnt im Kaufhaus El Corte Inglés an der Plaça Catalunya und arbeitet sich dann nach Süden durch El Portal de l'Àngel vor.

★ Do it yourself ★

Ungewöhnliche Einkaufsmöglichkeiten existieren zu Hauf, doch man muss die teils gut versteckten und über das gesamte Stadtgebiet verstreuten Geschäfte entweder direkt ansteuern, oder sich auf sein Glück verlassen. Für mehr als eine kleine subjektive Auswahl ist hier leider kein Platz.

Einzelhandel

BsB: Moderne Designerteppiche
Mo–Sa 10–14 & 16.30–20.30 Uhr • Carrer Paris, 174 • Esquerra de l'Eixample • Metro: Provença • Tel.: 93 410 7441 • www.alfombrasbsb.com

Bonsaikebana: Bonsais und japanische Blumenkunst

▌ Mo–Fr 10.30–13.30 & 16–20 Uhr • Carrer de Bailèn, 35 • Dreta de l'Eixample • Metro: Tetuan • Tel.: 93 265 3154 • www.bonsaikebana.com

Cinemascope: Alles, was mit Film und Kino zu tun hat

▌ Mo & Mi 17–21 Uhr, Do–Sa 11–14 & 17–21 Uhr • Carrer Torrent de l'Olla, 101 • Gràcia • Metro: Fontana • Tel.: 93 237 2720

Fantastik: Ramsch und Kuriositäten aus aller Welt

▌ Mo–Fr 11–14 & 16–20.30 Uhr, Sa 11–15 & 16–21 Uhr • Carrer de Joaquín Costa, 62 • El Raval • Metro: Universitat • Tel.: 93 301 3068 • www.fantastik.es

A la Premsa d'Aquell Dia: Spanische Tageszeitungen ab dem Jahr 1900, typischerweise als Geburtstagsgeschenk

▌ Mo–Fr 10–18 Uhr, dienstags bis 20 Uhr, im August täglich 10–14 Uhr, zweite Augustwoche geschlossen • Carrer de Joaquín Costa, 44 • Raval • Metro: Universitat • Tel.: 93 302 5996 • www.periodicosregalo.com

Futbolmania: Alles, was mit Fußball zu tun hat, Trikots aller spanischen Erstligamannschaften und wichtiger europäischer Vereine

▌ Mo–Sa 10–21 Uhr • Ronda de Sant Pau, 25 • Esquerra de l'Eixample • Metro: Paral·lel • Tel.: 93 443 7824 • www.futbolmanianet.com

Central de la Estilográfica: Edle Kugelschreiber, Füllfederhalter und Schreibgeräte

▌ Mo–Fr 10–20 Uhr, Sa 10–14 & 16.30–20.30 Uhr • Carrer de Provença, 247 • Esquerra de l'Eixample • Metro: Diagonal • Tel.: 93 318 8333 • www.central-estilografica.com

Tactic: Ausrüstung und Accessoires für Surfen, Skate- und Snowboard

▌ Di–Sa 11–14.30 & 17–20.30 Uhr • Carrer d'Enric Granados, 11 • Esquerra de l'Eixample • Metro: Universitat • Tel.: 93 532 3837 • www.tacticsurf.es

Cooking: Alle Arten von Küchenutensilien

▌Mo–Sa 10.30–20.30 Uhr • Carrer de Provença 246 • Esquerra de l'Eixample • Metro: Provença • Tel.: 93 487 5551 • www.cookingtkc.com

Arlequí: Dekorative Masken verschiedenster Stile aus Pappmaché

▌Mo–Sa 10.30–20.30 Uhr, So 10.30–15 & 16–19.30 Uhr • Carrer de la Princesa, 7 • El Born • Metro: Jaume I • Tel.: 93 268 2752 • www.arlequimask.com

Luzio: Designermöbel und Dekorationsobjekte

▌Mo–Fr 10.30–14.30 & 17–20.30 Uhr • Carrer de Ferran Agulló, 16 • Sant Gervasi • Metro: Muntaner • Tel.: 93 209 4123 • www.luzio.es

Labs 3D: Für Preise ab 99 Euro kann man sich dreidimensional scannen und dann mittels 3D-Drucker als Miniaturstatue abbilden lassen.

▌Carrer Ample, 12 • Born • Metro: Drassanes, L3 oder Jaume I, L4 • Tel.: 93 205 3133 • www.labs3d.com

Traditionsunternehmen

Historische Geschäfte mit klassischer Einrichtung und Atmosphäre vergangener Zeiten.

Herboristeria del Rei: Seit 1823 bietet die Herboristeria mehr als 200 Heilkräuter und war zeitweise Lieferant des Königshofs.

▌Di–Fr 16–20 Uhr, Sa 10–20 Uhr • Carrer del Vidre, 1 • Gòtic • Metro: Liceu • Tel.: 93 318 0512 • www.herboristeriadelrei.com

Solingen, Paris, Barcelona – Ganiveteria Roca: Messer und Scheren für jede Anwendung. Seine Einkäufe darf man aber im Flugzeug nicht im Handgepäck transportieren.

▌Mo–Fr 9.45–13.30 & 16.15–20 Uhr, Sa 10–14 & 17–20 Uhr • Plaça del Pi, 3 • Gòtic • Metro: Liceu • Tel.: 93 412 5349 • www.ganiveteriaroca.cat

La Manual Alpargatera: Spezialisiert auf Esperdenyes, typisch katalanisch-valencianische leichte Sommerschuhe mit atmungsaktiver Sohle aus Hanf oder Flachs.

▌Mo–Sa 9.30–13.30 & 16.30–20 Uhr • Carrer Avinyó, 7 • Gòtic • Metro: Liceu • Tel.: 93 301 0172 • www.lamanualalpargatera.es

El Rei de la Màgia: Alles für den Zauberkünstler, für Anfänger und Profis.

▌Mo–Fr 11–14 & 17–20 Uhr, Sa nur vormittags • Carrer de la Princesa, 11 • El Born • Metro: Jaume I • Tel.: 93 319 7393 • www.elreydelamagia.com

Cereria Subirà: Seit 1761 stellt die Familie Subirà Kerzen aus edelstem Wachs her.

▌Mo–Do 9.30–13.30 & 16–20 Uhr, Fr 9.30–20 Uhr, Sa 10–20 Uhr • Baixada de la Llibreteria, 7 • Gòtic • Metro: Jaume I,• Tel.: 93 315 2606

Shopping Malls

▌**El Triangle** • Mo–Sa 10–22 Uhr • Plaça Catalunya, 1–4 • Zentrum • Metro: Plaça Catalunya • Tel.: 93 318 0108 • www.eltriangle.es

▌**Les Arenes** • Mo–Sa 10–22 Uhr • Gran Via de les Corts Catalanes, 373–385 • Sants-Montjuïc • Metro: Plaça Espanya • Tel.: 93 289 0244 • www.arenasdebarcelona.com

▌**La Roca Village** • Bus vom Passeig de Gràcia, 6, Mo–Sa 9–13 & 15–19 Uhr jeweils zur vollen Stunde, manchmal auch 10 Minuten später • Hin- und Rückfahrt 20 €, Kinder bis 12 Jahre 10 € • 08430 Santa Agnès de Malanyanes (La Roca del Vallès) • Außerhalb • Tel.: 93 842 3939 • www.larocavillage.com

Top Ten: Die besten Souvenirs der anderen Art

1. Caganer

Als Kühlerfigur, Badezimmerdekoration oder ganz im traditionellen Sinne als zutiefst menschliche Zugabe zur Weihnachtskrippe ist das »Scheißerchen« eine Gestalt, die immer Freude bereitet. Traditionell handelt es sich um die Figur eines Bauern mit Boina, der meist roten katalanischen Mütze, die sich in eindeutiger Position hinter einem Baum oder Busch der Weihnachtskrippe versteckt. Ganzjährig sollte man ihn in folgenden Etablissements auftreiben können:

▌**Travitabac** • Carrer Baixada Llibreteria, 8 • Gòtic • Metro: Jaume I, L4)

▌**Nath's** • Rambla dels Caputxins, 42 • Gòtic • Metro: Liceu L3

▌**Blaucelona** • Carrer de Jaume I, 11 • Gòtic • Metro: Jaume I, L4

▌**El Corte Inglés** • Plaça Catalunya, 14, Souvenirabteilung im 5. Stock • Gòtic • Metro: Plaça Catalunya, L1

2. Wein

Auf eine Bodega wird man bei seinen Rundgängen garantiert stoßen, um irgendeinen akzeptablen Tropfen in egal welcher Preisklasse erstehen zu können. Der Schankmeister gibt sicher gern eine individuelle Empfehlung ab. Bedenken sollte man nur den Transport im Flugzeug, denn Wein darf nicht ins Handgepäck, muss aber im Koffer garantiert bruchsicher verpackt sein. Katalonien blickt auf zehn geschützte Herkunftsregionen, die alle gute Weine produzieren. Die tendenziell am höchsten geschätzte und auch teuerste ist der Priorat. Aber bei Empordà, Costers del Segre, Montsant oder Terra Alta kann man eigentlich auch nicht viel falsch machen.

3. Serrano- oder Bellota-Schinken

Eine sieben oder acht Kilo schwere Schweinshaxe mit auf den Heimweg zu nehmen ist kein leichtes Unterfangen, aber der Genuss könnte den Aufwand durchaus lohnen. In dem Fall sollte man unbedingt daran denken, dass man eine Pernilera oder Jamonera braucht, um den Schinken einspannen zu können. Der Ständer sollte beim jeweiligen Fleischer oder Schinkenspezialisten vorrätig sein und höchstens eine Hand voll Euro kosten. Wer noch keine Erfahrung mit dem Zuschnitt hat, sieht sich die angeschnittenen Schinken im Laden genauer an, dann wird das System klar. Leichter ist natürlich, luftdicht verpackte Scheibenware einzukaufen. Alternativ findet man auch ganze oder halbe entbeinte Schinken, die sich zu Hause bequem mit der Maschine schneiden lassen. Preis und Qualität stehen in einem eindeutigen Abhängigkeitsverhältnis, eine Haxe im unteren Preissegment kann sich als herbe Enttäuschung herausstellen.

4. Ratafia

Die Ratafia Catalana hat nichts mit dem gleichnamigen nordfranzösischen Aperitif zu tun, sondern gehört zur Kategorie Kräuterlikör und ist mitteleuropäischen Getränken dieser Gattung nicht unähnlich. Gerade darum könnte die relativ unbekannte bräunliche Mixtur ein geeignetes Mitbringsel darstellen. Sie ist besonders in der Nordhälfte Kataloniens populär, wo außer der Grundsubstanz Anisschnaps alle Ingredienzen in der freien Natur gesammelt werden können. Viele setzen ihr Gebräu zu Hause nach eigener Rezeptur an und manche verwenden bis zu 50 verschiedene Zutaten. Die wichtigsten sind unreife Walnüsse, Nelken, Muskat und Zitronenschalen; Minze und Luisenkraut können zusätzliche Atemfrische einhauchen. Man munkelt, die Ratafia könnte demnächst den Gin Tonic als Modegetränk ablösen. Dafür spricht, dass der Kräuterlikör auch im Sommer kalt auf Eiswürfeln genossen wird.

5. Esperdenyes

Der Name der leichten Sommerschuhe leitet sich von den ursprünglich aus Espartogras geflochtenen Sohlen ab. Bequem und atmungsaktiv ist das in Katalonien und Valencia beheimatete Fußkleid seit Jahrhunderten die optimale und obendrein preiswerte Lösung für warme Sommertage. Modebewusste können sich statt der traditionell weißen Farbe auch auf bunte und moderne Varianten stürzen. Wer Esperdenyes als Geschenk mitnehmen will, sollte natürlich die Schuhgröße des Beschenkten im Kopf haben.

Erste Adresse ist La Manual Alpargatera [Carrer Avinyó, 7 • Gòtic • Metro: Liceu, L3 • Tel.: 93 301 0172 • www.lamanualalpargatera.es], wo sich auch Salvador Dalí, Michael Douglas und Jack Nicholson besohlen ließen. Papst Woytila benötigte nach Aussagen des Inhabers eine überbreite Sonderanfertigung. Genauso empfehlenswert ist aber auch Lluís Manuel [Carrer Ferran, 37 • Gòtic • Metro: Liceu, L3 • www.espadrillesbarcelona.com].

6. Wurst, Käse und Olivenöl

Chorizo, katalanisch *xoriç*, ist die bekannteste spanische Wurst-
spezialität und auch in Katalonien stark vertreten. Daneben gibt
es aber auch andere ausgesprochen schmackhafte Rohwürste wie
Longaniza (katalanisch: *llonganissa*), Fuet oder die mallorquini-
sche Streichwurst Sobrassada. Weit weniger prominent sind die exzellenten Käse der Region, die meist auf Schafs- oder Ziegenmilch,
seltener auf Kuhmilch basieren.

In allen Fällen sollte man lieber ein bisschen mehr ausgeben,
Qualität und Preis stehen tatsächlich in einem eindeutigen Abhängigkeitsverhältnis. Keinesfalls ist für den Einkauf das Supermarkt-
regal anzusteuern, wo fast ausschließlich abgepackte Industrieware
angeboten wird. Weit bessere Produkte bekommt man in Fleische-
reien, Käsehandlungen und auf dem Markt, wo man sicher vorher
auch ein Scheibchen probieren darf.

Olivenöl wird in verschiedene Qualitätskategorien eingeordnet.
Die erste Güteklasse bildet *»virgen extra«*. Es handelt sich um die
erste rein mechanische Pressung der geernteten Oliven mit sehr
geringem Säuregehalt. Für einen Liter muss man üblicherweise
zwischen vier und sieben Euro anlegen. Preiswerteres Standard-Öl
stammt aus mehreren aufeinanderfolgenden Pressungen unter Anwendung zusätzlicher thermischer und chemischer Prozesse.

7. Katalanische Nationalsymbole

Die Popularisierung der Unabhängigkeitsbewegung hat eine wahre Flut von Produkten ausgelöst, die die katalanischen Nationalfarben zieren. In keinem anderen Land Europas ist die nationale Flagge derart präsent wie in Katalonien. Vom Handtuch bis zu
Modeschmuck sind alle nur denkbaren Alltagsaccessoires mit der
eindeutigen Symbolik zu haben, sogar eine patriotische Zigaret-

tenmarke ist seit 2014 im Handel. Mancher mag Nationalismen grundsätzlich als abstoßend empfinden, doch in diesem Fall darf man sich sicher sein, dass man keinen chauvinistischen oder gar rassistischen Vaterlandstümlern in die Hände spielt.

8. Porró

Ein *porró* ist ein gläserner Flüssigkeitsbehälter von dessen Bauch nach oben ein breiter Einfüllstutzen und seitlich ein langgestreckter Kegelstumpf abzweigen. Er wird seit dem Mittelalter in Katalonien, Valencia und Aragón zum Weintrinken benutzt. Man reckt den Porró in die Höhe, legt den Kopf in den Nacken und trinkt den aus der engen Tülle des Seitenarms austretenden dünnen Strahl, ohne dabei das Gefäß mit dem Mund zu berühren. So können hygienisch einwandfrei viele Menschen aus dem gleichen Becher trinken. Die Zeremonie bedarf einiger Übung, denn es heißt, mit dem Strahl direkt in den offenen Mund zu treffen und zu schlucken, ohne dabei die Lippen zu schließen. Für einen lustigen Partygag kann das Gerät allemal herhalten, auch wenn man hinterher das Hemd in die Reinigung geben und den Fußboden wischen muss. Man findet einen Porró in Geschäften für Küchenutensilien oder auch sehr preiswert in vielen der chinesischen Billigläden.

9. Barretina

Die Ursprünge der roten katalanische Wollmütze reichen bis ins 12. Jahrhundert zurück. Dem heutigen Modegeschmack erscheint sie ein wenig lächerlich, doch bis vor wenigen Jahrzehnten war sie besonders unter der bäuerlichen Bevölkerung die alltägliche Kopfbedeckung. Auf dem Land und bei folkloristischen Festen, etwa bei Sardana-Tänzen, kann man sie auch heute noch hin und wieder beobachten. Traditionelle wie modernere Varianten erster Qualität finden sich in der Sombrereria Mil [Carrer Fontanella, 20 • Gòtic • Metro: Urquinaona, L4 oder Plaça Catalunya, L1 • www.sombrereriamil.com] oder in der Sombreria Obach [Carrer Call, 2 • Gòtic • Metro: Liceu, L3 • www.barretsobach.com]. Auf billige Ausführungen stößt man gelegentlich auch im Souvenirhandel.

10. Xocolata

Dass Spanier und Katalanen wahre Leckermäuler sind, ist hinreichend bekannt, landläufig werden sie aber eher mit salzigen als mit süßen Finessen assoziiert. Doch der *postre*, die zuckrige oder schokoladige Nachspeise stellt für nicht wenige den Höhepunkt jedes Mahls dar. Drum stößt man in fast jedem Straßenzug zwangsläufig auf eine Pastisseria, Xocolateria oder Confiteria, die eine Unmenge unterschiedlichster Kreationen anbieten.

Angesichts des breiten Angebots ist es natürlich ein höchst unfaires Unterfangen, einige wenige herauszuheben, daher sei lediglich auf eine Konditorei hingewiesen, nämlich La Pastisseria Barcelona [Carrer Aragó, 228 • Esquerra de l'Eixample • Metro: Universitat, L1 • www.lapastisseriabarcelona.com]. Der Inhaber Josep Maria Rodríguez Guerola gewann 2011 in Paris als erster Spanier den Titel eines Konditorweltmeisters, seinerzeit nicht einmal 30 Jahre alt. Aus dem deutschsprachigen Raum hat es noch kein Zuckerbäcker unter die ersten drei geschafft.

Nepper, Schlepper, Touristenfänger

Barcelona mit Sicherheit

Die Rambles sind der international bekannteste Straßenzug Spaniens und neben der Sagrada Familia die wichtigste Attraktion der Stadt. Eine Zählung ergab, dass sich im Lauf eines Jahres über 78 Millionen Menschen zu Fuß die Flaniermeile herauf- oder hinunterwälzen, also im Schnitt 214.000 pro Tag. Nur ein Fünftel davon sind Barceloniner; das Gros stellen Touristen dar, drei Viertel davon aus dem Ausland. Es ist nicht schwer, sich auszumalen, dass solche Menschenmassen, überwiegend ortsfremd und von vielen Eindrücken abgelenkt, ein fabelhaftes Biotop für Taschendiebe, Betrüger und Kleinkriminelle aller Art bieten.

Hin und wieder wird man Zeuge eines Diebstahls, allerdings niemals so wie im Kino, mit Vor- und Nachspiel und pompöser Musikkulisse, im Moment wenn der Übeltäter zuschlägt. Stattdessen hört man nur einen erschrockenen Ausruf, dreht sich um, sieht jemanden weglaufen während die Menge stehenbleibt und den Kopf wendet. Man erhascht weder Täter noch Opfer, ersterer ist in Zehntelsekunden im Gedränge untergetaucht und um den Unglücksraben bildet sich eine Menschentraube.

Doch die Rambles bieten die Möglichkeit, einem ausgefeilten und brillant vorgetragenen Betrugsdelikt in aller Ruhe zu folgen, denn Zuschauer sind erwünscht. Das Hütchenspiel ist in vielen Varianten verbreitet, zwischen Mexiko und China, Indien und Peru. Also schlenderte ich eines schönen Samstags die Rambles hinab, auf der Suche nach einem der blitzartig aufgestellten Spieltische, manchmal auch durch einen einfachen Pappkarton auf dem Straßenpflaster ersetzt. Es dauerte doch ein Weilchen länger als erwartet, bis ich eine kleine Menschentraube erspähte und mich in vorderster Reihe hinzugesellte. Ein ergrauter, bärtiger Mann in seinen 60ern, braungebrannt, agil und mit wachsamen Augen, saß auf einem Klappstuhl und bewegte in Windeseile drei umgestülpte Becher über die Fläche eines Campingtischs. Plötzlich hielt er inne und fragte für alle Umstehenden unüberhörbar in fremdländisch klingendem Spanisch: »Na, wo ist die Kugel?« Ein junger Mann, offensichtlich der Gegenspieler, tippte wortlos auf den rechten der drei Plastikbecher, der Spielmeister hob ihn an und es rollte ein weißes Schaumstoffbällchen hervor. »Hut ab, du hast es geschafft, bist ein cleveres Bürschchen!«, rief er und streckte dem Spieler mit anerkennender Mine und theatralischer Gestik einen 50-Euro-Schein entgegen. Der wurde genauso wortlos entgegengenommen und verschwand zusammen mit seinem neuen Besitzer in der Menge.

Als nächster war ein höchstens 20-jähriger Brite an der Reihe, der im ärmellosen T-Shirt seine Tätowierungen zur Schau trug und offensichtlich schon ein paar Bier getankt hatte. Er zückte sein Portemonnaie aus der Gesäßtasche und knallte 20 Euro auf den Tisch. Ein anderer Zuschauer spähte dem Jugendlichen über die Schulter und gab per unauffälligem Handzeichen die Menge der Scheinchen in der Brieftasche an den Zeremonienmeister weiter. Das Spiel begann von Neuem, die Becher glitten in Hochgeschwindigkeit über den Tisch, der Brite tippte richtig und war um zwanzig Euro reicher. »Nichts einfacher als das«, dachte er wohl und erhöhte den Einsatz auf fünfzig. Gleiches Spiel, gleiches Ergebnis.

»Ich spiele nicht gern gegen Engländer, ihr seid mir viel zu schnell«, tönte der Bärtige und fügte noch zwei Halbsätze in Spaghetti-Englisch hinzu. Vom Erfolg und ebenso angetrunkenen Freunden angespornt, wurde der Einsatz auf zweihundert Euro erhöht. Wieder fegten die Becher über den Tisch, kamen zum Stillstand, der Brite tippte siegessicher auf den rechten, der Becher flog in die Höhe, aber ... gähnende Leere. Die übrigen Becher wurden angehoben, unter dem linken kam die Murmel zum Vorschein. »Man kann nicht immer gewinnen, ich muss jetzt gehen.« Der 200-Euro-Schein verschwand in der Manteltasche, in einem Augenblick war der Tisch zusammengeklappt und der Ballkünstler verschwand im Nichts. Zurück blieb der verdutzte Engländer, um einen gelben Schein ärmer und um eine Erfahrung reicher.

Hat man denn gar keine Gewinnchance?

El trile, das Spiel mit den drei Bechern, ist kein Glücksspiel, sondern ein ins Detail durchkalkulierter Betrug. Der Trick besteht darin, dass der Trilero ein paar Runden sauber und ohne Foul spielt, bei dem sich der Weg der Kugel relativ problemlos verfolgen lässt. Das geht so lange, bis sich der Kunde sicher genug fühlt, einen Maximaleinsatz zu riskieren. Dann aber bugsiert der Spielmeister geschickt und für die Umstehenden unsichtbar die Kugel von einem Becher zum nächsten und kassiert ab. Sollte der Betrogene protestieren, stehen dem Trilero zwei oder drei vermeintliche Zuschauer zur Seite. Die *ganxos* spielen selbst ein paar Runden und gewinnen vermeintlich, um die unbedarften Beobachter von einer realen Gewinnchance zu überzeugen, die in Wirklichkeit aber nicht existiert. In zwanzig Meter Entfernung haben sich mehrere Wachposten platziert, die beim Auftauchen einer Polizeipatrouille Alarm schlagen. Es genügt, dass das Handy in der Tasche des Trileros klingelt und der Spuk löst sich in Luft auf.

Seit Jahren versucht Barcelona die Trickbetrüger von den Rambles zu vertreiben, doch die agieren umsichtig, schnell und professionell. Die Justiz stand der Polizei nicht zur Seite, sondern verlangte handfeste Beweise für ein Betrugsdelikt und behandelte die Anzeigen als Bagatellen. In den wenigsten Fällen brachten die Betrogenen selbst die Gaunerei zur Anzeige. Wer will sich seine Urlaubstage schon auf einer Polizeiwache mit bürokratischen Prozeduren vermiesen, obendrein mit Verständigungsschwierigkeiten? Dann änderte die Stadtverwaltung ihre Taktik und versuchte jedes Spiel durch massive Präsenz uniformierter wie ziviler Beamter von vornherein zu verhindern. Auch ließ man Handzettel an die Besucher der Rambles verteilen, die vor dem Betrug warnten. Im Dezember 2013 wurde stolz verkündet, die Trileros seien verschwunden, doch mit der Hauptreisezeit kamen auch die Trickbetrüger zurück.

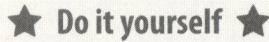

Do it yourself

Sicher in Barcelona

Barcelona ist genauso sicher wie jede andere europäische Großstadt. Wer seine sieben Sachen und Sinne zusammenhält, wird keine Probleme bekommen. Doch wer sich durch Einfältigkeit und Unaufmerksamkeit als Opfer anbietet, kann auch in Barcelona bestohlen und ausgenommen werden. Vorsicht ist bei allen größeren Menschenansammlungen geboten, also auf den Rambles, in der U-Bahn oder bei Veranstaltungen. An solche Orten tummeln sich professionelle Taschendiebe, die sich ihre Angriffsziele sehr genau aussuchen. Das Portemonnaie in der Gesäßtasche oder im Rucksack auf dem Rücken können sie als spendable Einladung auffassen. Ein kurzer Schnitt mit einem Skalpell genügt, um einen Rucksack in Zehntelsekunden zu leeren. Überfälle mit Gewaltandrohung oder gar -anwendung sind eine absolute Ausnahme. Dennoch sollte man einsame Gassen der Altstadt nach Einbruch der Dunkelheit meiden und sich besser auf belebten Straßen bewegen. In Bars oder Cafés lässt man seine Habe niemals unkontrolliert auf dem Tisch liegen, teure Handys lösen sich dann gern in Luft auf. Dass man nicht mit seinem Reichtum protzt, versteht sich von selbst, teuren Schmuck lässt man besser gleich zu Hause. Wer mit dem Auto anreist, lässt keine Wertsachen von außen sichtbar herumliegen, sondern im Kofferraum verschwinden. Mit gesundem Menschenverstand wird man in Barcelona völlig ungeschoren davonkommen. Sollte tatsächlich etwas passieren, ruft man über 092 die Polizei oder über 112 einen Krankenwagen und fordert einen deutsch- oder zumindest englischsprachigen Gesprächspartner.

Die verschiedenen Polizeieinheiten

In Spanien agieren etliche unterschiedliche Polizeitruppen mit nicht immer klar abgegrenzten Kompetenzen, manchmal sogar in Konkurrenz zueinander. Auf den Straßen der Stadt zeigt die Guardia Urbana am deutlichsten Präsenz. Die dreitausend Beamten der »städtischen Garde« unterstehen direkt dem Rathaus. Sie sind für die allgemeine Sicherheit und den Straßenverkehr zuständig und benutzen alle möglichen Transportmittel, auch Fahrrad, Pferd und Motorroller. Man erkennt die Stadtpolizisten an der blau-gelben Uniform mit den blau-weißen »Rallyestreifen«.

Mit etwa der gleichen Personalstärke treten in Barcelona die Mossos d'Esquadra auf, die Polizeieinheit der Region Katalonien. Sie untersteht dem Innenminister der Autonomieregierung. Ihr Aufgabenbereich reicht vom Straßenverkehr bis zur Untersuchung von Kriminalfällen. Die Aufstellung der Truppe begann erst 1994 und zog sich bis 2008 hin. Sie löste die ungeliebte, aus Madrid geführte nationalspanische Guardia Civil ab, doch durch hartes Durchgreifen und viele Alkohol- und Verkehrskontrollen haben die Mossos bei der Normalbevölkerung einen guten Teil der anfänglichen Sympathie eingebüßt. Auch einige Gewaltexzesse kamen ans Licht der Öffentlichkeit. Im Oktober 2013 kam ein

50-jähriger Unternehmer bei seiner Festnahme nach einem Nachbarschaftsstreit im Raval zu Tode. Der Fall weitete sich zum Skandal aus, als bekannt wurde, dass die Beamten mit allen Mitteln versuchten, ihre maßlose Gewaltanwendung zu vertuschen und die Wohnungen der Nachbarschaft durchkämmten, um Videos der Geschehnisse zu löschen. Inzwischen stehen sechs Beamte vor Gericht, der Staatsanwalt fordert elf Jahre Gefängnis wegen Totschlags.

Der paramilitärischen Guardia Civil, einst zentrales Repressionsinstrument der Franco-Diktatur, jetzt aber offiziell demokratischen Werten verpflichtet, begegnet man eher selten in Barcelona. Ihre Aufgabenbereiche wurden größtenteils den Mossos übertragen, nur bei der Hafen- und Flughafensicherung und der Bekämpfung der organisierten Kriminalität sind die grün uniformierten Beamten noch anzutreffen. Ihre Zahl wurde in ganz Katalonien auf 3.500 reduziert. Teilweise leben sie mit Familie innerhalb einer Kaserne.

Schließlich bleibt noch die Policia Nacional, erkennbar an einförmig dunkelblauen Uniformen. Sie beschäftigt sich mit der Grenzsicherung, Ausländerangelegenheiten und der Ausstellung von Pässen und Ausweisen. Auch ihre Zahl liegt in Katalonien unter 4.000 Beamten, doch seit 2011 wurde die Zahl vom Innenministerium konstant erhöht, während in allen anderen Gegenden Spaniens Stellen gestrichen wurden. Offensichtlich zielt die Regierung in Madrid auf eine stärkere Präsenz angesichts der Bedrohung durch die Unabhängigkeitsbewegung.

Die Sonne scheint bei Tag und Nacht

Das Wetter und seine Fallen

Besuch aus der Heimat ist bei mir immer willkommen. Allerdings hat die Frequenz im Lauf der Jahre deutlich abgenommen. Zu Anfang war es eine tolles Novum: Ein Freund im sonnigen Süden bietet kostenlose Unterkunft, die komplette Infrastruktur inklusive Auto und vollem Kühlschrank und führt einen hocherfreut durch die Gegend. Nach wenigen Jahren war der Faktor Neuheit ausgezehrt und die Visiten wurden spärlicher. Der plötzliche Boom der Billigflieger mündete in ein kurzes Zwischenhoch, doch bald pendelte sich der Besucherstrom wieder auf niedrigem Niveau ein.

Unter den ersten Besuchern waren Karl und Andrea. Karl heißt eigentlich Stephan, doch in dunklen Teenagerzeiten verpasste ihm irgendwer den Beinamen, den er bis heute mit Würde trägt. Er rief schon Mitte Oktober an, um die Chancen für einen Abstecher über die Weihnachtsfeiertage und Silvester auszuloten. Ziel war offensichtlich, elegant der mütterlichen Weihnachtsgans und den drögen Zusammenkünften mit Onkels und Tanten zu entgehen. Kein Problem, ich freute mich auf ein Wiedersehen. Ein kurzer Blick aus dem Fenster in den sonnendurchfluteten Innenhof riss mich zu der Bemerkung hin, dass es kaum eine bessere Idee geben könne, als das düstere Hamburg gegen eine Dezemberwoche Sonne tanken einzutauschen.

Am Tag ihrer Ankunft schien tatsächlich die Sonne, doch Barcelona trug braune Wintermäntel, Handschuhe und Wollmützen. Beißend kalter Wind pfiff durch die Straßen, der trockene aber heftige Tramuntana blies aus Südfrankreich kommend die Küste hinab. Die Nachrichten versprachen das baldige Eintreffen eines Tiefs, das höhere Temperaturen aber auch Feuchtigkeit herantragen würde. Am nächsten Abend zog sich der Himmel zu und der Wetterdienst hielt sein Versprechen. Die folgenden fünf oder sechs Tage waren grau und deprimierend, es nieselte ein Weile, hörte auf und begann von Neuem. Karl und Andrea waren auf solche Bedingungen nicht vorbereitet, wollten aber die Stadt erkunden und sahen sich gezwungen, Schirme und Regenjacken zu besorgen. Am Tag ihrer Abreise traf ein erneuter Wetterumschwung ein und wir saßen noch eine Stunde im T-Shirt im Straßencafé. Meine überbordende Euphorie angesichts des Klimas meiner neuen Heimat hatte einen ersten energischen Dämpfer bekommen.

Ist denn das Klima in Barcelona gar nicht so behaglich wie gemeinhin angenommen?

Eigentlich schon, muss die Antwort lauten, aber die Sonne scheint nicht bei Tag und Nacht, wie ein Schlager aus den 70er-Jahren behauptete. Wahrscheinlich gibt es kaum irgendwo ein besseres Klima als an der nördlichen Mittelmeerküste, doch das Wörtchen »eigentlich« impliziert, dass es auch Ausnahmen gibt. Klima ist eben nicht gleich Wetter.

Barcelona genießt vier Jahreszeiten, die allerdings unterschiedlich lang sind. Was man als Sommer bezeichnen würde, dauert etwa von Ende Mai bis Anfang Oktober, der Winter beginnt im Dezember und zieht sich bis in den Februar oder gar den März, die Übergangsjahreszeiten dagegen sind relativ kurz.

Die Sommer sind im Allgemeinen so, wie man sie sich vorstellt. Es herrscht überwiegend Sonnenschein mit Temperaturen weit über zwanzig Grad. Im Juli und August wird es ernsthaft heiß, Tagestemperaturen von über dreißig Grad sind die Regel, nicht die Ausnahme. Trotz Küstenlage ist Barcelona eher eine windarme Stadt und bei hoher Luftfeuchtigkeit kann es im Hochsommer schwül und stickig werden, besonders in der Innenstadt. Da ahnt man, warum sich die ökonomisch besser gestellten sozialen Schichten weiter oben an den Hängen des Collserola angesiedelt haben, wo die Bedingungen erträglicher sind. Natürlich hat man immer die Möglichkeit zu einem erfrischenden Bad im Mittelmeer. Vom unteren Ende der Rambles erreicht man den Strand der Barceloneta in kaum 20 Fußminuten. Die Wassertemperaturen steigen im August und September bis auf 25 Grad, man kann sich also ohne Anpassungsprozeduren direkt in die große Badewanne stürzen.

Trotz meines oben dargelegten peinlichen Fehlgriffs bei der Wettervorhersage ist der Winter das beste am mediterranen Klima, denn in der dunklen Jahreszeit ist der Unterschied zu Mitteleuropa am deutlichsten spürbar. Berlin registriert laut Statistik des Deutschen Wetterdienstes 37 Stunden Sonnenschein im gesamten Dezember, in Barcelona sind es volle 100 Stunden mehr. Der persönlich gefühlte Unterschied erscheint noch größer. Wintertage sind üblicherweise mild und sonnig, manchmal sogar richtig warm. 15 Grad im Januar sind bei gut 90 Minuten mehr Tageslicht eine wahre Wonne. Allerdings hat der Winter seine Tücken. Auch in Barcelona gibt es Schlechtwetterperioden. Eine Woche tiefhängender Wolken mit Nieselregen sind genauso möglich wie ein paar Tage Nachtfrost oder Sturmtiefs mit heftigen Regenschauern. Im Zentrum sinken die Temperaturen fast nie unter die Null-Grad-Grenze, doch die komplizierte Topographie produziert lokale Mikroklimata mit teils heftigen Differenzen. Hoch oben auf dem Tibidabo kann es morgens durchaus zehn Grad kälter sein als im Stadtkern. Ganz zu schweigen vom Landesinneren Kataloniens, welches der ausgleichende Einfluss des Mittelmeeres kaum erreicht. Das dort herrschende Kontinentalklima treibt die Temperaturen im Sommer über die 40-Grad-Grenze und im Winter auf sibirische Niveaus.

Schneefall ist in Barcelona ziemlich selten, und wenn er doch mal vorkommt, dann sind die Reste am nächsten Tag schon wieder verschwunden. Im Schnitt zeigt sich die weiße Pracht in jedem zweiten Winter, aber nie zu Weihnachten, sondern eher im Februar oder gar März, nachdem der Frühling eigentlich schon eingekehrt war.

Olympische Winterspiele in Barcelona?

Es klingt wie ein Witz, doch Barcelonas früherer sozialdemokratischer Bürgermeister Jordi Hereu formierte im Jahr 2010 ein Komitee, das die Bewerbung für die Austragung der Olympischen Winterspiele 2022 vorbereiten sollte. Natürlich liegt die nächste befahrbare Skipiste 150 Kilometer nördlich in den Pyrenäen. Die Idee war, dass sich Barcelona nach dem Vorbild Vancouvers auf die Eröffnungsfeier und die Austragung von Hallenwettbewerben wie Eishockey oder Eiskunstlauf beschränken sollte, während die alpinen Wettbewerbe an den Gebirgshängen um das Pyrenäental der Cerdanya ausgetragen würden.

Doch der im nächsten Jahr zum Stadtoberhaupt gewählte konservative Xavier Trias bekam weiche Knie und kündigte zunächst an, die Barceloniner per Referendum entscheiden zu lassen, ob der Plan weiter verfolgt werden sollte. Als im September 2013 die Hauptstadt Madrid landesweit zum Gegenstand öffentlicher Empörung und beißenden Spotts wurde, weil die dritte Olympiabewerbung hintereinander gescheitert war, verschob der Bürgermeister die Kandidatur diplomatisch geschickt auf die Spiele 2026 und kam so weder mit den Befürwortern noch den Gegnern ins Gehege. Bis Anfang 2017 muss keine definitive Entscheidung über die Kandidatur getroffen werden. Derweil präsentiert Barcelona das Projekt im Internet unter www.barcelonapirineus2026.org.

Wann ist denn nun die beste Reisezeit?

Im Prinzip hat man das ganze Jahr über gute Chancen, auf sonnige und angenehme Bedingungen zu treffen. Im Winter ist das Glücksspiel ein wenig riskanter. Ein Kurzurlaub kann eben tatsächlich genau mit einer Schlechtwetterperiode zusammenfallen. Bleibt man länger als eine Woche, kann man aber schon so gut wie sicher sein, dass zumindest einige Tage Sonnenschein und wohlige Temperaturen herrschen werden. Den Hochsommer sollten hitzeempfindliche Menschen besser meiden. Das Frühjahr ist normalerweise sehr angenehm, aber auch hier kann man in eine Falle treten. Wenn warme Winde aus Afrika über das noch kalte Mittelmeer heranpreschen, nehmen sie viel Feuchtigkeit auf und können die Stadt in Nebel hüllen. Manchmal bringen diese Winde auch aufgewirbelten Staub und Sand aus der Sahara mit. Dann sagt man *plou fang* – es regnet Schlamm. Tatsächlich werden dann im Freien geparkte Autos mit einem schicken Leopardenmuster gelber Staubflecken überzogen und der Blick durch die Windschutzscheibe wird arg getrübt. Der nördliche Rand der algerischen Sahara ist in Luftlinie tatsächlich nur rund 700 Kilometer entfernt, also 100 Kilometer weniger als die äußerste Ecke Südwest-Deutschlands.

Mein persönlicher Favorit wäre der September. Die Touristenmassen und die stärkste Hitze haben sich wieder verzogen aber das Meer ist immer noch auf Badewannentemperatur. Statistisch ist das zwar die Jahreszeit mit den höchsten Niederschlägen, doch die fallen meist innerhalb weniger Stunden, wenn sich heftige Gewitter entladen. Außerdem fallen das Stadtfest und der Nationalfeiertag in den September.

Faul in der Sonne

Strandleben in Barcelona

Ein fahles Licht am östlichen Horizont kündigte die Dämmerung an, später wich die Morgenröte dem gleißenden Licht der Sonne. Zwei allseits bekannte Charaktere erblickten zum ersten Mal im Leben das Meer. Es erschien ihnen größer und majestätischer als alles, was sie je gesehen hatten.

Don Quijote und sein Begleiter Sancho Panza waren erst wenige Stunden zuvor von einem Straßenräuber über Umwege zum Strand von Barcelona geführt worden, wo sie den Tagesanbruch erwarteten. Der edle Ritter und sein Knappe ahnten nicht, dass das jähe Ende ihrer abenteuerlichen Reisen nahte und dass das Schicksal sie just an dieser Stelle ereilen würde. Quijote war zutiefst beeindruckt von der endlosen Weite der See und genoss an jedem Morgen seines Aufenthalts in Barcelona einen Ausritt zum Strand. Genau dort traf er wenige Tage später auf den Ritter vom weißen Monde, der ihn aus Rachegelüsten zum Duell aufforderte. Im Falle einer Niederlage sollte Quijote Rüstung und Waffen ablegen und sich für ein Jahr friedlich in sein Heimatdorf in La Mancha zurückziehen. Quijote ging auf die Herausforderung ein und während die Schaulustigen aus der Stadt heranströmten bereiteten sich die Streithähne auf ihr Duell vor.

Die Lanzen auf den Gegner zielend, galoppierten sie aus großer Entfernung aufeinander zu. Das Pferd des Mondritters war bedeutend schneller als Quijotes schwächelnde alte Stute Rosinante. Doch die Lanzen verfehlten ihr Ziel, stattdessen kollidierten die beiden Ritter, Rosinante ging zu Boden und Quijote wurde aus dem Sattel geschleudert. Im Bruchteil eines Augenblicks war der Ritter des weißen Mondes zur Stelle, platzierte drohend die Spitze seiner Lanze auf des Gestürzten Visier und zwang ihn, seine Niederlage einzugestehen. Quijote blieb am Leben, doch er unterwarf sich ehrenhaft den Bedingungen des Siegers und kehrte voller Schwermut in seine Heimat zurück. Am Strand von Barcelona endeten seine Abenteuer, das Leben verlor seinen Sinn. Schließlich erlag Quijote Depressionen und tiefer Melancholie.

Der Schauplatz des Endes von Miguel de Cervantes' Geschichte vom abenteuerjagenden Ritter Don Quijote ist heute kein Strand mehr, sondern der Passeig Marítim, die zubetonierte Flaniermeile am Hafenbecken. Da wo die Stadtmauer einst durch den Portal del Mar den Durchgang zum Meer erlaubte, fließt heute zweigeschossig der Straßenverkehr, im Tageslicht auf dem Passeig de Colom und im Untergrund auf der vierspurigen Ronda Litoral. Keine Gedenktafel erinnert an das schwerwiegende, wenn auch nur literarische Ereignis.

Wo und wie sind Barcelonas Strände heute?

Barcelonas Strände erreicht man heute erst ein paar hundert Meter weiter von Quijotes Duellarena, vor der Halbinsel Barceloneta. Von Melancholie ist allerdings wenig zu spüren, höchstens mal an einem düstergrauen Wintertag, wenn sich kaum Touristen in der Stadt aufhalten und sich die Einheimischen in die warme Stube zurückziehen. Doch sobald die Sonne lacht, hält der vielgesichtige Frohsinn im städtischen Sandkasten Einzug. Dreieinhalb Millionen Besucher werden alljährlich offiziell auf der 4,8 Kilometer langen Strandlinie zwischen der Mündung des Besòs an der nordöstlichen Stadtgrenze und dem im Volksmund *vela* (»Segel«) genannten Hotel W gezählt. Meist keine hundert Meter breit, kann man sich vorstellen, was zur Urlaubszeit und an Wochenenden am Strand los ist.

Genau genommen handelt es sich gar nicht um nur einen einzigen Strand, denn die offizielle Nomenklatur unterteilt die sandige Küstenlinie in neun verschiedene Abschnitte unterschiedlicher Namen. Die Grenze wird jeweils von den weit ins Wasser ragenden Wellenbrechern markiert. Nur der südlichste dieser Strände, die Platja de Sant Sebastià zwischen Barceloneta und dem Hotel W ist länger als einen Kilometer, fast alle übrigen bringen es auf nur etwa die Hälfte. Sant Sebastià hat von allen die längste Tradition als Badestrand. Schon gegen Ende des 18. Jahrhunderts ließen sich hier Rheumakranke behandeln. In den folgenden 120 Jahren wurde der Badespaß immer populärer, doch er war auch immer mit einer gewissen Furcht verbunden, denn kaum jemand konnte schwimmen.

In den ersten Jahrzehnten des 20. Jahrhunderts eröffnete an Barcelonas Küsten ein ganzes Dutzend luxuriöser Badehäuser mit Schwimmbad, Restaurants, Spielcasino und Jazz-Konzerten. Das bekannteste waren die Banys de Sant Sebastià, das erste Badehaus Spaniens, wo keine strikte Geschlechtertrennung mehr herrschte. Doch die Diktatur setzte dem unsittlichen Treiben bald ein Ende. Heute ist von den Badehäusern keines mehr übrig. Die weiter im Süden gelegenen fielen dem Hafenausbau zum Opfer und diejenigen an den Stränden der Barceloneta wurden von den Oberschichten bald verschmäht, denn Spanien verbot das Glücksspiel und die Reichen orientierten sich nach Nizza, St. Tropez, Biarritz oder Monte Carlo. Die Gebäude wurden Ende der 80er-Jahre endgültig abgerissen. An ihrer Stelle betreiben die zwei großen direkt konkurrierenden Barceloniner Schwimmclubs ihre Sportstätten: Die Wasserballer des Club Natació Barcelona, genannt *el nata*, gewannen 59 der 80 bisher ausgetragenen spanischen Ligen, die Konkurrenz direkt nebenan, der wesentlich jüngere Verein Atlètic Barceloneta, bringt es immerhin auf 14. Hier begann auch Mireia Belmonte ihre Karriere, die derzeit mehrere Welt- und Europarekorde im Schwimmsport hält.

Das Klischee, Barcelona habe immer mit dem Rücken zum Meer gelebt, muss in jedem Fall relativiert werden. Bis zum Bürgerkrieg war der Strandbesuch ein weit verbreiteter Freizeitspaß, doch die Armut der Nachkriegszeit und das tonnenschwere Gewicht der Diktatur ließen wenig Raum für ausgelassene Fröhlichkeit. Die demographische Explosion Barcelonas ab den 50er-Jahren strich den Strandgang endgültig von der Liste der Freizeitgestaltung, denn die größtenteils ungeklärt ins Meer laufenden Abwässer verwandelten den Küstensaum in eine Kloake. Nördlich der Barceloneta war der Strand sowieso kaum noch zu erreichen, schmutzige Gewerbegebiete wucherten bis ans Meeresufer. Barcelona wandte sich tatsächlich für einige Jahrzehnte vom Meer ab.

Der erneute Umschwung kam mit der Olympiade 1992, als die Stadt erkannte, dass die Spiele eine große Wirkung auf den internationalen Tourismus ausstrahlen würden, und dass die Attraktion Meer zurückerobert werden musste. Die Umgestaltung der Wasserfront zog sich über fast zwei Jahrzehnte hin. Wasser und Strände sind wieder sauber, die Uferpromenade zieht Spaziergänger, Radfahrer, Jogger und Rollschuhläufer in Massen an. Etliche *xiringuitos* genannte Strandcafés stellen Nahrung und Erfrischung bereit.

So ist die heutige Strandlinie nur durch den schicken Olympiahafen unterbrochen und mit allen Annehmlichkeiten für Besucher ausgestattet. Rettungsschwimmer kontrollieren vom Hochsitz aus die Sicherheit der Badenden. Duschen, Toiletten, Behindertenzugänge, Parkplätze, Münzfernsprecher, Mülleimer, Altglascontainer, kostenloses Wireless LAN, Sonnenschirmverleih, Liegestuhlvermietung – es ist alles da, was das Herz des Bequemlichkeitsmenschen begehrt. Fast überall weht die blaue Fahne, die als vermeintlich verlässliches Qualitätssymbol die besten Strände kürt.

Doch in Wahrheit muss man zugeben, dass Barcelonas Stadtstrände an Qualität verloren haben und eher unter dem Adjektiv »steril« einzustufen sind. Ein erfrischendes Bad ist natürlich ein Genuss, und ein paar Stunden lässt es sich im Getümmel ertragen, doch mit einem Naturerlebnis hat der Strandbesuch rein gar nichts mehr gemein. Zu den Stoßzeiten ist der Sandkasten ebenso prall gefüllt wie das Fußballstadion beim Heimspiel gegen Real Madrid. Leider gilt das für so gut wie alle städtischen Strände, nicht nur in diesem Küstenabschnitt, sondern für fast die gesamten nördlichen Gestade des westlichen Mittelmeers, von Sizilien bis zur Algarve. Der Massentourismus hat jede Natürlichkeit gefräßig verschlungen.

Oben ohne wird an Barcelonas Küste überall toleriert, aber nur in begrenztem Umfang praktiziert. Vollständig hüllenlos trifft man eher selten an und wenn, dann an der Platja Mar Bella, einen guten Kilometer nördlich des Olympiahafens.

Better safe than sorry

Besonders wenn die Strände nicht vom Wasser, sondern von Sonnenhungrigen überflutet sind, ist Vorsicht angeraten. Kleine unauffällige Diebstähle sind an der Tagesordnung, auch wenn die städtische Polizei deutlich Präsenz zeigt. Die allererste Sicherheitsregel sollte lauten: Nur das Nötigste zum Badeausflug mitnehmen. Doch die meisten werden Smartphone, Kamera und Geldbörse in diese Kategorie einordnen. Dann sollte man sein Hab und Gut zumindest gut unter Kontrolle haben. Ist man mit mehreren Personen unterwegs, sollte einer seinen Badespaß verschieben und die Wertsachen beaufsichtigen, ist man allein, bittet man die freundlichen Handtuchnachbarn, die die Aufgabe gern übernehmen werden. Deckt man die Habe mit dem Handtuch zu, büßt sie schon einiges an Attraktivität zur Selbstbedienung ein. Keinesfalls aber sollte man sich den Spaß durch paranoide Anspannung verderben lassen. 99,9 Prozent der Strandbesucher sind gleichgesinnte, ehrliche Menschen.

Einen ruhigeren Strand finden

Wer einen Tag in Ruhe, Einsamkeit und Einklang mit der Natur verleben möchte, muss weit raus fahren, und das am besten mit dem eigenen fahrbaren Untersatz. Auch in kleineren Badeorten sind die Strände in der Saison gut gefüllt, wirklich ruhige Buchten findet man nur außerhalb. Natürlich gilt die Grundregel: Je länger und anstrengender der Weg, umso weniger Leute wird man antreffen. Die nächstgelegenen wirklich idyllischen Badebuchten findet man erst an der Costa Brava, nördlich von Lloret de Mar, noch besser zwischen Tossa de Mar und Sant Feliu de Guíxols (»Gieschuls« ausgesprochen), also mindestens 75 Kilometer entfernt.

Auch das berühmte, quirlige Seebad Sitges, 40 Kilometer im Süden gelegen und mit der Bahn leicht zu erreichen, ist – was die Auslastung der Strände betrifft – keine wirkliche Alternative.

Von der natürlichen Umgebung nicht übermäßig eindrucksvoll, aber durch Länge und Breite des Strandes bedeutend angenehmer präsentiert sich die Küste von Castelldefels, gleich südlich des Flughafens. Mit der Regionalbahn R2 erreicht man vom Bahnhof Sants in 25 Minuten bequem die Station Platja de Castelldefels, in weniger als 5 Minuten ist der Strand erreicht, doch je nach Wochentag und Jahreszeit wird man sich genötigt sehen, noch ein gutes Stück nach Westen oder Osten zu wandern, um der massivsten Konzentration der Sonnenanbeter zu entgehen.

Top Ten: Die besten Ausflüge ins Umland

1. Montserrat

Kaum sechzig Kilometer im Hinterland Barcelonas haben die Launen der Natur die höchst kuriosen Formen des heiligen Bergs der Katalanen geschaffen. Die abgerundeten Felsformationen erinnern an Landschaften aus *Der Herr der Ringe* oder an die Architektur Gaudís. Wer sich dem kaum zehn Kilometer langen Gebirge nähert, wird schon aus der Entfernung verstehen, warum die Gipfel von Sagen und Legenden umwoben sind. Montserrat, umgangssprachlich *Montse* abgekürzt, ist auch einer der populärsten weiblichen Vornamen in Katalonien.

Das Kloster Montserrat beherbergt die gleichnamige schwarze Madonna, Schutzpatronin des FC Barcelona, und gilt als ältester noch publizierender Buchverlag der Welt. An Wochenenden wird es von Horden großstädtischer Ausflügler heimgesucht, doch an normalen Wochentagen herrscht weitgehend Ruhe. Fährt man von der Abtei mit der Seilbahn noch eine Etage höher, kann man herrliche Ausblicke und himmlischen Frieden in großartiger Natur erwandern. Wer genügend Zeit mitbringt, sollte den Ausflug unbedingt einplanen.

▌Vom Bahnhof Plaça Espanya stündlich mit der R5 in Richtung Manresa bis zum Bahnhof Aeri de Montserrat, wo man auf die Seilbahn umsteigt • In der Nebensaison hin und zurück 10,50 €, in der Hauptsaison 11,25 €, inklusive Seilbahn

2. Sitges

Das »katalanische Saint Tropez« gilt als Erfolgsmodell unter den Strandbädern der spanischen Mittelmeerküste. Schon zu Beginn des 20. Jahrhunderts verlieh eine Künstlerkolonie dem Badeort ein alternatives Flair, und noch unter der Diktatur wurde er, ähnlich wie Ibiza, zum Treffpunkt der Subkulturen. Die Stadtverwaltung setzte konsequent darauf, die Altstadt zu erhalten und nicht mit Hotelbunkern zu verschandeln. Die Strategie hat sich ausgezahlt. Sitges war auch einer der ersten Strandorte, die den kommerziellen Wert des homosexuellen Publikums erkannten, und erklärte sich liberalen Traditionen folgend »gay friendly«. So ist die Stadt heute einer der turbulentesten Treffpunkte Europas für alle Richtungen sexueller Orientierung. Aushängeschilder des bunten Treibens sind der ausgelassene Karneval und das Festival des Phantasie- und Horrorfilms Anfang Oktober.

Mit der R2 von den Bahnhöfen Sants, Passeig de Gràcia oder Estació de França in Richtung Sant Vicenç de Calders bis Sitges

3. Girona

Auch zur Beschreibung der Provinzhauptstadt 90 Kilometer nördlich wird gern ein Vergleich herangezogen: In diesem Fall spricht man vom »katalanischen Florenz«. Die bunten Häuserfassaden der Altstadt und die Fußgängerbrücken über den Fluss Onyar scheinen die Analogie zu bestätigen, doch die höchst sehenswerte Altstadt ist kein Hort der Renaissance, sondern stammt aus dem Mittelalter. Gebäude und Straßen sind so perfekt restauriert, dass die engen Gassen als Schauplatz etlicher historischer Filme dienten, beispielsweise für *Das Parfüm* nach dem Roman von Patrick Süskind. Auf der alten Stadtmauer lässt sich der gesamte Altstadtkern umrunden und man kann prachtvolle Panoramablicke einfangen.

▐ Vom Bahnhof Sants verkehren täglich gut 50 Züge nach Girona, allerdings zu höchst unterschiedlichen Preisen. Die Fahrt mit dem Hochgeschwindigkeitszug AVE dauert keine 40 Minuten, kostet aber hin und zurück knapp 50 €. Für weniger als den halben Preis reist man mit Regionalbahnen, die allerdings bis zu 90 Minuten für die gleiche Strecke benötigen können.

4. Tarragona

Auch die Hauptstadt der südlichen Provinz bietet einen hübschen mittelalterlichen Stadtkern und im Hafen kann man hervorragend frischen Fisch essen. Doch die wichtigsten Attraktionen bilden die Ruinen aus Zeiten des römischen Imperiums. Als Hauptstadt der Provinz Hispania Citerior regierte Tarragona zwei Drittel der Iberischen Halbinsel und wuchs zu einer der größten Städte des westlichen Mittelmeers. Dieser Bedeutung entsprechend entstanden großartige Villen, Tempel, Paläste und ein beeindruckender, 27 Meter hoher Aquädukt. Den Höhepunkt stellt der Besuch des einst 14.000 Zuschauer fassenden Amphitheaters mit Blick aufs Meer dar.

Den Abstecher nach Tarragona können Vergnügungssüchtige mit einem Besuch in Spaniens größtem Freizeitpark Port Aventura 10 Kilometer südlich verbinden [www.portaventura.es].

▐ Auch für den Ausflug nach Tarragona kann man zwischen schnellen und langsamen Optionen wählen. Regionalbahnen können bis zu einer Stunde unterwegs sein, hin und zurück kann man mit Preisen zwischen 15 und 30 € rechnen. Halb so lang, aber für etwa 50 €, ist man dem Hochgeschwindigkeitszug unterwegs.

5. Das Dalí-Museum in Figueres

Salvador Dalí war und ist zweifellos einer der weltweit populärsten Maler der Kunstgeschichte. Die mal verwirrende, mal leicht nachzuvollziehende Symbolik seiner Werke, immer garniert mit einem

Schuss Humor, zieht Millionen in den Bann. Entsprechend stark besucht ist das vom Meister selbst gestaltete Museum in seiner Heimatstadt Figueres. Die Hauptsaison und Wochenenden sollte man also nach Möglichkeit vermeiden. Das Museum ist unbedingt einen Besuch wert, denn es gehört fraglos zu den unterhaltsamsten Kunstmuseen der Welt, auch oder gerade für Laien. Selbst Kinder werden ihren Spaß an den kuriosen Installationen haben.

▌Juli–September täglich 9–20 Uhr, März–Juni & Oktober Di–So 9.30–18 Uhr, November–Februar Di–So 10.30–18 Uhr • Erwachsene 12 €, Senioren 9 €, Kinder 4,50 € • Plaça Gala-Salvador Dalí, 5, 17600 Figueres • Mit der Regionalbahn zum alten Bahnhof Figueres ist man für etwas weniger als 30 € hin und zurück jeweils knappe 100 Minuten unterwegs. Schneller geht es mit dem Hochgeschwindigkeitszug AVE zur neuen Station Figueres-Vilafant, allerdings zum doppelten Preis • Tel.: 972 677 500 • www.salvador-dali.org

6. Die Sektkellereien des Penedés

Die Gemarkung Penedés, vierzig Kilometer westlich von Barcelona, bildet das Zentrum der spanischen Sektproduktion, wo satte neunzig Prozent des Jahresausstoßes verkorkt werden. Traditionell wurde der Schaumwein nach dem aus Frankreich importierten Herstellungsverfahren *xampany* genannt, doch die nördliche Konkurrenz verbot die Verwendung des Namens als Verletzung der geschützten Herkunftsbezeichnung. Seitdem heißt Sekt Cava, was so viel wie »Keller« oder »Weinkeller« bedeutet.

In Sant Sadurní d'Anoia, der unangefochtenen Sekthauptstadt finden sich 80 große bis kleinste Kellereien. Die meisten bieten die Möglichkeit einer Besichtigung mit anschließender Schaumweinprobe. In Mitteleuropa am bekanntesten sind natürlich die güldenen Flaschen der Marke Freixenet [Wochentags normalerweise 9.30– 16.30 Uhr, sicherheitshalber aber unbedingt den Kalender der Website konsultieren. Vorherige Anmeldung ist unbedingt empfehlenswert. • Erwachsene 7 €, Senioren 5,40 €,

Kinder von 9–17 Jahren 4,20 € • Joan Sala, 2 • Tel.: 93 891 7096 • www.freixenet.es].
Außerdem findet sich ein Museum, das sich der Erklärung von Geschichte, Kultur und Herstellungsprozess des Cava widmet [Di–So
10–14 Uhr • Erwachsene 6 €, Senioren 5 €, Kinder 3 € • Carrer de l'Hospital, 23 • Tel.: 93
891 3188 • www.turismesantsadurni.com].
▌Jede halbe Stunde mit der R4 von der Plaça Catalunya zur Station Sant Sadurní
d'Anoia • Einfache Fahrt 4,10 €

7. Delta de l'Ebre

Der mit 930 Kilometern zweitlängste Fluss der Iberischen Halbinsel entspringt hoch oben in Kantabrien, unweit der Gestade des Atlantischen Ozeans. Als mit Abstand wasserreichstes Fließgewässer
hat er sein Mündungsdelta durch die Ablagerung von mitgeführ-
ten Sedimenten 22 Kilometer weit ins Mittelmeer hinausgescho-
ben und eine einzigartige Landschaft geschaffen. Die tischebenen
Feuchtgebiete bilden eines der wichtigsten Reisanbaugebiete Spaniens und gleichzeitig ein Vogelparadies.

Allerdings benötigt man für die Erkundung des 160 Kilometer
südwestlich gelegenen Deltas unbedingt einen fahrbaren Untersatz
und sollte von vornherein mindestens zwei Tage für den Besuch
einplanen. In direkter Umgebung des Bahnhof Sants finden sich
Filialen der internationalen Autovermietungen wir Sixt, Hertz,
Enterprise, Budget oder Avis.
▌Auf der mautpflichtigen Autobahn A-7 in Richtung Tarragona und dann weiter in
Richtung Valencia.

8. Costa Brava

Die wilde Küste genießt nicht unbedingt den allerbesten Ruf, dank
einiger Orte, die sich dem Billig- und Partytourismus verschrie-

ben haben. Aber Lloret de Mar und Platja d'Aro kann man ja getrost links liegen lassen und sich stattdessen in versteckte, wenn auch nur selten wirklich einsame Buchten zurückziehen. Auch dafür braucht man einen Wagen, denn öffentliche Verkehrsmittel bringen den Besucher nur in die Städte. An der unbestritten herrlichen, kurvenreichen Küstenstraße zwischen Lloret und Sant Feliu de Guixols finden sich einige Parkbuchten, von wo aus man über Fußwege in 10 bis 30 Minuten zu wunderschönen kleinen Buchten mit kristallklarem Wasser hinabsteigen kann. Auf halbem Wege liegt Tossa de Mar, eine der hübschesten und angenehmsten Städte der nördlichen Küste, wo man durch die Gassen zur Burg spazieren und zum Mittagsmahl einkehren kann. Bei starkem Wind genießt man das beeindruckende Spektakel, wie die Wellen mit voller Wucht gegen die Felsen klatschen.

Über die teils mautpflichtige C-32 nach Nordosten in Richtung Mataró bis nach Lloret oder über die kostenlose Nationalstraße N-II fast immer an der – wenn auch meist wenig ansehnlichen – Strandlinie entlang.

9. Die Pyrenäen

Das Grenzgebirge zwischen Frankreich und Spanien erstreckt sich in gerader Linie über mehr als 400 Kilometer vom Mittelmeer bis zum Atlantik. Als kleiner Bruder der Alpen sollte die Bergkette keineswegs verachtet werden, ganz im Gegenteil: Von weit weniger Touristen heimgesucht und in ebenso geringerem Maße durch Skipisten verschandelt, sind die Pyrenäen ein ideales Territorium zum Wandern, Bergsteigen und Durchatmen. Für das Fürstentum Andorra, dem sechstkleinsten Staat Europas, gilt im Prinzip das gleiche, abgesehen von der Hauptstadt Andorra La Vella, die einem immensen Einkaufszentrum für zollfreie Waren gleicht. Wer mindestens drei Tage in einen Ausflug investieren kann, sollte sich zunächst ein Bad im Stausee Baells bei Berga genehmigen, einen

Abstecher nach Saldes am Fuß des doppelten Felsgipfels Pedraforca machen und den Naturpark Cadí-Moixeró erkunden. Danach geht es weiter durch das von der französischen Grenze durchschnittene Hochtal der Cerdanya nach Andorra.

▌ Der Autobahn C-16 über Terrassa und Manresa nach Berga folgen, in der Cerdanya auf die Nationalstraße N-260 biegen und der Beschilderung nach Andorra folgen.

Die einzige praktikable Möglichkeit, die Pyrenäen ohne eigenes oder gemietetes Fahrzeug zu besuchen, ist die beinahe zweieinhalbstündige Fahrt mit der R3 vom Bahnhof Sants nach Norden bis ins Dorf Ribes de Freser. Dort steigt man auf eine Zahnradbahn um, die auf knapp 2.000 Metern Höhe im Gletschertal des Vall de Núria endet. Man findet eine komplette Fremdenverkehrsinfrastruktur mit Restaurants, Souvenirläden und lärmenden Schulklassen, der man aber zügig auf einem der vielen Wanderwege in die herrliche Gebirgsumgebung entfliehen kann. Wer früh aufsteht und die langen Bahnfahrten genießen kann, schafft einen Kurzausflug in alpine Höhen an einem einzigen Tag.

▌ Hin- und Rückfahrt bis nach Ribes de Freser jeweils 9,10 €, Auf- und Abfahrt mit der Zahnradbahn 22,30 €. Für 13,90 € kann man auch nur die Auffahrt kaufen und in etwa drei Stunden zu Fuß durch ein enges Gebirgstal wieder absteigen. Wer es nicht ganz so eilig hat, kann im Hotel Vall de Núria übernachten, das auch Ferienwohnungen für bis zu sechs Personen bietet. • www.valldenuria.com

10. El Priorat

Der Priorat ist das prestigeträchtigste katalanische Weinbaugebiet, etwa 130 Kilometer westlich der Hauptstadt. Viele der eher kleinen Keltereien lassen sich besuchen, ebenso wie die Kooperativen der Olivenbauern, die eines der höchstgepriesenen Olivenöle Spaniens produzieren. Großartige Ausblicke bietet das hübsche Dörfchen Siurana hoch über dem gleichnamigen Stausee, wo man mit einem gemieteten Kanu eine Paddeltour unternehmen kann. Von hinreißender Schönheit sind auch die schroffen senkrechten Felswände des Montsant, beispielsweise entlang der kleinen Straße zwischen La Morera und Cornudella. Um die verschachtelte Mittelgebirgswelt zu erkunden, ist in jedem Fall ein eigenes Fahrzeug von Nöten.

▌Man folgt der mautpflichtigen A-7 nach Tarragona, wo man sich zunächst nach Reus und dann nach Falset orientiert.

Catalunya is still Spain

Was hinter der Forderung nach katalanischer Unabhängigkeit steckt

Auch mein früherer Kicker-Partner Ecki kam vor gar nicht langer Zeit endlich mal zu Besuch, um sich an der technisch deutlich anspruchsvolleren spanischen Variante des Tischfußballs zu versuchen. Ecki ist ein emotionaler und obendrein äußerst kommunikationsfreudiger Charakter, der seine Mitmenschen liebend gern provoziert und mit ironischen Sticheleien ärgert. Ohne sich das Leben unnötig erschweren zu wollen, setzte er sich am Flughafen ins erste Taxi und ließ sich ins Stadtzentrum chauffieren. Mit seinem durchaus ordentlichen Spanisch verwickelte er den schon etwas älteren Taxifahrer sofort in ein Gespräch: »Na, wie läuft das Geschäft? Ich bin früher auch in Hamburg Taxi gefahren.«

Der Kutscher zeigte sich aufgeschlossen und war natürlich froh, dass er bei dem fremdländischen Fahrgast keine rudimentären Englischkenntnisse bemühen musste.

Als das Thema Taxifahren ausreichend erörtert war, schlug Ecki mit der ihm angeborenen liebevollen Bösartigkeit eine höhere Saite an: »Und, schafft ihr es irgendwann endlich mal, unabhängig zu werden?«

Die Mine des Chauffeurs verfinsterte sich wie der Himmel vor einem Sommergewitter und aufgebracht donnerte er los: »Hör mit dem Quatsch auf! Das hier ist Spanien und keine verdammte Bananenrepublik! Was denken sich die arroganten Polen, dass sie was Besseres sind, nur weil sie ihren Bauerndialekt sprechen?«

Ecki erkannte, dass er einen Erdrutsch losgetreten hatte. Um die Gesprächssituation wieder auf ein gesundes Niveau zurückzuführen, fragte er grinsend aber neugierig nach, welche Rolle denn die ganz und gar unschuldigen Polen in dem Konflikt spielen würden. Die Erklärung fiel überraschend aus: Spanier bezeichnen Katalanen wegen der schwer verständlichen Sprache manchmal abfällig als Polen. Darum heißt die populärste Comedy-Show der Region auch ganz selbstironisch *Polonia*.

Ecki hatte die Situation retten können und am Ende verabschiedeten sich die beiden durchaus kameradschaftlich. Trotzdem galt sein erster Kommentar bei unserem Wiedersehen seiner Taxifahrt: »Alter, was war denn mit dem los? Der ist ja abgegangen wie eine Rakete!«

Wieso sind sich Spanien und Katalonien nicht ganz grün?

Spanien und Katalonien, das ist die Geschichte zweier ungleicher Brüder, wie sie in den besten Familien vorkommen kann. Der Ältere, von athletischer Statur, war von Kindesbeinen an gewohnt, den dominanten Part zu spielen. Er hat kritiklos die klassischen Werte und Denkweisen seiner Vorfahren übernommen. Der weit schwächlicher gebaute Jüngere war auf Gedeih und Verderb gezwungen, den Vorgaben des großen Bruders zu folgen. Meist genügte eine Drohung, doch hin und wieder setzte es auch ein paar ordentliche Hiebe.

Doch der Kleine war ein cleveres Kerlchen und entwickelte seinen eigenen Kopf, ja einen richtigen Dickschädel. Er empfand die Situation als ganz und gar ungerecht, zumal er lernte, sich ein ordentliches Einkommen zu erwirtschaften. Während er grübelte, wie er der komplexen Familienkonstellation entkommen könnte, um sich endlich frei entfalten zu können, schloss er Kompromisse, nicht selten auch solche von der feigen Sorte. Aber Familienbeziehungen sind nun mal eine schwierige Angelegenheit, man möchte die eigenen Interessen verfolgen aber dabei möglichst niemanden vor den Kopf stoßen, schon gar nicht den stärkeren großen Bruder.

Doch als die Familie in eine schwere ökonomische Krise rutschte und jeder jedem die Schuld gab, kochte der Topf irgendwann über. Der Jüngere beschloss, endgültig das Weite zu suchen und sich ein selbstbestimmtes Leben außerhalb der Familienbande aufzubauen. Schließlich war er intelligent genug, pflegte gute Beziehungen zu Freunden und Nachbarn und vor allem fand er, inzwischen volljährig, habe er jedes Recht dazu.

Nach einer wieder mal fruchtlosen Debatte über die ruinierte Familienökonomie konnte er seinen Freiheitsdrang nicht mehr unterdrücken: »Ich werde demnächst entscheiden, ob ich gehe oder nicht.« Der ältere Bruder war so brüskiert, dass er jedes Gespräch über diese Möglichkeit von vornherein ablehnte. Mit den Worten: »Ich will davon nichts hören, das kommt überhaupt nicht infrage, wir sind eine Familie!«, fegte er das Thema vom Tisch.

Der Jüngere, im Bewusstsein seiner physischen Unterlegenheit, versuchte zu argumentieren und zu überzeugen, aber stieß auf taube Ohren. Auch Freunde und Nachbarn zeigten sich skeptisch, alles in allem hatte man doch auch schöne und friedliche Zeiten miteinander verlebt. Warum sollte man da alles verändern?

Der Kleine empfand die diktatorische Zurückweisung seiner Wünsche als bodenlose Ungerechtigkeit und wurde in seiner Überzeugung nur noch bestärkt. Auf der anderen Seite fühlte er sich vollkommen missverstanden. Er wollte doch gar nicht endgültig mit der Familie brechen. Man könnte doch weiterhin gute Beziehungen pflegen, sich gegenseitig unterstützen, hin und wieder telefonieren und sich zu Geburtstagen und Weihnachten versammeln und gemeinsam feiern. Doch vorerst blieb es beim eisernen Nein des großen Bruders.

Bis hierhin ist die Familiengeschichte bis heute verlaufen, der Ausgang ist ungewiss. Man darf hoffen, dass sie sich nicht zu einem Drama oder gar einer Tragödie ausweitet.

Ist Katalonien eine Nation?

Bei internationalen Begegnungen des FC Barcelona prangt fast immer ein überdimensionales Transparent auf den Rängen des Camp Nou, das »Catalonia is not Spain« verkündet. Die Frage, was Katalonien denn nun wirklich ist, gleicht mehr einem Minenfeld als einem potentiellen Fettnäpfchen. Je nach politischer Couleur des Gegenübers wird man den unterschiedlichsten Interpretationen ausgesetzt. Von »Sprache und Kultur einen Katalonien zu einer Nation« bis »Katalonien hat niemals als unabhängiger Staat oder gar Nation existiert« kann man sich auf die unterschiedlichsten Statements gefasst machen. Objektivität sollte man keine erwarten, auch nicht von Historikern, Soziologen oder anderen vermeintlichen Experten, schließlich hat jeder seinen persönlichen Blickwinkel auf das brisante Thema. Und »Nation« ist nun mal kein naturwissenschaftlich definierter Begriff, sondern eine philosophisch-emotionale Zuordnung des Einzelnen zu einem kollektiven Gemeinwesen.

Verteidiger der spanischen Einheit wie katalanische Sezessionisten bemühen gleicherweise hinkende Interpretationen der Geschichte, um ihre Positionen zu untermauern. Fakt ist, dass die historische Grafschaft Barcelona im Mittelalter ein hohes Maß an Selbständigkeit gegenüber dem Feudalherren, dem König von Aragón, genoss, aber nur über Umwege als eigenständiges Staatsgebilde aufgefasst werden könnte. Doch der Versuch, mit mittelalterlichen Machtkonstellationen moderne politische Positionen zu rechtfertigen, erscheint sowieso von vornherein sinnlos.

Seine begrenzte politische Autarkie verlor Katalonien 1714 in der Folge des Spanischen Erbfolgekriegs. Es musste sich der Herrschaft des spanischen Zentralstaats unterwerfen und verlor alle Privilegien der Selbstbestimmung, seine jahrhundertealten prädemokratischen Institutionen und sein Rechtssystem. Ein katalanischer Nationalismus als intellektuelle Bewegung formierte sich erst mehr als hundert Jahre später und es sollte ein weiteres Jahrhundert dauern, bis die Forderung nach einer eigenen Republik laut wurde. Die Berufung auf eine historische Nation liefert also keinen schlüssigen Argumentationsstrang. Greift man dagegen die Idee der Selbstidentifikation auf, entsteht ein anderes Bild, denn die Eigenständigkeit von Sprache und Kultur Kataloniens lässt sich kaum in Abrede stellen.

Im modernen europäischen Denken erscheint die Idee einer »Nation« als Dinosaurier, denn sie impliziert Ausschluss, Grenzziehung und Rückschritt in dunkle Vorzeit. Doch genau diese sind keine ideologischen Charakteristika der katalanischen Unabhängigkeitsbewegung, vielmehr stellt sich die Situation genau umgekehrt dar: Der spanische Staat wird als unüberwindliches Hindernis zu einer demokratischen, sozialen und fortschrittlichen Gesellschaft aufgefasst, und deshalb von weiten Kreisen der Bevölkerung abgelehnt. Dass die katalanische Gesellschaft friedfertig, tolerant und integrativ ist, hat sie dagegen schon oft bewiesen.

Warum ist die Unabhängigkeitsbewegung plötzlich so stark geworden?

Katalonien hat sich seit dem Übergang zur Demokratie noch bis vor wenigen Jahren durchgängig mit der Zentralregierung in Madrid arrangiert. Zeitweise bildeten die liberaldemokratischen katalanischen Nationalisten der CiU sogar Koalitionsregierungen mit dem jetzigen Hauptgegner, dem spanischen konservativen Partido Popular. So war die ernsthafte Forderung nach Unabhängigkeit bis vor kurzem noch eine Minderheitenposition in der katalanischen Bevölkerung. Das hat sich aufgrund einer Reihe nahezu parallel stattgefundener Entwicklungen schlagartig geändert. Zunächst kam das Platzen der Immobilienblase, das in die bis dato andauernde Wirtschaftskrise mündete und die katastrophale Inkompetenz der Zentralregierungen egal welcher Couleur offenbarte. Gleichzeitig kamen immer mehr und immer ungeheuerlichere Korruptionsskandale ans Licht. Der Versuch der katalanischen Regionalregierung, mit Madrid ein durch eine Volksabstimmung mit 74 zu 21 Prozent der Stimmen bestätigtes Autonomiestatut auszuhandeln, wurde vom Verfassungsgericht abgewürgt.

So wurde Katalonien von einer allumfassenden Politikverdrossenheit in Bezug auf die Zentralregierung erfasst. Zwei Millionen Menschen, also fast ein Drittel der Einwohnerschaft Kataloniens, demonstrierten am 11. September 2011 in Barcelona für die Unabhängigkeit, was den Präsidenten der bisher nur moderat nationalistischen Regierungspartei CiU veranlasste, angestammte Positionen aufzugeben und eine 180-Grad-Wende in Richtung Unabhängigkeit zu vollziehen. Das politische Manöver könnte man als opportunistisch verurteilen, es spiegelt aber tatsächlich den fulminanten Meinungsumschwung der Bevölkerung wieder. Präsident Mas rechtfertigte seine Kehrtwende damit, dass er nach der Annullierung des neuen Autonomiestatuts keine Möglichkeit mehr sähe, jemals mit Madrid auf einen grünen Zweig zu kommen. Er kündigte für den 9. November 2014 ein Referendum zur staatlichen Zukunft Kataloniens an, die Zentralregierung verlautete, sie werde eine Volksabstimmung mit allen Mitteln unterbinden. Doch die konsequente und nahezu argumentationslose Ablehnung Madrids auf die Forderung nach einer demokratischen Entscheidung hat die Unabhängigkeitsbewegung nur in ihrer Überzeugung bestärkt, dass mit Spanien kein Staat mehr zu machen ist. Madrid versuchte, die Abstimmung mit allen juristischen Mitteln zu verhindern, und sie fand schließlich sozusagen in koffeinfreier, politisch und legal nicht bindender Form statt. Bei 35-prozentiger Wahlbeteiligung sprachen sich 81 Prozent eindeutig für und knapp fünf Prozent gegen eine Unabhängigkeit aus. Die geringe Teilnahme war eindeutige Folge des von Madrid unterminierten legalen Wertes, am

Ende war die Volksbefragung nichts weiter als eine konsequenzfreie Meinungsumfrage.

Die Forderung nach Selbstständigkeit basiert nicht auf nationalromantischer Gefühlsduselei, sondern vielmehr auf dem totalen Vertrauensverlust in die demokratischen Institutionen und Repräsentanten des spanischen Staates. Die Mehrheit der Katalanen sieht quer durch alle Gesellschaftsschichten und politischen Grundpositionen im spanischen Staat das größte Hindernis zu politischer wie sozialer Modernisierung und einem Ausweg aus der Wirtschaftskrise. Man hat die Nase voll von einem Königshaus, das in Botswana auf Elefantenjagd geht, während Millionen mit den paar Groschen vom Arbeitsamt kaum über die Runden kommen. Man pfeift auf eine starre Verfassung, die demokratische Grundrechte eher in Ketten legt, anstatt sie zu garantieren. Dem Argument, das Grundgesetz sei 1977 in einer Volksabstimmung auch in Katalonien mit großer Mehrheit angenommen worden, wird entgegengehalten, dass diejenigen, die seinerzeit mindestens 18-jährig abstimmen konnten, heute über 56 Jahre alt sind und nur noch 15 Prozent der Bevölkerung stellen. Für die große Mehrheit der Katalanen hat das spanische Staatsgebilde jede Legitimität verloren und man wünscht sich ein modernes, wirklich demokratisches, ökologisches und soziales Gesellschaftssystem in europäischem Rahmen, das für den Rest der Welt ebenfalls eine erstrebenswerte Utopie darstellen könnte.

Die politische Frustration über die Funktion des spanischen Staates ist keineswegs ein rein katalanisches Phänomen, sondern findet auch im Rest des Landes ihren Widerhall. Das offenbart sich im kometenhaften Aufstieg der erst im Januar 2014 gegründeten Partei Podemos – der Name steht gleichbedeutend für Barack Obamas Wahlslogan »yes, we can«. Bereits im Herbst des gleichen Jahres führte Podemos die Wählerumfragen als stärkste Partei an. Das Rezept der linken Newcomer ist denkbar einfach: Statt sich in Diskussionen der Parteibasis aufzureiben, will man die sofortige

Macht, um Spanien umzubauen und das Ende der ewigen und zutiefst korrupten Zweiparteienlandschaft einzuläuten.

Der lautstarke Ruf nach katalanischer Unabhängigkeit muss also im Rahmen eines gesamtspanischen kulturellen Umbruchs verstanden werden. Die *España cañí*, das folkloristische Spanien von Paella und Sangría, von Königshaus, Sozialdemokraten und populistischer Volkspartei, von Julio Iglesias und Ferraris am Hafen von Marbella, ist am Ende. Breite Gesellschaftsschichten haben die Nase voll, von einer kleinen Gruppe Privilegierter manipuliert, ausgebeutet und betrogen zu werden. Die Liste der Korruptionsfälle in den täglichen Nachrichten ist so lang, dass kaum jemand den Überblick behalten kann. Einstige Ikonen wie das Königshaus oder der katalanische Präsident Jordi Pujol werden nur noch mit Abscheu betrachtet. Angesichts des radikal geschwundenen Wählervertrauens lassen die Parteien die Köpfe einiger weniger Sündenböcke rollen, in der Hoffnung, den Hals noch aus der Schlinge ziehen zu können. Sogar der gealterte König Juan Carlos trat freiwillig ab, um der Institution Monarchie einen Restwert von Sympathie zu erhalten.

Und wie stellt sich die aktuelle politische Situation dar?

Die Auseinandersetzung zwischen Zentral- und Autonomieregierung nimmt immer mehr die Züge eines Grabenkrieges an; Politik wird mit allen, auch schmutzigen Mitteln betrieben. Madrid setzt ausschließlich auf den Rechtsweg und die Taktik der Diffamierung, um jeden Schritt in Richtung Selbstbestimmung zu unterbinden. Zwei Tage nach dem symbolischen Referendum vom November 2014 wurde der katalanische Präsident Mas wegen Ungehorsams verklagt. Ziel ist, den Mann aus dem Verkehr zu ziehen und mit einem jahrelangen Verbot politischer Betätigung zu belegen. Die Staatsanwälte klagten über Druck von Regierungsseite, den Ermittlungen gegen die Repräsentanten des katalanischen Autonomiebegehrens höchste Priorität einzuräumen. Vorher hatten etliche regierungstreue Medien versucht, Mas und Barcelonas Bürgermeister Xavier Trias mit Korruptionsskandalen in Verbindung zu bringen.

Abgesehen von handfesten politischen Schachzügen wird der Kleinkrieg vor allem auf symbolischer Ebene ausgetragen. Knapp 200 der 945 Gemeinden haben sich als freies katalanisches Territorium deklariert und sich somit sinnbildlich von Spanien losgelöst. Die Kleinstadt Berga erklärte den spanischen König sogar zur Persona non grata. Im Gegenzug verklagte die Zentralregierung mehr als hundert Orte, die das Gesetz boykottieren, nach dem vor jedem Rathaus eine spanische Nationalflagge zu wehen hat. Einige haben winzige, fast unsichtbare Fähnchen aufgehängt, andere reden sich damit heraus, dass der Gemeindehaushalt zur Anschaffung einer spanischen Flagge nicht ausreiche.

Ende 2014 ist weit und breit kein Lösungsansatz in Sicht. Die Fronten sind verhärtet, die Nachbarn der Europäischen Union halten sich feige aus dem Konflikt heraus. Möglicherweise wird die Pattsituation im November 2015 aufgebrochen, wenn eine neue spanische Regierung gewählt wird.

Auf Du und Du

Ich war schon fast 30, als ich beschloss, in den sonnigen Süden zu ziehen. Spanisch hatte ich halbwegs auf Reisen ins Land und auf ausgedehnten Rucksacktrips durch Lateinamerika gelernt. Das war schon mal ein passables Startkapital.

Mein erster Job kam über eine Zeitarbeitsfirma. Auf einem leicht heruntergekommenen kleinen Campingplatz etwas abseits der Küste wurde ich *encarregat de manteniment*, frei übersetzt »Hausmeister«. Das bedeutete im Klartext Maler, Elektriker, Müllmann, Bademeister und Gärtner in einer Person. Mir unterstanden zwei 18-jährige faule Bengel aus dem Dorf, die meine unautoritäre Art schamlos auszunutzen wussten. Der Eigentümer des Campingplatzes war ein erfolgreicher Unternehmer, der Speditionen und Schlachthöfe betrieb, Besseres zu tun hatte und sich höchstens einmal im Monat blicken ließ. Er übertrug die Leitung des Platzes einem Direktor. Der Mann hieß Francesc, bewohnte ein Appartement über dem Campingplatzrestaurant, war um die 40, ein ausgemachter Genussmensch und ich durfte ihn sofort duzen. Abgesehen davon war er schlicht ein Albtraum.

Gegen Mittag quälte sich Francesc I. täglich schwer verkatert aus dem Bett, um mit übelster Laune das Treiben in seinem Königreich zu begutachten. Die Tage, an denen er an meiner Arbeit nichts auszusetzen hatte, ließen sich an einer Hand abzählen. »Bist du bescheuert, den Bungalow blau zu streichen? Du hast doch nicht alle Klammern auf der Leine!«, pöbelte er eines Mittags, obwohl er die Farbe am Tag zuvor selbst ausgesucht hatte.

Um zwei Uhr aß die gesamte Campingcrew gemeinsam zu Mittag. Nach etlichen Gläsern Wein und zwei Carajillos, Kaffee mit Cognac, besserte sich des Monarchen Laune, nachmittags war er ein ganz umgänglicher Mensch, doch zum Feierabend erreichte er seine schlimmste Phase. Er präsentierte sich als mein bester Freund, legte mir den Arm um die Schulter und sagte: »Komm, wir trinken ein paar Bier und schmieden Zukunftspläne.« Jeden Abend der gleiche Kampf, mich aus den Fängen dieses Monsters zu befreien. Ich hielt vier Monate durch, denn der Job machte eigentlich Spaß, aber irgendwann schmiss ich die Brocken völlig entnervt hin.

Aber ist das nicht toll, dass sich fast alle sofort duzen?

Die auf den ersten Blick so sympathische Sitte, in Spanien sofort auf Du und Du zu sein, hat ihre Tücken. Die menschliche Distanzschwelle des »Sie« wird frei von Hemmungen sofort überbrückt, man redet wie unter Freunden und da dürfen klare Worte fallen. Spanier sind in ihrer Ausdrucksweise alles andere als zimperlich und können sehr schnell beleidigend werden. Diese rauen Sitten herrschen auch und gerade in der Arbeitswelt. Konflikte werden mit harten Bandagen ausgetragen und Chefs führen sich oft als wahre Tyrannen auf. Mitteleuropäischen Mentalitäten müssen sich auf einen langen und steinigen Gewöhnungsprozess einstellen.

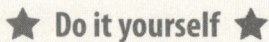

⭐ Do it yourself ⭐

Duzen

Im Prinzip wird sich fast überall geduzt, aber eben doch nur im Prinzip. Die Höflichkeitsform *usted* oder katalanisch *vostè* sollte man gegenüber der älteren Generation benutzen und bei allen Menschen, die in irgendeiner Form eine distinguierte Funktion bekleiden, also beispielsweise bei einem Priester oder einem Bürgermeister. Bekommt man kumpelhaft das *tu* angeboten, kann man immer noch umschwenken.

Auch in Bereichen, wo auf manierlichen Umgang geachtet wird, bevorzugt man das förmliche *usted*. Das gilt beispielsweise für bessere Hotels, Banken und viele Behörden. Dort wird man von der Höflichkeitsform nicht abschwenken. Die Damen und Herren vom Auge des Gesetzes sollte man sicherheitshalber zunächst siezen. Besteht kein erheblicher Altersunterschied kann man, auch wenn das einem Mitteleuropäer höchst befremdlich erscheint, auf Du umsteigen, wenn der Beamte das ebenfalls benutzt.

Die in Restspanien noch verbreitete Kavaliersformel *don* und *doña* plus Vornamen gegenüber Senioren oder Vorgesetzten bekommt man in Barcelona eher selten zu hören, wo sie, wenn auch nicht ganz vergessen, als veraltet abgelehnt wird.

In jeder Situation im Umgang mit deutlich älteren oder in irgendeiner Form wichtigen Menschen ist zu empfehlen, genau hinzuhören. Leistet man sich als Ausländer einen sozialen Fauxpas, wird man darauf allerdings in den seltensten Fällen deutlich hingewiesen. Die Barceloniner sind im Allgemeinen so umgängliche Menschen, dass sie großzügig darüber hinwegsehen werden.

Arbeit macht das Leben süß

Ein Blick in die Brieftaschen

Manfred, ein guter Bekannter aus dem Württembergischen, wollte sich einen Traum erfüllen und zog 2012 mit Frau und zwei Töchtern nach Gavà Mar, einem Nobelvorort direkt unterhalb des Flughafens. In der Nachbarschaft wohnten zeitweise auch so illustre Gestalten wie die Fußballer Victor Valdés und Lionel Messi. Manfred meinte, sein gut laufendes Geschäft in der Heimat auch aus der Entfernung steuern zu können. Und das ganze Jahr über nach Feierabend den Hund am nahegelegenen Strand spazieren führen zu können, erschien ihm ein erstrebenswerter Luxus. Auch für die Töchter wäre das Aufwachsen zwischen verschiedenen Sprachen und Kulturen eine Erfahrung, von der sie das ganze Leben zehren könnten.

Die Übersiedlung ans Mittelmeer wurde minutiös vorbereitet, Schulen besucht, Stadtviertel ausgelotet und ein Immobilienmakler eingeschaltet, der sich seine Dienste allerdings fürstlich entlohnen ließ. Aber schließlich konnte das Haus bei Stuttgart an den Mann gebracht und das neue Domizil in Gavà Mar bezogen werden. Alles schien wie am Schnürchen zu funktionieren, doch kurz nach dem Umzug offenbarte sich eine nicht enden wollende Kette von Ärgernissen und Rückschlägen. Im Eigenheim aus zweiter Hand fielen ständig Reparaturen an, weil die Feuchtigkeit des Meeres an den qualitativ höchstens durchschnittlichen Baumaterialien nagte. Handwerker trafen niemals pünktlich ein und schienen niemals die benötigten Werkzeuge oder Ersatzteile dabeizuhaben. Die nächstgelegenen Supermärkte entpuppten sich als unverschämt teuer. Auch die regelmäßigen Geschäftsreisen nach Deutschland mit Flug, Mietwagen und Hotelübernachtungen gingen ins Geld. Die anfängliche Begeisterung machte im Lauf der Monate tiefer Frustration Platz. Kaum ein Jahr nach dem heiß ersehnten Umzug traf die Familie die schwere Entscheidung, mit Sack und Pack nach München zu ziehen, wo sie zumindest ökonomisch bedeutend besser dasteht.

Und wie gestaltet sich die wirtschaftliche Situation für die Einheimischen?

Natürlich haben die Eingeborenen gegenüber einem Zugezogenen einige Vorteile: Gute Orts- und Sprachkenntnisse, Familie, Kontakte. Doch selbst für die, die obendrein das Glück haben, in einem festen Arbeitsverhältnis zu stehen, stellt die Meisterung des Alltags eine Sisyphusaufgabe dar, ganz zu schweigen von den Arbeitslosen, deren Anteil bei über zwanzig Prozent liegt. Die Besoldung hat mit dem generellen Preisanstieg des vergangenen Jahrzehnts nicht mithalten können und die Wirtschaftskrise führte in verschiedenen Sektoren sogar zu effektiven Lohnsenkungen.

Der gesetzliche Mindestlohn bei 40 Wochenarbeitsstunden liegt aktuell bei 752 Euro pro Monat. Damit könnte in Barcelona niemand ein halbwegs normales Leben führen. Die Löhne liegen in der Stadt tatsächlich um einiges über dem spanischen Durchschnitt. Für einen Fabrikjob kann man mit etwas über tausend Euro im Monat rechnen. Ein Lehrer verdient beim Einstieg etwa 1.200, im Lauf der Jahre kann das Gehalt bis über 2.000 Euro steigen. Demgegenüber stehen allerdings hohe Lebenshaltungskosten, das Preisniveau hat sich dem in Mitteleuropa weitgehend angeglichen.

Natürlich ist Wohnen ein erheblicher Kostenfaktor. Für eine Drei-Zimmer-Wohnung im Eixample müssen mindestens 650 Euro Miete lockergemacht werden, wahrscheinlicher sind aber 800. Folglich wohnen im Vergleich zu Mitteleuropa relativ wenige Menschen allein. Das Durchschnittsalter beim Auszug aus dem Elternhaus liegt bei rund 29 Jahren, meist ist der Auszugsgrund die Heirat. Ich kenne aber auch Leute, die mit 40 noch bei ihren Eltern wohnen. Das ist billiger und wer lässt sich nicht gern täglich von Mami bekochen?

Ein weitverbreitetes Phänomen ist, dass bei Vielen das Einkommen schon vor der nächsten Gehaltszahlung aufgebraucht ist. Das ist besonders im Nachtleben spürbar. In der letzten Monatswoche ist immer bedeutend weniger los als in der ersten.

Und wie lebt es sich in der Arbeitswelt Barcelonas?

Nicht nur einige der erwähnten menschlichen und finanziellen Seiten des Arbeitslebens fordern dem Nordländer ein ordentliches Maß Anpassungsfähigkeit ab, auch gewisse Arbeitsbedingungen sind nicht leicht zu schlucken. Ganz oben auf der Liste der Unbilden des Weißbroterwerbs stehen die Arbeitszeiten. Zu einem Bürojob erscheint man üblicherweise morgens um neun, um eins beginnt die zweistündige Mittagspause und nachmittags sitzt man noch mal vier Stunden bis um sieben Uhr abends am Schreibtisch. Wenn man dann noch einen längeren Heimweg vor sich hat, bleibt vom Tag nichts mehr übrig. Die zwei Stunden am Mittag sind völlig verlorene Zeit, ganz besonders, wenn der Weg zu weit ist, um nach Hause zu kommen. Dann trödelt man die Stunden im Restaurant oder in einem Park ab oder versucht, die Zeit irgendwie sinnvoll zu nutzen. Gleitarbeitszeiten erlauben meist nur Großunternehmen, mittelständische Betriebe zeigen sich oft äußerst unflexibel und erlauben keine Ausnahmen. Die Arbeitszeiten von Handwerkern gestalten sich ähnlich: Man beginnt spät, macht lange Mittagspause und der Arbeitstag will niemals enden.

Besonders hart trifft es die Beschäftigten im Einzelhandel. Die Gesetzgebung erlaubt freizügigere Öffnungszeiten als in Mitteleuropa, folglich können auch die Arbeitszeiten höchst unangenehm sein. Viele Läden schließen abends nicht vor acht oder neun, große Supermärkte erst um zehn.

Hin und wieder geraten die Arbeitszeiten zum Gegenstand öffentlicher Diskussionen, denn die Harmonisierung von Arbeit und Familienleben ist offensichtlich kein leichtes Unterfangen. Kaum eine Familie kann überleben, wenn nur ein Elternteil arbeitet, aber Schulschluss ist meist um fünf Uhr nachmittags. Bei jüngerer Nachkommenschaft müssen dann die Großeltern einspringen, irgendwann folgt der Übergang zum Schlüsselkind.

Ähnlich wie bei den Arbeitszeiten sieht es mit dem Urlaub aus. Dass Spanien viele Feste feiert, ist bekannt, aber das ist keineswegs Beweis für ein süßes Leben. Feiertage werden selbstverständlich vom Urlaubskonto abgezogen, das üblicherweise 30 Tage im Jahr vorsieht. Und weil die meisten Betriebe von Weihnachten bis zum 7. Januar einfach dichtmachen, ist je nach Kalenderjahr schon die Hälfte der Urlaubstage festgelegt. Viele kleinere Unternehmen schließen auch im August einfach für zwei Wochen komplett. Übrig bleiben dann noch zwei oder drei Urlaubstage zur freien Verfügung, das war's. Der Zwangsurlaub im August bedeutet obendrein, dass die Ferien in die Jahreszeit mit den höchsten Temperaturen, den vollsten Stränden und den teuersten Preisen fallen.

Zwischen Arbeitgebern und Angestellten herrscht vielfach ein Verhältnis tiefen Misstrauens. Viele Unternehmer sind wahre Kontrollfreaks, die den Untergebenen keinerlei Selbstständigkeit zugestehen. Auf der anderen Seite weigern sich viele Arbeitnehmer auch nur einen Handschlag mehr zu tun, als vertraglich festgelegt. Fühlt man sich außerhalb der Kontrolle des Chefs, wird getratscht, getrödelt und die Arbeit mit halber Kraft erledigt. Dementsprechend niedrig ist die Produktivität im Vergleich mit vielen anderen europäischen Ländern.

Immobilienboom und Wirtschaftskrise

In Mitteleuropa ist die spanische Wirtschaftskrise seit Jahren ein Fixpunkt in der Berichterstattung der Massenmedien. Warum Spanien seit 2008 nicht mehr der Wunderknabe Europas ist, bekommt man allerdings nur selten erklärt. Stattdessen wird gewettert, dass mit »unseren« Steuergeldern korrupte und inkompetente Staaten am Tropf ernährt werden müssen, um das Modell Europa zu retten.

Was wirklich passiert ist, versteht vielleicht am besten, wer wenig Ahnung von großer Ökonomie hat. Die Zielrichtung in die globale Krise gaben in den 80er-Jahren US-Präsident Reagan und die britische Premierministerin Thatcher vor. Sie befreiten die Banken von bislang auferlegten legalen Fesseln und erlaubten, dass Kredite nicht mehr nur von Banken an Kunden vergeben wurden, sondern dass sich undurchschaubare spekulative Kreditketten von Bank zu Bank zu Bank zu Kunde entwickeln durften. Im Ergebnis wurden die Geldinstitute selbst zu Schuldnern, indem sie fremdes Geld weiterverliehen. Die Spirale begann sich immer schneller zu drehen. Kredite wurden immer billiger, gleichzeitig wurden die Anforderungen an die Kreditnehmer immer weiter gesenkt.

Wie in fast ganz Südeuropa regiert in Spanien die Mentalität, dass man sein Heim besitzen möchte. Zur Miete wohnen gilt als herausgeworfenes Geld, schließlich wird man nach ein paar Jahrzehnten Eigentümer, wenn man statt Miete eine Hypothek abbezahlt hat. Als die Kredite immer billiger wurden, sprangen immer mehr auf den Zug auf. Die Nachfrage stieg, also auch die Preise. Für Immobilienhaie und Spekulanten entwickelte sich ein fruchtbares Territorium, Regierung und Gemeinden freuten sich auf unendliches Wachstum.

Ganz Spanien stürzte in ein völlig irrationales Immobilienfieber. Ich erinnere mich an Freunde, die glaubten, mit der Aufnahme einer Hypothek einen Lotteriegewinn eingefahren zu haben. »Wir bezahlen 250.000 Euro, aber in fünf Jahren wird die Wohnung 300.000 wert sein.« Das gleiche Phänomen zeigte sich in vielen anderen europäischen Ländern, genauso wie in den USA. Da kommentierte die Punk-Band Hot Snakes schon im Jahr 2000: »*If credit's what matters, I'll take it* – Wenn ein Kredit wichtig ist, dann nehme ich eben einen.« Die in Sachen Volkswirtschaft vermutlich eher unbedarften Punker trafen den Nagel auf den Kopf. Ausnahmslos alle glaubten in Spanien an eine für immer goldene Zukunft und sprangen auf den Immobilienzug, der mit voller Wucht gegen die Mauer rauschen musste. Während die Preise ins Unendliche stiegen, wurden Kredite scheinbar immer preiswerter.

Niemand erhörte die Warnungen der Banco de España, die schon im Juni 2004 alarmierte, dass die Immobilienpreise zwischen 24 und 35 Prozent über den Realwert geklettert waren. Um 2006 kosteten gleichwertige Wohnungen in gesichtslosen Umlandkäffern Barcelonas mehr als in Hamburgs Nobelviertel Othmarschen oberhalb der Elbe.

Die Immobilienblase musste schließlich platzen als erstens das verfügbare Kreditvolumen aufgebraucht war, zweitens die Nachfrage angesichts des eklatanten Überangebots zusammenbrach und drittens massenhaft Familien ihre Hypotheken nicht mehr bezahlen konnten. Doch Politiker und Banker jedweder Couleur leugnen bis heute, dass der Kollaps vorhersehbar war. Damit outen sie sich entweder als dreiste Lügner oder inkompetente Idioten. In den allermeisten Fällen aber waren sie die Profiteure. Rodrigo Rato, seinerzeit spanischer Wirtschaftsminister und später Chef des größten Pleitegeiers Bankia, wurde für seine Verdienste als Anheizer des Katastrophenbooms mit dem Amt des Direktors des Internationalen Währungsfonts geehrt, anstatt bei Wasser und Brot in einer feuchten Zelle zu schmoren. Ein klarer Fall bedarf klarer Worte.

Nun wird eben jene Dreistigkeit und Inkompetenz den Spaniern vorgehalten, und in Mitteleuropa wäscht man sich die Hände in Unschuld. Doch die wahren Finanziers des spanischen Immobilienbooms sitzen am Anfang der Kreditkette, nämlich in Deutschland, Holland, der Schweiz und Großbritannien. Kann Spanien seine Schulden nicht abbezahlen, gehen die Kreditinstitute im reichen Teil Europas pleite. Darum müssen Spaniens Banken gerettet werden.

Die Last tragen hüben wie drüben die Normalbürger, die Trottel, die ehrlich arbeiten und fleißig ihre Steuern abführen. Die Kosten der spanischen Bankenrettung übersteigen bei Weitem das jährliche Budget der staatlichen Sozial- und Krankenversicherung, während die offizielle Arbeitslosenquote im Sommer 2014 in der Provinz Barcelona bei 19,7 Prozent lag.

Oben reich, unten arm

Die Sozialtopographie Barcelonas

Mein Kumpel Jaume führte lange Zeit ein relativ geradliniges Leben. Nach dem Abitur machte er eine Ausbildung als technischer Zeichner und kam schnell in einem renommierten Architektenbüro unter. Fast 20 Jahre lang zeichnete er zukünftige Einfamilien- und Reihenhäuser, zu Anfang noch am Zeichenbrett, später am Computer und in 3D. Im Bauboom nach 2000 hatte er jede Menge zu tun, doch die Arbeit wurde gleichzeitig immer langweiliger, die Architektur immer steriler und einförmiger. Genau so empfand er auch sein Leben mit fast 40 Jahren. Er fragte sich, ob er seine Jugend vergeudet hatte im stetigen Rhythmus von fünf Tagen Arbeitsleben, zwei ausgelassenen Wochenendnächten und einem leblosen verkaterten Sonntag. Hochkonjunktur und Überstunden hatten ihm erlaubt, ein wenig Geld zur Seite zu legen, der verständnisvolle Chef bot an, ihn in Teilzeit weiterzubeschäftigen und Jaume beschloss, einen neuen Lebensinhalt zu suchen: Vormittags zeichnete er weiter Reihenhäuser, doch nachmittags widmete er sich mit Begeisterung dem Philosophiestudium an der Universität Barcelona.

Natürlich gehörte er zu den ältesten in den Seminarräumen, doch die jugendliche Umgebung wirkte wie eine Verjüngungskur. Das Leben war wieder interessant, voller Spaß und Herausforderungen. In Rekordzeit zog er sein Studium durch, machte einen exzellenten Abschluss und sein Professor versprach, mit einem zusätzlichen Mastertitel könne Jaume ein Doktorandenstipendium ergattern. Während für den Masterstudiengang die Ersparnisse draufgingen, fiel die Wirtschaftskrise wie eine biblische Plage über

Spanien her. Die Bautätigkeit kam zum Stillstand, der Teilzeitjob als Zeichner ging flöten. Auf Anweisung aus Europa strich die spanische Regierung radikal Kultur- und Sozialausgaben zusammen. Solch unnütze Dinge wie Stipendien für Philosophie-Doktoranden befanden sich unter den ersten Rotstift-Opfern.

Zum Glück war Jaume in den Jahren der Hochkonjunktur nicht auf die irrwitzige Idee gekommen, sich eine Wohnung zu kaufen, sondern mit einem Zimmer in einer Studenten-WG immer zufrieden gewesen. Dennoch war er plötzlich jeder Perspektive beraubt: kein Job und keine Zukunft in der Philosophie. Die Brücken der Autobahn zur intellektuellen Elite Spaniens waren zusammengebrochen, wenn nicht direkt gesprengt worden.

Seitdem schlägt er sich mit Gelegenheitsjobs durch. Aushilfsweise bekommt er hin und wieder noch Aufträge als technischer Zeichner, ein willkommenes Zusatzeinkommen, doch die Basis bilden 600 Euro für einen Hausmeisterjob im Eixample, sechs Tage die Woche. Konkrete Aussichten auf eine Verbesserung der Situation gibt es keine. Das Arbeitsamt vermittelt keine Jobs, sondern verwaltet nur die Erwerbslosen. Die wenigen offenen Stellen gehen fast immer unter der Hand weg, an Familienangehörige, Freunde und Bekannte der Unternehmer oder ihrer beliebtesten Mitarbeiter. Vielleicht hat Jaume irgendwann Glück, dass ihm eine solche Möglichkeit in die Hände fällt, doch die alte Mär von »Wer Arbeit sucht, bekommt sie auch« trifft in Barcelona nicht mehr zu.

Wie leben denn die Armen und Reichen in Barcelona?

»Caritas ist der große Gewinner der Wirtschaftskrise«, formulierte kürzlich ein Sozialarbeiter der kirchlichen Hilfsorganisation zynisch in einem Zeitungsinterview. Im Jahr 2013 unterstützte und beriet der Verband in Barcelona über 165.000 Menschen, also ziemlich genau zehn Prozent der Einwohnerschaft. Am schwersten betroffen sind natürlich die schwächsten der Gesellschaft, Einwanderer, Alte oder Behinderte. Der Staat zahlt maximal zwei Jahre Arbeitslosengeld, danach kann man mit Glück noch eine ebenfalls zeitlich befristete Minimalunterstützung ergattern, aber auch die wird irgendwann eingestellt, egal ob Minderjährige zum Haushalt gehören oder nicht. Kinderarmut ist plötzlich zu einem bislang unbekannten Thema politischer Diskussionen geworden.

Am oberen Ende der Einkommenspyramide stellt die Krise kaum eine existentielle Bedrohung dar. Sicher sind auch die Einkommen der Mittelschichten geschrumpft, doch die Reichen sind zumindest statistisch auch in Barcelona reicher geworden. So öffnet sich die Schere zwischen Begüterten und Besitzlosen immer weiter, was sich in der geographischen Struktur der Stadt eindeutig niederschlägt. Ghettos hat es in Barcelona immer gegeben – Stadtviertel, die sich durch eine nahezu einheitliche ethnische und soziale Struktur mit eindeutigen Abgrenzungstendenzen auszeichnen. Der Anthropologe Mikel Aramburu bezeichnete kürzlich auch Pedralbes als Ghetto, das Villenviertel hoch oben am Hang des Collserola, wo sich Fernseh- und Fußballstars, Spekulanten, Großunternehmer und die klassische Barceloniner Industriebourgeoisie ein Stelldichein geben. Hier residieren Athina Onassis, Enkelin und Alleinerbin des milliardenschweren griechischen Reeders, und Königsschwester Cristina, inzwischen gemeinsam mit dem Gatten, dem ehemaligen Handballstar Iñaki Urdangarín angeklagt, mit falschen Rechnungen Millionen aus der öffentlichen Hand in die eigene Tasche gescheffelt zu haben. Gemeinsam mit den Nachbarn in Pedralbes dürfen sie sich über eine statistisch acht Jahre höhere Lebenserwartung als die der Menschen des Raval freuen.

Ein paar Kilometer weiter, ebenfalls am Fuß des Collserola, zwängen sich die Nou Barris, die neuen Viertel, zwischen die Hügel. Das Einkommensniveau liegt laut Statistik siebeneinhalb mal niedriger als in Pedralbes. Ein Großteil der ausnehmend hässlichen Wohnblocks im Abschnitt Trinitat Nova beherbergt Sozialwohnungen, dennoch haben sich auch hier die Spekulanten bis vor wenigen Jahren eine goldene Nase verdient, indem sie afrikanischen und südamerikanischen Migrantenfamilien Hypotheken mit 35 Jahren Laufzeit für eine Eigentumswohnung unterjubelten. Hunderte säumige Familien wurden in den letzten Jahren aus ihren Wohnungen geklagt. Etliche haben sich in Schrebergartenhäuschen in der Umgebung, beispielsweise am Turó de Montcada eingerichtet, was eigentlich verboten ist.

Bis in die 70er-Jahre existierten in Barcelonas Randgebieten zahlreiche Barackensiedlungen, doch Stadt und Regierung siedelten die Bewohner zwangsweise in billige Sozialwohnungen um. Trotz besserer Bausubstanz blieben Viertel wie La Mina oder Sant Cosme weiterhin soziale Peripherie, geprägt von Arbeitslosigkeit, Armut, Drogen und Kriminalität. In Sant Cosme, direkt oberhalb des Flughafens gelegen, hat kaum jemand jemals ein Flugzeug von innen gesehen, doch die Bewohner erlauben sich keineswegs, in eine Depression zu verfallen. Stattdessen haben sie voller Erfindungsgeist Systeme solidarischer Ökonomie auf der Basis von Tauschwirtschaft und Kooperativen entwickelt. Altes Speiseöl wird von den Nachbarn zur Seifenherstellung recycelt und die erste Telefonkooperative Spaniens befindet sich in fortgeschrittenem Stadium des Entstehungsprozesses. Seit wenigen Jahren veranstaltet das Viertel in Eigenregie das Festival der Hoffnung Esperanzah!, eine Mischung aus Konzertwochenende und Messe alternativer Wirtschaftsformen. Mit dem Musiker Manu Chao engagiert sich auch die solidarische Prominenz für das Projekt. Die Tageszeitung *El Periódico* titelte schon vom »Wunder von Sant Cosme«.

Und wie verteilen sich die sozialen Schichten geographisch im Stadtgebiet?

So wie in den meisten Großstädten gestaltet sich die geographische Streuung von arm und reich nach simplen Mustern. Der gesamte Osten und der Südwesten der Stadt bis nach Sants gehören den bescheidenen sozialen Schichten, die Altstadt überwiegend ebenfalls. Im Eixample konzentriert sich die Mittelklasse, sieht sich aber in der attraktiven Nachbarschaft zunehmend dem Konkurrenzdruck ausländischer Investoren und zahlungskräftiger Ausländer aus Nord- und Osteuropa ausgesetzt, die sich hier bevorzugt Zweitwohnsitze einrichten. Die konstant hohe Nachfrage nach Wohnraum im Eixample führte in jüngster Zeit zur Aufstockung vieler Gebäude. Statt zusätzliche Etagen mit traditionellem Mauerwerk hochzuziehen, hieven riesige Kräne Fertighausteile aufs Dach. Dennoch sind die neuen Wohneinheiten mit riesigen Terrassen, viel Licht und weitläufiger Aussicht äußerst begehrte Immobilien.

Die Gegenden mit deutlich überdurchschnittlichem Einkommen treiben sich wie ein Keil von Nordwesten in die Stadt, wobei die faserige Sozialgrenze meist wenige Blocks südlich der Avinguda Diagonal verläuft. Tendenziell gilt in der westlichen Stadthälfte: je höher gelegen, desto besser und teurer.

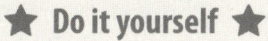

★ Do it yourself ★

El Tibidabo

Bei der Auffahrt zur höchsten Erhebung der Sierra de Collserola, die den Rücken Barcelonas wie eine Mauer vom Rest des Landes trennt, durchquert man die Zone der besten Adressen der Stadt. Von oben genießt man einen ebenso schönen wie aufschlussreichen Blick über die städtische Struktur.

512 Meter Höhe sind zwar keine alpinen Dimensionen, doch von der Innenstadt aus gesehen erscheint die Bergkette voluminös

und mächtig. Mit der blauen See im Hintergrund bietet sie einen der schönsten Panoramablicke über das Häusermeer. Die Stadt wirkt wohlgeordnet und klar strukturiert, einige Verkehrsachsen laufen geradlinig auf den Berg zu, die Ringe der territorialen Expansion von der Altstadt über den Eixample zu den Vorstädten mit den trostlosen Wohnsilos lassen sich klar unterscheiden.

Am Fuß des Berges und besonders an der Avinguda del Tibidabo prunken prachtvolle bourgeoise Villen vom Ende des 19. Jahrhunderts. Doch an anderen Stellen zu Füßen der Sierra entstanden in den 60er-Jahren regelrechte Slums mit selbstgebauten Hütten oder winzigen, illegal errichteten Wohnhäusern ohne Strom- und Wasseranschluss. Die letzten sind erst vor wenigen Jahren verschwunden.

Der größte Teil der Sierra de Collserola steht seit 1987 unter Naturschutz, doch die Täler sind fast vollständig urbanisiert und das Gebirge wird von Straßen, Starkstromleitungen, einer mautpflichtigen Autobahn und Infrastrukturen aller Art durchquert. Dennoch kann man sich stellenweise fernab der Stadt wähnen, wenn man die Wälder auf den verschlungenen Wanderwegen durchstreift und vielleicht sogar auf eines der zahlreichen Wildschweine trifft.

Der Tibidabo selbst beherbergt eine Reihe kurioser Einrichtungen. Da ist zunächst die pompöse Kirche Sagrat Cor. Gekrönt von einer Jesusfigur, die wie in Rio de Janeiro die Arme ausbreitet, wurde sie um die Wende zum 20. Jahrhundert in einem bunten Gemisch von Stilelementen aller möglicher kunsthistorischer Epochen errichtet. Der Eintritt ist kostenlos, der Ausblick vom Balkon unterhalb der Jesusfigur wird nur von dem benachbarten Freizeitpark gestört.

El Parc d'Atraccions del Tibidabo wurde 1899 eröffnet und ist der drittälteste Vergnügungspark Europas. Ein paar der frühen Attraktionen existieren noch, haben heutzutage aber natürlich nicht viel mehr als nostalgischen Wert. Der Park stand mehrfach kurz vor der Schließung, letztendlich hat er sich aber immer wieder dem Stand der Zeit angepasst und überleben können. Seit Jahren wird über eine Privatisierung spekuliert, doch vorerst ist die Betreibergesellschaft weiterhin die gemeindeeigene BSM, die auch die Hoheit über die grünen und blauen Parkzonen der Stadt inne hat. 2010 brach eine der Attraktionen in voller Fahrt in sich zusammen, eine 15-Jährige kam ums Leben und mehrere Schwerverletzte waren zu beklagen.

❚ Im Sommer Mi–So ab 12 Uhr, Oktober–Dezember & März–Juni nur Sa & So ab 12 Uhr, Januar & Februar geschlossen. Schließungszeiten variieren nach Tag und Jahreszeit zwischen 18 und 22 Uhr. • Erwachsene 28,50 €, Kinder (kleiner als 1,20 m) 10,30 € • www.tibidabo.cat

Kaum 500 Meter unterhalb von Basilika und Freizeitpark thront an exponierter Stelle das Observatori Pompeu Fabra, das viertälteste noch aktive astronomische Observatorium der Welt, eingeweiht im Jahre 1904. Das Interieur besticht weniger durch die Dimensionen eines Linsenfernrohrs mit 38-Zentimeter-Optik als durch gediegene Stilsicherheit, die an Romane von Jules Verne erinnert.

❚ Führung sonn- und feiertags um 11 und 12.30 Uhr, nicht im August und in der Weihnachts- und Silvesterzeit • Erwachsene & Jugendliche 2 €, Kinder unter 10 Jahren frei. Führung mit nächtlicher Sternbeobachtung bei gutem Wetter freitags und samstags nach vorheriger Anmeldung über die Website oder per Telefon (Fr 15/7,50 €, Sa 25 / 12,50 €) • Tel.: 93 327 0121 • www.fabra.cat

Zehn Fußminuten südwestlich des Tibidabo reckt sich die Torre de Collserola in den Himmel. Der 288 Meter hohe Telekommunikationsturm versorgt seit der Olympiade 1992 fast ganz Barcelona mit Fernseh-, Radio- und Telefonsignalen. Die Aussichtsplattform in 115 Metern Höhe über dem Boden bildet den höchsten begehbaren Punkt im Stadtgebiet und bietet weitreichende Panoramablicke in jede Richtung. Aus der Nähe betrachtet erscheint der Turm ästhetisch weit ansprechender als aus der Ferne. Der Entwurf entstammt der Feder des britischen Stararchitekten Norman Foster, der sich auch für die Renovierung des Berliner Reichstags und des Dresdener Hauptbahnhofs verantwortlich zeichnete.

▍ Höchst unterschiedlich geöffnet, montags und dienstags nie, das ganze Jahr über samstags und sonntags, von Juli bis Mitte September mittwochs bis sonntags. Bei Interesse unbedingt die Website konsultieren. • Pro Person 5,60 €, Kinder unter 3 Jahren frei • Tel.: 93 211 7942 • www.torredecollserola.com

Doppeltes Mundwerk

Das katalanische Sprachchaos

Daniel ist gelernter Gärtner und leidet in jedem Frühjahr unter heftigem Heuschnupfen – keine besonders glückliche Kombination. Doch er trägt sein Schicksal mit dem ihm angeborenen unerschütterlichen Frohsinn und Optimismus. Gleich nach meiner Landung in Katalonien wurden wir dicke Freunde. Eines Samstags lud er mich ein, ihn zu einem Abendessen in seine Heimatstadt zu begleiten. Rubí liegt rund zwanzig Kilometer nördlich von Barcelona, just auf der anderen Seite der Bergkette des Collserola. Es ist eine der typischen Satellitenstädte, die Barcelona im Halbrund umzingeln. Bis in die 60er-Jahre zählte Rubí keine zehntausend Seelen. Dann strömte die große Zuwanderungswelle aus Süd- und Zentralspanien in den industrialisierten Großraum Barcelona, und innerhalb von 15 Jahren verfünffachte sich die Einwohnerzahl von Rubí.

Daniel ist ein Kind dieser Jahre und eben dieses sozialgeschichtlichen Phänomens. Sein Vater wurde in Rubí geboren, die Mutter stammt aus einem Dorf in der fast tausend Kilometer entfernten Provinz Málaga. Der Vater war mit der katalanischen Sprache aufgewachsen, die Mutter natürlich mit Spanisch. Im Lauf der Jahre erlernte sie die Regionalsprache, doch ihr Akzent ist bis heute unverkennbar. Die später nachgezogene andalusische Großmutter hat noch nie versucht, einen Satz auf Katalanisch zu sagen, versteht die Sprache aber leidlich.

Nun haben Menschen die Angewohnheit, sich mit einer bestimmten Person immer in der gleichen Sprache zu verständigen. Das ist logisch und leicht in der Wirklichkeit nachzuvollziehen.

Zwei deutsche Freunde, die beide exzellent Englisch sprechen, würden im Alltag nie auf die Idee kommen, plötzlich das Englische zu benutzen, selbst wenn sie in Großbritannien Urlaub machen. Folglich kann man sich das Sprachchaos in Daniels Elternhaus ausmalen. Mit Vater und Bruder spricht er Katalanisch, mit Mutter und Großmutter Spanisch, mit allen alles.

Während sich in meiner persönlichen Umgebung zunächst alles auf Katalanisch abspielte, war mein erster Eindruck, dass die beiden Sprachen sozial wie geographisch in Katalonien klar voneinander abgegrenzt existierten. Bei besagtem ersten Besuch in Rubí jedoch wurde dieses Konzept völlig über den Haufen geworfen.

Das Abendessen fand in einem überaus populären Restaurant statt – Neonlicht, einfachstes Mobiliar, große Portionen, kleine Preise. Es versammelten sich gut 15 Freunde, Tische wurden zusammengeschoben, Bier und Wein serviert und dann ging es los: Der Geräuschpegel stieg senkrecht nach oben, jeder redete mit jedem, Kommunikationsfetzen flogen in alle Richtungen und über maximale Entfernungen quer über die Tafel. Einem bestimmten Gespräch zu folgen, war sowieso unmöglich, doch das schockierendste war, dass alle ständig beide Sprachen benutzten. Jeder hatte mit jedem anderen seine feste Umgangssprache und je nachdem, an wen man sich gerade wandte, wurde von Spanisch zu Katalanisch gesprungen und wieder zurück. Der Sprachwechsel erfolgte völlig instinktiv, ohne das kleinste Zögern oder Stocken. Niemand war sich überhaupt bewusst, welches linguistische Chaos an der Tafel herrschte. Und kein anderer Gast im Speisesaal wunderte sich darüber, außer mir.

Es gibt doch sicher ein soziales Schema, das bestimmt, wer, wo, wann und mit wem, welche Sprache spricht?

Der Begriff »Sprachchaos« deutet schon an, dass eine eindeutige Beantwortung dieser Frage nicht so einfach möglich ist. Die katalanische Regionalregierung veröffentlicht in regelmäßigen Abständen eine Sozialstudie zur Sprachnutzung. Die äußerst komplexe Realität spiegelt sich auch in den Statistiken wieder. Der Gesamtüberblick zumindest ist leicht erfassbar: Während 99 Prozent der Bewohner Kataloniens angeben, Spanisch zu sprechen, behaupten 80 Prozent, auch das Katalanische zu beherrschen. Im Alltag benutzt ein Drittel überwiegend Katalanisch, etwa die Hälfte Spanisch und der Rest beide zu gleichen Teilen.

Im Detail verändert sich das Bild allerdings zu einem so vertrackten Mosaik, dass nur grundsätzliche Tendenzen formuliert werden können. Unter geographischen Gesichtspunkten existiert ein eindeutiges Gefälle von der Metropolregion Barcelona zu den Provinzen. Nur ein Drittel der Großstädter benutzt im Alltag überwiegend Katalanisch, im kleinstädtischen Milieu sind es zwei Drittel, in ländlichen Regionen drei Viertel. Aber auch die Altersgruppe spielt eine wichtige Rolle: Schul- und Universitätsunterricht findet ganz überwiegend auf Katalanisch statt – was für viele unbedarfte Erasmus-Studenten aus dem Ausland einer eiskalten Dusche gleichkommt. Auf der anderen Seite haben viele Ältere das unter der Franco-Diktatur verbotene Katalanisch nie richtig gelernt. In dieser Generation finden sich natürlich auch viele Zuwanderer aus Restspanien. Allein aus Andalusien zogen zwischen 1950 und 1970 über eine Million Menschen in den Lohn und Brot versprechenden Norden. Viele haben niemals Katalanisch gelernt. Der offiziellen Statistik zufolge haben die Zuzügler aus Restspanien auch weit geringeres Interesse an der Minderheitssprache als ausländische Zuwanderer.

Eine Analyse zum Verhältnis von Sprache und Bildungsniveau habe ich nicht auftreiben können, aber grundsätzlich wage ich die Behauptung, dass die Nutzung des Katalanischen tendenziell mit höherem Bildungsgrad zu- und mit höherem Alter abnimmt. Zonen der wie in Rubí beschriebenen konsequenten Zweisprachigkeit sind außer großen Teilen des Stadtgebiets Barcelonas besonders die industriell geprägten Vorstädte.

Ist katalanisch denn nun wirklich eine eigene Sprache?

Diese Frage birgt ungeahnte politische Brisanz, und je nachdem, wem man diese Frage stellt, kann man direkt in ein Wespennest stoßen. Sich als solche identifizierende Katalanen werden möglicherweise schon angesichts der Fragestellung in Empörung ausbrechen, denn die Antwort ist für sie mehr als selbstverständlich. Auf der anderen Seite wird im übrigen Spanien der Status der eigenständigen Sprache gern bestritten, denn er impliziert eine Rechtfertigung einer katalanischen Eigenständigkeit und somit auch ein Argument für eine mögliche Unabhängigkeit.

Unter Sprachwissenschaftlern dagegen besteht kein Zweifel, dass Katalanisch als selbständige Sprache anzusehen ist. Natürlich bestehen große Ähnlichkeiten zum Spanischen, doch die existieren genauso zu Portugiesisch, Französisch oder Italienisch. Alle gehören zur selben Sprachfamilie und haben sich aus dem so schön genannten Vulgärlatein entwickelt, also der Umgangssprache der Untertanen der römischen Kaiser. Spanisch wurde während der fast 800 Jahre währenden maurischen Besatzung stark vom Arabischen beeinflusst, darum ähnelt Katalanisch im Vokabular stärker dem Portugiesischen als dem Spanischen. Deutliche Gemeinsamkeiten finden sich auch mit dem Französischen. Beispielsweise lautet die gängige Formel für »bitte« auf Katalanisch *si us plau* – so wie französisch *s'il vous plaît*, während Spanier *por favor* sagen. Auch die französische Verneinungsformel *pas* benutzen die Katalanen häufig.

Die katalanische Sprache ist übrigens weit verbreiteter als üblicherweise angenommen. Ihre Nutzung geht weit über Katalonien hinaus und reicht auf die Balearen und bis weit in den Süden der autonomen Region Valencia, wo die Sprache allerdings als Valencianisch bezeichnet wird. Auch im äußersten Süden Frankreichs kann man Katalanisch hören. Insgesamt wurden etwa 11,5 Millionen Sprecher errechnet, also weit mehr als beispielsweise bei Schwedisch, Tschechisch oder Finnisch.

Muss man beide Sprachen beherrschen, wenn man in Barcelona leben will?

Für Zuwanderer nach Katalonien ist die Zweisprachigkeit eines der größten Hindernisse und eine langfristige Quelle von Frustrationen. Nicht wenige halten es darum für ausreichend, allein beim Spanischen zu bleiben. Die Verständigung funktioniert problemlos, doch einer wirklichen Integration werden dann gewisse Grenzen auferlegt. Nicht selten habe ich von Katalanen Kommentare gehört wie: »Der lebt schon 10 Jahre hier, der könnte sich ja langsam mal anstrengen, unsere Sprache zu lernen.« Gewissermaßen wird Zuwanderern eine Schonfrist von einigen Jahren eingeräumt, doch irgendwann ist der Punkt erreicht, wo die ersten die Ablehnung der katalanischen Sprache als Zurückweisung ihrer Identität und Kultur empfinden.

Natürlich hängt alles von der persönlichen Umgebung ab. Im kosmopolitischen Barcelona kann man grundsätzlich problemlos allein mit der spanischen Sprache überleben, ohne zwangsläufig unangenehm beäugt zu werden. Im kleinstädtischen und ländlichen Umkreis dagegen ist Katalanisch eindeutig dominant. Meine Freundin Jane, aus dem amerikanischen Bundesstaat Oregon über Israel zugewandert, spricht exzellent Katalanisch aber nur brockenweise Spanisch, weil sie das in ihrem Umfeld am Rand der Pyrenäen fast niemals braucht.

Wie man Spanisch und Katalanisch unterscheidet

Die Differenzierung der geschriebenen Sprachen lässt sich auch für völlig Unbedarfte leicht anhand einiger weniger eindeutiger Merkmale festmachen. Da sich das Vokabular zu gewissen Teilen stark ähnelt, richtet man sein Augenmerk eher auf formale Aspekte. Das Spanische benutzt beispielsweise kein Apostroph, während es im Katalanischen fast so oft missbraucht wird, wie im Französischen. Allenthalben entdeckt man Formeln wie *m'ho* und *s'hi* oder Apostrophierungen wie *L'Eixample*. Spanisch kennt nur die geschlossene Akzentuierung, so wie in *Málaga*. Im Katalanischen dagegen kann der Akzent auch in entgegengesetzter Richtung stehen, etwa im Wort *català*. Im Spanischen taucht der Buchstabe x kaum auf, im Katalanischen dagegen sehr oft und wird in den meisten Fällen als »sch« ausgeschprochen.

Die in beiden Sprachen typische Lautfolge nj schreibt sich Spanisch mit dem Buchstaben ñ, also wie in *España*, katalanisch dagegen ny, beispielsweise in *Catalunya*. Das ç mit dem Cedille genannten Haken existiert im Spanischen nicht, dafür aber beispielsweise im katalanischen *plaça*.

Schwieriger ist, die Unterscheidung der gesprochenen Sprachen zu beschreiben. Hochspanisch klingt wegen der vielen a- und o-Vokale edler, klarer und eleganter. Katalanisch wird dagegen wegen vieler u und ä oft als ein wenig bäuerlich belächelt. Als handfestes Unterscheidungsmerkmal kann man sich auf den Laut r konzentrieren. Er wird im Spanischen viel stärker gerollt und im Katalanischen am Ende eines Wortes oft gar nicht gesprochen, obwohl er geschrieben steht. Allerdings existiert eine Vielzahl spanischer Dialekte und die beschriebenen Kriterien gelten nur bedingt für alle Varianten.

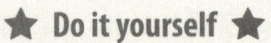

★ **Do it yourself** ★

Spanisch und Katalanisch lernen

Trotz der Sprachkonfusion strömen Fremdländer zu Tausenden nach Barcelona, um ihre Sprachkenntnisse zu erweitern. Kurzbesucher stürzen sich fast alle auf Spanisch, Katalanisch wollen üblicherweise nur diejenigen lernen, die längere Zeit in der Stadt verweilen. Private Sprachschulen, die Spanisch für Ausländer auf allen Kenntnisniveaus anbieten, finden sich zu Hauf, besonders in den touristisch attraktivsten Gegenden wie der Altstadt oder dem Eixample. Eine kurze Suche auf Deutsch oder Englisch im Internet wirft jede Menge Ergebnisse aus und man kann direkt Preise und Bedingungen vergleichen. Viele Schulen bieten auch gleich die Organisation einer Unterkunft in Wohngemeinschaften oder bei Familien an.

Bei Katalanisch fällt das Angebot kommerzieller Sprachschulen wegen der geringeren ausländischen Nachfrage bedeutend dürftiger aus. Wer allerdings länger bleiben will, kann die preisgünstigen Kursangebote der Generalitat de Catalunya, der katalanischen Landesregierung wahrnehmen. Natürlich ist vom Verwaltungsapparat organisierter Unterricht weit weniger flexibel als solcher von Privatunternehmen. Den zeitlichen Anfang und das Ende eines Kurses kann man selbstverständlich nicht selbst bestimmen, genauso wenig wie die Unterrichtszeiten. Daneben werden aber auch Optionen zum begleiteten Selbststudium geboten. Um sich einen Überblick über die Möglichkeiten, Bedingungen und Kosten zu verschaffen, beginnt man mit der Website www.cpnl.cat.

Totalfremdsprachen

Mit Englisch in Barcelona

Die Kandidatur Madrids für die olympischen Sommerspiele 2020 endete in einem politischen Desaster. Zum dritten Mal hintereinander hatte die Hauptstadt versucht, die Spiele nach Spanien zu holen und scheiterte erneut. Doch es war nicht nur das multiple Fiasko selbst, das die Öffentlichkeit aufbrachte, sondern vor allem das Wie. Während das Land in der schwersten Phase der Wirtschaftskrise mit einer Arbeitslosenrate von 27 Prozent blutete, jetteten 328 Privilegierte in Sondermaschinen über den Atlantik nach Buenos Aires, wo der Reiseveranstalter Viajes El Corte Inglés gleich ein komplettes Fünf-Sterne-Hotel für eine ganze Woche angemietet hatte. Selbstverständlich auf Kosten der Steuerzahler.

Angeführt wurde die Delegation von Madrids Bürgermeisterin Ana Botella, die sich gleich bei der ersten Pressekonferenz zum Gespött der Öffentlichkeit machte. Ein amerikanischer Reporter fragte auf Englisch nach der wirtschaftlichen Situation in Spanien. Die Bürgermeisterin antwortete auf Spanisch, ohne die Frage überhaupt verstanden zu haben, die Infrastruktur für die Spiele sei bereits zu 90 Prozent fertiggestellt, Madrid wäre der ideale Standort, und sie fasste schließlich noch mal zusammen, dass 80 Prozent der Infrastruktur bereits stünden. Mit dieser Erklärung fiel sie natürlich doppelt durch, trotzdem war der Frau äußerlich nicht die Spur von Verunsicherung anzumerken.

Einige Tage später folgte das Abschlussplädoyer vor dem Olympischen Komitee. Frau Bürgermeisterin wagte sich in knallrotem Kleidchen an eine offensichtlich intensiv einstudierte Rede auf

Englisch, mit einer Aussprache, die jeden Lehrer in den Suizid treiben könnte. Eingesprenkelte spanische Vokabeln sollten wohl Sympathie erschleichen, doch der Satz vom »*very relaxing cup of café con leche on la Plaza Mayor*« war für mindestens eine Woche Gegenstand beißender Kritik. Viele Spanier waren empört, in den sozialen Netzwerken hagelte es Hohn und Spott. Frau Botella hatte das ganze Land vor der Welt blamiert. Tippt man ihren Namen bei Google ein, schlägt die spanische Version der Suchmaschine noch heute als ersten zusätzlichen Suchbegriff »Englisch« und nicht »Bürgermeisterin« oder »Madrid« vor. Ähnliche Erfolge hatte wenige Jahre zuvor schon ihr Ehegatte, der ehemalige Ministerpräsident José María Aznar, verbuchen können, als er versuchte, sich bei US-Präsident Bush als Cowboy vom Mittelmeer einzuschmeicheln.

Madrid hat aber auch seine schönen Seiten. Abgesehen vom immensen Kulturangebot, ausgesprochen netten Menschen und vielen anderen Aspekten beherbergt die Stadt ein von mir hochgeschätztes Kleinod, nämlich den landesweit hörbaren Rundfunksender Radio 3. Der widmet sich rund um die Uhr allen nur möglichen musikalischen Sparten und schreckt vor ungewöhnlichen Experimenten nicht zurück. Kurzum, es handelt sich um einen der wenigen Radiosender, die aus dem Brei des kommerziellen Pop-Gedudels positiv herausragen. Die Moderatoren schöpfen aus breitem Fachwissen, analysieren und interpretieren die präsentierte Musik und ordnen sie in ihren soziokulturellen Kontext ein – richtige Intellektuelle also.

Doch man könnte vor Wut schäumen, wenn man gerade ein großartiges Musikstück gehört hat, brennend auf die Nennung des Interpreten wartet, und dann folgt die vollkommen unverständliche Aussprache eines englischen Namens. Das ist leider gang und gäbe in den spanischen Medien, auch in Nachrichtensendungen, Reportagen und Talkshows. Selbst die bekanntesten Popstars werden nach eigenem Gutdünken ausgesprochen, U2 heißen landläufig »U-dos« und R.E.M. werden als »Remm« tituliert. Wie soll man da den Namen einer bisher unbekannten Band verstehen können? Außerdem befallen einen Zweifel an der Zuverlässigkeit scheinbar hochgebildeter Moderatoren, denen der Zugang zum textlichen Inhalt englischer Musik offensichtlich verwehrt bleiben muss.

Die meisten Spanier nehmen ihr Fremdsprachendefizit mit der angeborenen Selbstironie. Dutzende Witze kursieren über das katastrophale »Spanglish«. Vor Kurzem erzählte mir ein Barmann folgenden Dialog im Rahmen eines Vorstellungsgesprächs:

»Wie heißt ›gelb‹ auf Englisch?«

»*Yellow.*«

»Sagen Sie einen Satz mit ›*yellow*‹!«

»*Ponme un gin tonic con poco hielo!* – Gib mir einen Gin Tonic mit wenig Eis!«

Spricht denn niemand in Spanien einigermaßen Englisch?

Laut einer soziologischen Erhebung geben 22 Prozent der Spanier an, eine vernünftige Unterhaltung auf Englisch führen zu können. Damit rangiert das Land innerhalb der Europäischen Union vor Ungarn auf dem vorletzten Rang. Natürlich habe ich keine Belege, aber jeder Fünfte erscheint mir immer noch ein wenig zu optimistisch. Im Prinzip kann man nämlich beinahe die gesamte Generation der über 50-Jährigen ausschließen, da findet man vielleicht einen unter hundert, mit denen man sich auf Englisch unterhalten könnte. Bei der Jugend sieht es natürlich besser aus, insbesondere unter Studenten und Studierten. Doch selbst da sind die Mängel in der Sprachausbildung offensichtlich. Kaum einen Politiker hat man je halbwegs vernünftig Englisch sprechen hören, beim Smalltalk bei internationalen Konferenzen bleiben Minister und Präsidenten üblicherweise von den Kollegen anderer Länder isoliert. Pressekonferenzen finden fast grundsätzlich auf Spanisch oder mit Dolmetscher statt.

Spanien ist sich dieser Bildungsmisere mehr als bewusst, ja das Problem nimmt beinahe die Dimensionen eines nationalen Komplexes an. Die Situation hat in den letzten Jahren regelrechte Panikreaktionen ausgelöst. Plätze für Englischkurse an den in jeder Provinz existierenden staatlichen Sprachschulen müssen üblicherweise unter dem Andrang der Bewerber verlost werden, private Sprachakademien haben Hochkonjunktur und in der Fernsehwerbung laufen Spots von Englischkursen, die mit magischen Lehrsystemen Wunder vollbringen können. Auch die Politik hat eingegriffen und zusätzliche Unterrichtsstunden an den Schulen verordnet. Statt in der fünften, beginnt der Englischunterricht nun schon in der ersten Klasse. Doch die Wurzel des Problems liegt nicht in der Quantität, sondern in der Qualität. Meine 11-jährige Tochter findet Englisch sterbenslangweilig. »Wir machen seit fünf Jahren das Gleiche: bis zwanzig zählen, die Farben und die Namen der Tiere ...« Hausaufgaben bestehen meist aus dem Kolorieren von Bildern oder stupiden Grammatikübungen, die die Kinder nach logischen Systemen ausfüllen. Der Lerneffekt ist gleich null und nach fünf Jahren Schulenglisch kann ich behaupten, dass meine Tochter kein Wort Englisch spricht, trotz hunderter vollkommen verlorener Schulstunden.

Viele Beobachter sehen die Ursache der Misere in mangelnder pädagogischer Ausbildung der Lehrer und dem gänzlich schematischen Lehransatz des Unterrichtsmaterials. Einige gehen sogar so weit zu behaupten, dass die Schulbuchverlage bewusst einen wirklichen Lernerfolg verhindern wollen, um sich auf diese Weise über viele Jahre einen lukrativen Absatzmarkt zu sichern. Privater Fremdsprachenunterricht ist deshalb einer der wenigen Wirtschaftssektoren, der derzeit wirklich boomt. Für Ausländer hat das immerhin den Vorteil, dass Arbeit in diesem Bereich relativ leicht zu finden ist.

Ohne Spanisch oder Katalanisch in Barcelona

Die genannten 22 Prozent bedeuten natürlich doch, dass man statistisch gesehen mit jedem Fünften auf Englisch kommunizieren kann. In der Regel findet sich also in jeder Kneipe eine Handvoll Einheimischer, die zu einer Unterhaltung oft auch gern bereit ist oder sogar gezielt ihre Englischkenntnisse anwenden wollen. Selbstverständlich ist der Anteil der Englischsprecher in den Zonen und Branchen, die von Reisenden angesteuert werden, auch wesentlich höher – schließlich ist der Tourismus einer der wichtigsten Wirtschaftssektoren der Stadt. Es gibt also keinen Grund zur Sorge, mit Schulenglisch, und selbst ohne, kommt man in Barcelona problemlos durch. Wer ein paar Brocken Spanisch beherrscht, sollte sie unbedingt und ohne Scheu anwenden, immerhin erspart man dem Gegenüber die Schande, seine miserablen Englischkenntnisse offenbaren zu müssen.

Englischsprachige Radiosender empfängt man in Barcelona über Antenne derzeit keine. Den Musiksender Radio 3 findet man auf der Frequenz 98,6 MHz.

In der Fremde

Ibrahima stammt aus Yoff, einer Gemeinde in den nordöstlichen Außenbezirken der senegalesischen Hauptstadt Dakar, die überwiegend von
besser situierten Schichten bewohnt wird. Ich lernte ihn kennen, als
ich mir die letztendlich aussichtslose Idee in den Kopf gesetzt hatte,
Arabisch zu lernen und in einem Kulturzentrum eine Annonce ans
schwarze Brett pinnte. Ein paar Tage später rief er an. Als wir uns
zum ersten Mal trafen, war ich mehr als baff, dass mein zukünftiger
Privatlehrer Schwarzafrikaner sein würde. Außer ein paar inzwischen längst wieder vergessenen Brocken habe ich kein Arabisch
gelernt, aber dafür entwickelte sich eine fruchtbare Freundschaft.

Ibrahima war in einem für afrikanische Verhältnisse wohlsituier-
ten Elternhaus aufgewachsen. Mit Hilfe eines Stipendiums konnte er
fünf Jahre lang in Riad arabische Literatur studieren. In Afrika bedeutet ein solcher Abschluss natürlich auch kaum mehr als ein Diplom
für brotlose Kunst. Also beschloss er 2001, nach Europa auszuwan-
dern, um sich eine Zukunft zu suchen. Obwohl er bedeutend besser
Französisch als Spanisch sprach, entschied er sich für die Iberische
Halbinsel. Ihn faszinierte die mittelalterliche Hochkultur des arabisch
besetzten Spanien – nicht selten traf ich ihn mit historischen Wäl-
zern unter dem Arm in der Stadtteilbibliothek. Außerdem befand
sich Spanien wirtschaftlich im Aufwind, Ibrahima hatte Bekannte,
die beim Start ins neue Leben Hilfestellung leisten würden und die
Einwanderungsprozeduren waren seinerzeit relativ problemlos.

Ibrahima ließ sich nicht bei Nacht und Nebel in einem Schlauch-
boot übers Mittelmeer schippern, sondern kam ganz komfortabel

mit Touristenvisum im Flugzeug nach Barcelona. Das taten übrigens die meisten afrikanischen Zuwanderer, doch diese Form der Migration ist für eine Zeitungsschlagzeile natürlich zu unspektakulär.

Ibrahima fand schnell Arbeit, zunächst bei einem Hersteller von Gartenmöbeln, dann in einer Knopffabrik. Er bekam eine Aufenthaltsgenehmigung und hat inzwischen sogar einen spanischen Pass. Mit anderen Senegalesen teilte er sich eine heruntergekommene Altbauwohnung. Sie schafften sich einen gebrauchten Fernseher an, installierten eine Satellitenschüssel und sahen abends gemeinsam senegalesisches Fernsehen. Als der Senegal die alte Kolonialmacht Frankreich bei der Fußballweltmeisterschaft 2002 mit eins zu null besiegte, brach in dem sparsam möblierten Wohnzimmer die Hölle los.

Für Ibrahima lief alles ganz passabel, von seinem nicht unbedingt üppigen Gehalt zweigte er monatlich 400 Euro für die Familie in der Heimat ab. Hin und wieder konnte er sich einen Flug in den Senegal leisten. Bei einem dieser Abstecher heiratete er ein bildhübsches Mädchen aus der Nachbarschaft – schließlich ist ein erfolgreicher Auswanderer eine gute Partie. Kurze Zeit später kam der erste Sohn zur Welt.

Frau und Kinder blieben aber in Afrika, wohl aus ökonomischen Gründen. Das war auch besser so, denn als 2008 die Wirtschaftskrise über Spanien hereinbrach, waren ungelernte Immigranten die ersten Opfer. Natürlich hegten weder Kollegen noch der Arbeitgeber den Hauch einer Ahnung, dass sie es bei Ibrahima mit einem echten Intellektuellen zu tun hatten. Der Job in der Knopffabrik ging flöten und nach einigen arbeitslosen Monaten fand er einen neuen Job – in einem Steinbruch. Das war natürlich ein ganz anderer Schnack: harte körperliche Arbeit unter glühender Sonne. Ibrahima hielt durch, doch die Krise traf auch im Steinbruch ein und er wurde auf die Straße gesetzt.

Die Sozialversicherung zahlt in Spanien maximal zwei Jahre Arbeitslosengeld, danach gibt es nichts mehr. Die beiden Jahre vergingen und mit ihnen die Hoffnung auf einen neuen Arbeitsplatz. Ibrahima hielt sich irgendwie weiter über Wasser, er wartete auf seinen spanischen Pass, den er vier Jahre zuvor beantragt hatte. Damit wäre er Europäer, und sein Plan war, sich sofort in Frankreich eine neue Chance zu suchen. Doch die Mühlen der Bürokratie mahlen langsam in Spanien, wenn sie nicht gerade Frühstückspause machen. Der Pass kam nicht mehr rechtzeitig, von den letzten Reserven bezahlte er den Heimflug nach Dakar. Im Moment schlägt er sich in Marokko durch, wo er mehr Möglichkeiten sieht als in Frankreich. Auch das dürfte jeden Europäer mehr als überraschen.

Ist Ibrahimas Lebensweg repräsentativ für Migranten in Barcelona?

Abgesehen von wenigen Facetten ist Ibrahimas Geschichte ein typisches Schicksal der Zuwanderer aus der Dritten Welt. Bis in die 90er-Jahre waren die Spanier noch weitgehend unter sich. Außer Rentnern und gutbetuchten Kälteflüchtlingen aus Nordeuropa hielten sich nur ein paar zehntausend Marokkaner im Land auf, die sich überwiegend als Landarbeiter verdingten. Noch im Jahr 2000 lag die Ausländerquote bei lächerlichen zwei Prozent. Doch der Wirtschaftsboom der Immobilienblase wirkte wie ein Magnet. Allein im Jahr 2002 strömten 700.000 Zuwanderer nach Spanien, zunächst aus Lateinamerika und Westafrika, später auch aus China, Indien und Pakistan. 2012 erreichte der Ausländeranteil mit 12,2 Prozent seinen Höhepunkt. Doch mangels Arbeit und Sozialleistungen sind etliche inzwischen wieder abgewandert, entweder zu europäischen Nachbarn oder zurück in die Heimat.

Barcelona ist inzwischen so plurikulturell und multinational wie jede andere europäische Metropole. Der Weg zu dieser globalen Durchmischung, die regionalen Schwerpunkte der Herkunftsländer und wann, wie, warum die internationale Migration eintraf, ist dabei von Stadt zu Stadt höchst unterschiedlich. Menschen aus den alten Kolonien strömten nach Großbritannien und Frankreich, in Deutschland wurden »Gastarbeiter« aus Südeuropa und der Türkei angeworben und nach Spanien kam die Zuwanderung viel später, aber dafür umso plötzlicher.

Sozialwissenschaftler sprechen von Push- und Pull-Faktoren. Erstere sind die Bedingungen im Heimatland, die Menschen auf der Suche nach einer Zukunftsperspektive in die Fremde treiben. Die unterscheiden sich natürlich im Detail erheblich zwischen Ecuador, China oder Gambia. Die Magnetfaktoren hingegen für die nach Spanien hereinbrechende Zuwanderungswelle ab der Jahrtausendwende waren vor allem drei: Zunächst die boomende Wirtschaft, die legale wie illegale Einwanderer beschäftigte und großzügig ausnutzte. Dann eine relativ leichte Grenzüberwindung auf legalem wie auf illegalem Weg. Spanien stellte vergleichsweise problemlos Touristenvisa aus. Wer kein Visum bekam, musste sich über ein mafiös durchorganisiertes Transportsystem von Marokko, der West-Sahara und später Mauretanien auf die Kanaren oder nach Andalusien schippern lassen. Der bequeme Flug per Linienmaschine kam allerdings bedeutend preiswerter als die illegale Übersiedlung. Alles hing eben vom Visum ab. Der letzte Faktor war die seinerzeit vergleichsweise problemlose Legalisierung des Einwandererstatus, sprich die Arbeits- und Aufenthaltserlaubnis.

Die Wirtschaftskrise traf wie schon gesagt zu allererst die Zuwanderer aus fremden Kontinenten. Welche erbarmungslosen Schicksale sich hinter auf scheinbar objektiven Sozialstatistiken beruhenden Nachrichten verbergen, bleibt den meisten Außenstehenden allerdings verborgen.

Vor einigen Monaten traf ich auf der Straße ein mir namentlich nicht geläufiges aber bekanntes und sympathisches Gesicht, ein junger Inder aus dem Punjab, der vor Jahren in einem inzwischen geschlossenen indischen Restaurant gekellnert hatte. Er beschrieb mir eine soziale Situation, die einem die Tränen in die Augen treiben kann. Nachdem er seine Anstellung verloren hatte, fand er nichts Neues, als das Arbeitsamt die Zahlungen einstellte, sprang Caritas in die Bresche. Seitdem lebt er mit Frau und zwei Töchtern von monatlich 220 Euro. Fast die Hälfte davon geht für die Miete einer Baracke drauf. Es ist kaum vorstellbar, wie eine vierköpfige Familie mit 120 Euro im Monat überleben kann. Wenn er könnte, sagt er, würde er Geld für ein Flugticket in die Heimat sparen. Dann würde er in Indien arbeiten, Frau und Töchter in Spanien aus der Ferne finanziell unterstützen, bis sich die Familie irgendwann irgendwo wiedervereinigen könnte. Doch das war natürlich völlig außerhalb jeder Reichweite. Ich war so erschüttert von der plastischen Darstellung, dass ich keine Ahnung hatte, wie ich reagieren sollte.

Nicht wenige der Inder in Barcelona sind übrigens aus Deutschland zugewandert, insbesondere unter denen, die Gemüseläden, Restaurants oder Telefoncenter betreiben. Mit Freude werden sie sich auf eine Unterhaltung auf Deutsch einlassen und von ihrer Vergangenheit in Bremen, Hannover oder Karlsruhe berichten. Als in Spanien die Wirtschaft brummte und den großen Konsumrausch auslöste, erschien das Land eine vielversprechende Alternative zum grauen Deutschland mit schwerer Steuerlast und kaum austricksbarem Finanzamt. Viele könnten sich jetzt für ihre Abwanderung in den Hintern beißen, denn der Weg zurück ist teuer und beschwerlich.

Die Unglücklichen, die weder ein Einkommen noch Stütze erhalten, müssen sich irgendwie durchschlagen. Überall in der Stadt sieht man Menschen, die Müllcontainer durchsuchen, nach Ess- oder Recycelbarem. Früher war der Handel mit Altmetall eine Domäne der *gitanos*, der »Zigeuner«, wie sie auch heute noch im Alltagsspanisch genannt werden. Doch heute sieht man allenthalben Afrikaner, die mit Blechdosen beladene Einkaufswagen über die Bürgersteige schieben.

In beinahe jedem Straßenzug findet sich ein chinesischer Laden vom Typ »fast alles für einen Euro«. Die sind keine spezifisch chi-

nesische Erfindung, doch die meisten spanischen Vorgänger mussten aufgegeben. Die Asiaten drängten sie mit größerer Auswahl,
längeren Öffnungszeiten und der schieren Menge neu eröffneter
Läden vom Markt.

Längst nicht alle Produkte stammen aus China, hin und wieder
entdeckt man sogar einen Markenartikel. Das Geschäftsvolumen
ist immens, in Badalona belegen chinesische Großhändler fast vollständig einen über 60 Hektar großen Gewerbepark um den Carrer
del Progrès, die »Straße des Fortschritts«. Die meisten sind auf einen bestimmten Produktsektor spezialisiert, es gibt Großhändler
für Handtaschen, Schreibwaren, Damenbekleidung und Schön-
heitspflege.

Francisco, ein guter Bekannter aus einem »besseren« Vorort
Barcelonas, verbringt den größten Teil seiner Arbeitszeit just in
jenem Gewerbegebiet. Er vertritt mehrere spanische Industriebe-
triebe, die einen guten Teil ihrer Produktion über den chinesischen
Einzelhandel absetzen. Auf diese Art und Weise hat Francisco
Einblicke in eine Welt, die dem Durchschnittsmenschen verborgen bleibt. Bei einem gemeinsamen Mittagessen musste ich ihn
ausquetschen, wie es die Chinesen schaffen, ständig neue Läden
zu eröffnen und inzwischen auch ehemals einheimisch geführte
Kneipen zu übernehmen, obendrein in Zeiten, wo Banken kaum
Kredite gewähren, und schon gar nicht an gerade erst zugewanderte Asiaten, die kaum ein Wort Spanisch oder Katalanisch sprechen.

Nun, hinter dem Erfolg steckt natürlich System: Jeder erfolgreiche chinesische Geschäftsmann hat die moralische Verpflichtung,
gewissermaßen als Pate für einen Nachfolger aufzutreten. Der po-
tenzielle Neu-Unternehmer präsentiert sein konkretes Konzept,
und wenn sich der Pate von der Zukunft der Idee überzeugen lässt,
finanziert er das Projekt. Scheitert das Unternehmen, schluckt der
Pate die Finanzlast. Funktioniert es, zahlt der Jungunternehmer die
Investition zurück, und zwar ohne Zinsen. Später wird er schließlich selbst einem Geschäftsprojekt Pate stehen.

Auf diese Weise entsteht in kurzer Zeit eine ganze Kette von Firmengründungen, die spanischen Neuunternehmen in betriebswirtschaftlicher Hinsicht weit überlegen sind, weil sie nicht sklavisch ihren Kredit an die Banken zurückzahlen müssen, keine Zinsen anfallen und der Pate als persönliche Bezugsperson ein Interesse am Erfolg des Unternehmens hat und nicht nur einfach auf die Erfüllung von Vertragsbedingungen pocht. Schließlich bedeutet der Erfolg eines geförderten Projekts für ihn auch persönliches Prestige als Business-Mäzen. So haben Chinesen binnen kürzester Zeit ein mächtiges Geschäftsimperium in Spanien aufgebaut.

Üblicherweise wird der Erfolg chinesischer Geschäfte in Spanien höchst misstrauisch beäugt. Vorurteile, Stereotypen und Verdächtigungen existieren zuhauf. Die Vorstellung, dass Immigranten aus der Dritten Welt – ich verwende diesen oft kritisierten Begriff, weil jeder weiß, was gemeint ist – hungernde, kultur- und (aus-) bildungslose Almosensucher seien, ist ebenso verbreitet wie falsch. In Wahrheit handelt es sich um mutige, kreative und energiegeladene Menschen, denen zu Hause einfach eine Perspektive fehlt. Das schlimmste an der Zuwanderung in die Erste Welt ist, dass genau diese junge Elite in der Heimat fehlt, um das Land nach vorn zu treiben.

Wie ein Europäer nach Barcelona auswandert

Mit einem Pass der Europäischen Union oder der Schweiz in der Tasche hat man ein Aufenthaltsrecht in allen Ländern der EU. Doch gänzlich unkompliziert ist die Übersiedlung wiederum auch nicht. Wer länger als drei Monate bleiben will, muss sich in der Provinzhauptstadt seines Wohnorts bei der Ausländerbehörde oder in einer Dienststelle der Nationalpolizei als Zuwanderer registrieren.

Voraussetzung für die Registrierung, die einer Aufenthaltserlaubnis gleichkommt, ist der Nachweis einer Gesundheits- und Sozialversicherung.

Dazu legt man entweder seine Versicherungsbescheinigung aus der Heimat vor, muss aber belegen, dass diese auch in Spanien für alle Eventualitäten geradestehen würde, oder man ist bereits in der neuen Heimat sozialversichert. Das passiert entweder automatisch, wenn man einen legalen Arbeitsvertrag unterzeichnet hat, oder man zahlt die Beiträge persönlich, wenn man sich als *autonomo*, also als »Freiberufler« registriert hat. Will man keiner regelmäßigen Arbeit nachgehen, wird ein Nachweis ausreichender Finanzmittel verlangt.

Nach einigen Wochen kann man sich seine Aufenthaltsgenehmigung bei der gleichen Dienststelle abholen oder neuerdings sogar per E-Mail zum Ausdrucken zuschicken lassen. Es handelt sich nämlich um nichts weiter als ein DIN-A4-Blatt, das man unpraktischerweise theoretisch immer zusammen mit Reisepass oder Personalausweis mit sich rumtragen muss. Die handlicheren Identitätskarten mit Passfoto werden nur noch an nichteuropäische Ausländer vergeben.

Das schmucklose Stück Papier benötigt man fortan für alles, was irgendwie offiziellen Charakter hat, zum Beispiel um ein Bankkonto zu eröffnen oder einen Mietvertrag unterschreiben. Die zugehörige, mit einem »X« für Ausländer beginnende Registriernummer lernt man am besten sofort auswendig, denn die ist fast wichtiger als der eigene Name. Sie ist gleichzeitig die Steuernummer beim Finanzamt.

Im Prinzip muss man als ständiger Bewohner seinen Originalführerschein gegen einen spanischen tauschen, den man allerdings alle fünf Jahre kostenpflichtig und umständlich erneuern muss. Inzwischen kann aber auch der ausländische Führerschein bei der zuständigen Behörde registriert werden, denn es geht dem Staat vor allem darum, Bußgelder einzutreiben und Strafpunkte wie in Flensburg vergeben zu können.

Schließlich fehlt nur noch ein einziger, meist wirklich problemloser Schritt zur vollständigen Legalisierung. Man muss sich in einem der 14 städtischen Bürgerbüros Barcelonas (OAC) ins Einwohnerregister eintragen. Damit bekommt man automatisch das Recht, bei Gemeindewahlen mit abstimmen zu dürfen.

Alle genannten bürokratischen und damit oft verbundenen sprachlichen Klippen kann man mit Hilfe eines bevollmächtigten Vertreters umschiffen, gegen eine ansehnliche Gebühr versteht sich. Das kann ein Anwalt oder Notar sein, am preiswertesten kommt üblicherweise eine Gestoria, eine Art Agenturbüro für Verwaltungsangelegenheiten, fast immer auch gleichzeitig Steuerberater. Die gibt es in Spanien zuhauf, weil sich nur Profis im Vorschriftendschungel zurechtfinden. Wer glaubt, Deutschland sei Bürokratieweltmeister, ist einem Klischee vom Typ Paella und Sangría aufgesessen. Spanien ist das europäische Land, das quantitativ mehr Vorschriften, Normen und Gesetze verfasst, als jeder andere europäische Staat. Vor kurzem erklärte mir mein Freund Pau, der als begabter und hochkreativer Innenarchitekt gerade das Interieur einer neuen Bar des Imperiums der Gebrüder Adrià gestaltet, dass es schlicht nicht möglich sei, die Bauvorschriften des spanischen Staates zu erfüllen, weil sie in sich widersprüchlich sind. Orientiert man sich an der einen Norm, verletzt man automatisch die andere.

Ende Oktober 2014 veranstaltete die Stadt Barcelona erstmals einen Informationstag mit englischsprachigen Seminaren zu verschiedensten Themen für Menschen, die aus dem Ausland nach Barcelona umziehen wollen oder es bereits getan haben. Details findet man auf der Website iambarcelonian.barcelonactiva.cat.

Carrer Trafalgar

Kaum einen halben Kilometer östlich der Plaça Catalunya ist fast ein ganzer Straßenzug in chinesischer Hand. Die meisten Ladenlokale im Carrer Trafalgar beherbergen Bekleidungsgeschäfte und Großhändler. Mittlerweile haben die Chinesen nach dem Vorbild von H&M sogar eigene Modeketten wie Mulaya, F&H oder Xieli gegründet.

Fondo

Das am stärksten multikulturell durchmischte Stadtviertel Kataloniens ist Teil der Vorstadt Santa Coloma de Gramanet. 160 Nationalitäten versammeln sich auf engstem Raum. Gleichzeitig ist der Fondo das Quartier mit der höchsten chinesischen Einwohnerdichte Spaniens: auf drei Bewohner kommt ein Asiate. Die lokale Filiale der größten katalanischen Bank La Caixa beschäftigt für das umfangreiche Kundenpotential sogar chinesische Angestellte. Vor ein paar Jahren schlug ein asiatischer Unternehmer den Stadtherren vor, ein typisches Drachentor mit der Aufschrift »Chinatown« zu errichten, um nach dem Vorbild San Franciscos Touristen anzulocken, doch das Gemeindeparlament lehnte dankend ab.

Kein Reiseführer dürfte das nicht sonderlich ansehnliche Territorium jemals erwähnt haben, doch der bequeme Ausflug mit der Metro zum Bahnhof Fondo verspricht interessante Einblicke in die gesellschaftliche Realität und kann mit einem hervorragenden und authentischen chinesischen Mahl abgerundet werden, beispielsweise in dem Restaurant des Carrer Beethoven 72 mit dem für mich nicht zu entziffernden Namen.

Top Ten: Hier fühlt man sich als Barceloniner

1. Fußball sehen

Egal ob in der Eckkneipe oder im Stadion, Fußball belegt den ersten Rang der essentiellen Freizeitvergnügen. Wichtig ist für den Ortsfremden, den Kampf ums runde Leder in Gesellschaft zu verfolgen, um ein bisschen tiefer in die einheimische Gefühlswelt einzutauchen. Natürlich ist der FC Barcelona der Lieblingsclub der meisten, doch das bedeutet keinesfalls, dass ein Spiel des Underdogs Espanyol nicht genauso aufregend sein könnte. Die Hingabe der Anhänger ist mindestens gleichwertig, doch die Erwartungshaltung ans eigene Team nicht derart übersteigert. Bei vollem Einsatz wird eine Niederlage nicht automatisch mit Pfiffen quittiert sondern mit Würde hingenommen.

2. Pa amb tomàquet speisen

Weißbrot mit Tomatenmark bestrichen und ein paar Tropfen Olivenöl darauf, das ist ein einfaches, aber höchst effizientes Rezept, das jeder Barceloniner ein paar Mal pro Woche auf dem Tisch erwartet.

3. Sich einen Abend im Liceu unter die Noblesse mischen

Das noble Opernhaus Gran Teatre del Liceu bildet seit fast 170 Jahren einen Fixpunkt im sozialen Leben der Bourgeoisie. Wer die bürgerliche Oberschicht einmal in voller Konzentration erleben möchte, verbringt einen Abend in der Oper an der Rambla. Mit Aufführungen auf internationalem Niveau darf man in jedem Fall rechnen und die meisten Sitze verfügen über einen Monitor, der auf Wunsch eine simultane englische Übersetzung des gesungenen Worts darstellt.

4. Für die Unabhängigkeit demonstrieren

Vielleicht schlägt das Pendel in einigen Jahren in die Gegenrichtung aus, doch seit 2011 steht die Mehrheit der Bevölkerung auf der Seite der katalanischen Selbstständigkeit. Demonstrationen finden seltener statt als man sich vorstellen würde, doch der absolute Pazifismus aller Teilnehmer ist ein Erlebnis, besonders bei der Massenkundgebung am 11. September, wo man mit mindestens einer Million Teilnehmern rechnen kann.

5. Am Strand der Barceloneta liegen

Wenn die Sonne lacht, zieht es auch die Barceloniner ans Meer und der städtische Hausstrand der Barceloneta ist mit Roller, Fahrrad oder Metro schnell erreicht. Mitunter fühlt man sich wie eine Ölsardine, doch man atmet eine fröhliche und sehr familiäre Atmosphäre.

6. Einen Barcelona-Roman lesen

Die Barceloneses lieben ihre Stadt, und literarische Werke, die an bekannten oder vielleicht sogar für Einheimische weniger bekannten Orten spielen, sind ein Publikumsrenner. Dabei ist ganz und gar zweitrangig, in welcher historischen Epoche eine Geschichte angesiedelt ist, schließlich lassen sich in der Stadt Ecken aus allen Phasen der Vergangenheit entdecken.

7. Kinofilme in Originalversion sehen

Zehntausende europäische Ausländer in der Stadt müssen sich hin und wieder von der Last der doppelten Fremdsprachigkeit befreien und stürmen die Kinos, die Filme in »VO«, in *versió original* zeigen. Die Eingeborenen dagegen, spüren den Drang, ihre Fremdsprachenkenntnisse in die Praxis umzusetzen, und finden sich genauso ein. Viele Kinos führen Filme auf Englisch, seltener auch auf Französisch oder Deutsch vor, aber einige haben sich sogar darauf spezialisiert, etwa **Cines Verdi**, **Cines Méliès** oder **Yelmo Icaria**.

Die Filme werden jeweils als »VO« (Originalversion), »VD« (synchronisiert) »VOS« (Fassung mit Untertiteln) oder »VOSE« (mit Untertiteln in Spanisch) angekündigt.

▌**Cines Verdi** • Carrer Verdi, 32 • Gràcia • Metro: Fontana, L3 •
www.cines-verdi.com/barcelona

▌**Cines Méliès** • Carrer Villaroel, 102 • Esquerra de l'Eixample •
Metro: Urgell, L1 oder Hospital Clínic, L5 • www.meliescinemes.com

▌**Yelmo Icaria** • Carrer Salvador Espriu, 61 • Port Olímpic •
Metro: Ciutadella Vila Olimpica, L4 • www.yelmocines.es

8. Siege des FC Barcelona feiern

Nach Triumphen in wichtigen Spielen versammeln sich feierfreudige Anhänger zu tausenden an der Font de Canaletes, einem kleinen Brunnen am oberen Ende der Rambla. Diese Tradition reicht bis in die 30er-Jahre zurück, als selbst das Radio noch wenig verbreitet war. Bei Auswärtsspielen warteten die Fußballfanatiker auf den Aushang des Ergebnisses im Schaukasten der Zeitung *La Rambla*, im Gebäude hinter dem Brunnen.

9. Am Wochenende aufs Land fahren

Ab Freitagnachmittag nimmt die Verkehrsdichte auf Barcelonas Ausfallstraßen egal welcher Richtung erschreckende Ausmaße an, was sich am Samstagvormittag noch mal wiederholt. Man fährt mit Freunden, Kind und Kegel in die Provinz, geht spazieren und shoppen und kehrt in einem traditionellen Restaurant ein. In Zeiten wirtschaftlicher Krise geht es oft am selben Abend wieder zurück, doch wer es sich leisten kann, macht *turisme rural* und mietet sich über das Wochenende in einem alten Bauernhaus in der Natur ein.

10. Produkte mit der Senyera oder der Estelada kaufen

Inzwischen gibt es fast jedes nur denkbare Accessoire in den katalanischen Nationalfarben der Senyera, ob Zigaretten, Handtücher, Bier, Badelatschen oder Ohrringe. Die unverblümt direkt nach Abspaltung schreiende Radikalversion mit dem weißen Stern im blauen Dreieck ist genauso verbreitet. Etwas weniger aufdringlich sind Autoaufkleber mit dem nationalen Ehrentier, dem Esel. Im Gegensatz zu anderen Kulturkreisen wird hier mit dem Grautier Intelligenz, Zähigkeit und Durchhaltevermögen assoziiert, was dem ungestümen Energieüberschuss des spanischen Stieres gegenübergestellt wird.

Wer zu früh kommt, den bestraft das Leben
Gutes Benehmen, schlechte Manieren und spanischer Stolz

Mittwoch. Heute steht ein Männerabend an. Wir sind zu fünft zum Abendessen in einem Restaurant im Eixample verabredet, schon um neun, schließlich müssen die meisten morgen früh zur Arbeit oder haben eine wartende Frau zu Hause, die keine bemerkenswerten Ausschweifungen duldet. Ich treffe kurz nach neun ein. Kein bekanntes Gesicht weit und breit, ich hätte es mir denken können. Nicht weiter beunruhigt tue ich, was jeder Spanier tun würde, und lasse ich mich am Tresen nieder. Der Barmann poliert am anderen Ende der Bar Gläser und würdigt mich keines Blickes. Ich passe mich weiter der einheimischen Verhaltensnorm an und gebe laute und klare Anweisungen: »*Posa'm una mitjana!* – Gib mir eine Flasche Bier.« Natürlich ohne ein Hallo voran-, oder ein Bitte hintanzustellen.

Der Kellner trocknet die letzten Gläser, danach seine Hände, das Handtuch fliegt in die Ecke, die Bierflasche wird aus der Kühltruhe gehievt, geöffnet und vor meiner Nase abgestellt. »*Tres cinquanta!* – Drei fünzig!« Kein Hallo, kein Bitte, kein Danke, wir verstehen uns wie alte Freunde. Ich lege die geforderte Summe auf den Tresen, die praxiserfahren mit einer kurzen Handbewegung eingezogen und flugs in der Kasse verbucht werden. Am anderen Ende warten ja noch mehr polierwürdige Gläser. »Wohl bekomms«, sage ich mir.

Am nächsten Morgen führt mich der erste Weg in die Bäckerei um die Ecke. Ich trete ein und bin überraschenderweise in diesem Moment der einzige Kunde. Hinter der Ladentheke sind zwei junge Frauen in der Uniform der Backhauskette damit beschäftigt, Brote einzutüten. Beide wenden mir den Rücken zu. Auf die Begrüßung

»*Hola*« erhalte ich keine Antwort, keinen Blick, keine der beiden Angestellten denkt auch nur daran, sich umzudrehen. Ich darf zwei Minuten ausharren, bis sich eine der Verkäuferinnen erbarmt und sich mit der Frage: »*Què vols? – Was willst du?*« zu mir wendet. Ich bin perplex angesichts der brüsken Behandlung und frage mich, was wohl ihr Chef zu solchen Manieren sagen würde. Schließlich stellt die Verkäuferin die Brücke zur Kundschaft dar. Sie kassiert, knallt das Wechselgeld auf den Tresen und wendet sich ab. Ich bewege mich zum Ausgang, öffne die Tür, drehe mich noch mal um und sage »*Adéu*«. Keine Antwort. Ich warte ein paar Sekunden und erhebe eindringlich die Stimme: »*Adéu!*« Jetzt sieht sie mich verblüfft an, als hätte ich sie aus ihren Träumen gerissen, erwidert »*Adéu, adéu*« und lässt sich sogar zu einem säuerlichen Lächeln hinreißen. Nie wieder würde ich diesen Laden betreten, soviel stand fest.

Sind die Katalanen denn unabänderlich unfreundlich?

Solchen Erfahrungen stehen andere Eindrücke diametral entgegen. Wird man von Bekannten bei deren Freunden oder Familie eingeführt, kann man mit überaus herzlicher und offener Aufnahme rechnen. In Geschäften oder Unternehmen mit Publikumsbetrieb kann man beides erleben. Nicht selten wird man auch äußerst charmant begrüßt, manchmal sogar überschwänglich als *rei* (»König«) oder *carinyo* (»Liebling«) angesprochen. Soviel spontane Zuneigung ist man aus dem Norden genauso wenig gewohnt und zunächst weiß man gar nicht, wie man reagieren soll. Das andere Extrem stellen mürrische und missmutige Angestellte dar, die mit Sprache, Gestik und Mimik nichts anderes ausdrücken, als dass man eigentlich unerwünscht ist.

Ich bin der festen Überzeugung, dass diese barsche Art erst in den vergangenen Jahren zur vollen Entfaltung gekommen ist und stelle eine eindeutige Verbindung zur Wirtschaftskrise her. Zwar schwebt das Damoklesschwert der Arbeitslosigkeit fast über jedem Kopf und man könnte meinen, dass man in dieser Situation seine Arbeit besonders anständig erledigen müsse, doch die soziale Realität stellt sich nicht ganz so einfach dar. Natürlich ist jeder froh, der Arbeit hat, doch gerade bei Jobs im Dienstleistungssektor, die keine Ausbildung erfordern, befinden sich viele in prekären Arbeitsverhältnissen, deren Einkommen kaum zum Nötigsten reicht. Oft werden sie nur befristet über Zeitarbeitsfirmen angestellt. Die Gesetze schieben der mehrfachen Erneuerung solcher Arbeitsverträge einen Riegel vor, gleichzeitig sind die Unternehmer angesichts der unsicheren Wirtschaftslage mit der dauerhaften Anstellung von Personal sehr zurückhaltend. So wissen viele von vornherein, dass sie keine Chance auf einen festen Job haben, auch wenn sie ihre Arbeit noch so gut machen. Gleichzeitig werden aber Überstunden, zeitliche Flexibilität und höchstes Arbeitspensum erwartet. Da bleiben viele einfach nur frustriert zurück. Dieser Alltag ist kein Zuckerschlecken und das bekommt man auch als Außenstehender zu spüren.

Obendrein weiß man nie, wie die individuelle Lebenssituation eines Menschen aussieht. Eine oberflächlich prekäre Situation kann schnell dramatische Ausmaße annehmen. Hunderttausende haben sich in Barcelona während der Hochkonjunktur zum Kauf einer Wohnung verführen lassen, was sich für viele als der Fehler ihres Lebens entpuppt hat. Im Jahr 2013 wurden in Barcelona über 4.500 Familien zwangsgeräumt, weil sie ihre Hypothek nicht mehr bezahlen konnten. Das kann sehr leicht passieren, wenn nur eines der beiden Einkommen in einem Familienhaushalt wegfällt.

Aber sagt man nicht, dass die Katalanen gut mit Geld umgehen können?

Vor der großen Bankenpleite sagte man das von den Kreditinstituten auch. Hypotheken wurden im Immobilienboom fast aus-

nahmslos an jeden vergeben, es mussten kaum Sicherheiten geboten werden und die geforderte Einstiegssumme konnte man sich
ebenfalls per Kredit verschaffen. Ein Arbeitsvertrag reichte aus und
seinerzeit hatten fast alle Arbeit. So kam es, dass auch gerade erst
zugewanderte Lateinamerikaner, Asiaten und Afrikaner plötzlich
eine 250.000 Euro teure Wohnung bezogen. Aber Spanier, Katalanen, Basken und Galizier tappten genauso in die Falle des Immo-
bilienfiebers.

Das spanische Klischee vom finanzintelligenten und arbeitsa-
men Katalanen ist schon etliche Jahrhunderte alt. Man muss sich
immer vor Augen halten, dass es sich um zwei ökonomisch wie
kulturell konkurrierende Volksgruppen handelt, die aber seit über
500 Jahren im selben Staatsgebilde untergebracht sind. Im globalen
Kontext ist das eher die Regel als die Ausnahme, nur ist man sich
dessen im wohlgeordneten Mitteleuropa nicht immer bewusst. Die
meisten Nationen der Welt sind Vielvölkerstaaten, insbesondere
die großen. Auf dem afrikanischen Kontinent gibt es kein einziges
Land, das von dieser Regel ausgenommen wäre.

Zwischen konkurrierenden Kulturen oder Nationen, oder wie
auch immer man die kastilisch-katalanische Rivalität bezeichnen
möchte – in dieses Fettnäpfchen setze ich mich jetzt nicht –, existieren immer tiefsitzende, manchmal gar an Rassismus grenzende
Vorurteile. Meist haben sie eher historische als aktuell reale Hin-
tergründe. Vermeintlicher katalanischer Fleiß und Geiz sind eine
Konstante in der spanischen Betrachtungsweise, man suche nur
nach Katalanenwitzen in Google. Ein ausgesprochen inoffensiver
lautet folgendermaßen: Trifft ein Katalane seinen Freund, der ihm
auf die Hände starrt und fragt: »Hast du deinen Ehering verloren?« – »Nein, diese Woche trägt ihn meine Frau.«

Zu geizig also, um zwei Eheringe zu kaufen. Das zweite Klischee
vom Fleiß bedient ein spanisches Sprichwort: »*Los catalanes, de las
piedras sacan panes* – Zwischen den Steinen ziehen die Katalanen
noch Brote hervor«, sprich: aus Nichts machen sie noch etwas.

Beide Stereotypen basieren auf unterschiedlichen historischen Rollen. Spanien repräsentierte den mutigen Kämpfer und Eroberer, der sein (vermeintlich) angestammtes Territorium von den Mauren zurückerrang und den Eroberungszug direkt in große Teile des amerikanischen Kontinents, auf die Philippinen und in Nordafrika fortsetzte. Der Reichtum aus den Kolonien war quasi Kriegsbeute, Spanien verwaltete, gab sich dem fremdfinanzierten Genuss hin, aber schloss Katalonien jahrhundertelang vom Kolonialhandel aus. Dort musste Wohlstand erarbeitet, nicht erkämpft und dann einfach nur noch verwaltet werden. In Katalonien entwickelte sich eine handeltreibende arbeitsame Bürgerschicht, die später die industrielle Revolution ins Land holte, während sich der spanische Ansatz als dekadent erwies. Seit dem 18. Jahrhundert dominierten katalanische Kaufleute den Binnenhandel und wurden als Halsabschneider, Geizkrägen und Wucherer diffamiert, ganz ähnlich wie es den Juden drei Jahrhunderte zuvor ergangen war. Diese Vorurteile gelten noch heute, genauso wie viele Katalanen Teile Restspaniens als arbeitsscheu ansehen.

Küsschen hier, Küsschen da

Dem Nordländer erscheinen spanische Begrüßungsrituale zunächst befremdlich, denn der Dunstkreis des unverletzlichen persönlichen Schutzraums wird in südlichen Kulturen als kleiner interpretiert. Dass man enge Freunde oder Freundinnen mit zwei Küsschen begrüßt, kann noch nachvollzogen werden, aber eine völlig fremde Person? Das ist in Spanien jedoch die gängige Grußformel, wenn Frauen involviert sind. Bekommt Mann eine Frau vorgestellt, werden zwei zumindest angedeutete Küsschen ausgetauscht, zuerst auf die linke, dann auf die rechte Wange. Das gilt sowohl für Frau plus Mann als auch für Frau plus Frau. Zwei

Männer begrüßen sich mit einem kurzen, nicht übertrieben festen Händedruck oder, je nach Intensität der gemeinsamen Bekanntschaft, mit einer Umarmung oder einem kumpelhaften Handschlag mit nach oben gestelltem Unterarm.

Diese Regeln gelten im gesamten persönlichen Umfeld, in formaler Umgebung dagegen sind solche intimen Begrüßungsformeln weit weniger üblich. In der Arbeitswelt werden Küsschen bei der ersten Begegnung nur ausgetauscht, wenn beide Beteiligten auf gleichem hierarchischem Niveau stehen und eine intensive und für beide Seiten positive Zusammenarbeit in Aussicht steht.

Haben Spanier und Katalanen denn nichts gemeinsam?

Jede Menge. Es gibt sehr viele gemeinsame Charakterzüge, schließlich haben sich beide Kulturen über Jahrhunderte beeinflusst und durchmischt. Da ist zum Beispiel die Herzlichkeit gegenüber Fremden, zumindest solange sie von einem Bekannten eingeführt werden. Beide begegnen dem neuen Gesicht mit einer Offenheit, die man in Mittel- oder Nordeuropa weitestgehend vermisst.

Trotzdem leiden beide unter einem mehr oder weniger ausgeprägten Minderwertigkeitskomplex gegenüber dem Norden, weil sie ahnen, dass ihre stärker emotional gelenkten Denkschemata nicht die Effizienz nordischer Rationalität erreichen. Vor dem Einschlag der Wirtschaftskrise war Angela Merkel zeitweise so etwas wie ein Zukunftsmodell, bewundert als ernsthaft, durchsetzungsfähig, rational und bescheiden. Das änderte sich binnen kurzer Zeit, als sie zum Sinnbild und letztendlich Schuldigen der radikalen Kürzungen im ohnehin bescheidenen Sozialstaat Spanien mutierte.

Gemeinsam ist Spaniern und Katalanen auch ihr persönlicher Stolz. Freundschaften können ebenso intensiv wie kurzlebig sein. Man sagt sich viele Dinge unumwunden mit einer in Mitteleuropa undenkbaren Derbheit folgenlos ins Gesicht, doch wenn man den wunden Punkt trifft, sprich den persönlichen Stolz, dann kann sich eine Freundschaft in Minuten in nichts auflösen. Das ist mir passiert, als ich es wagte, in aller bisher gekannter Ehrlichkeit das Verhalten des 4-jährigen Sohnes eines Freundes zu kritisieren und die Erziehungsmethoden zu hinterfragen. Was der Gegenpart als hochbegabt betrachtete, interpretierte ich als verhätschelt, verwöhnt und verzogen. Seither grüßen wir uns aus der Entfernung, wenn wir uns mal alle sechs Monate auf der Straße kreuzen.

Gibt es noch mehr Eigenheiten?

Ebenfalls jede Menge. Der Gegensatz zwischen offener Herzlichkeit und arglistiger Grobheit offenbart sich genauso auf der anderen Seite der Ladentheken. Während in der Bank oder der Konditorei ein eintretender Kunde häufig pflichtbewusst nach dem letzten der Wartenden fragt, ist sich in der Schlange an der Supermarktkasse jeder selbst am nächsten und versucht, die Unaufmerksamkeit der Konkurrenz zum eigenen Vorteil auszunutzen. Merkwürdigerweise sind gerade ältere Damen, die eigentlich über einen größeren Zeitspielraum als andere Mitmenschen verfügen müssten, oft die aggressivsten Vordrängler.

Zur nachhaltigen Umerziehung zum guten Bürger verabschiedete Barcelonas Stadtregierung ein 32 Seiten umfassendes Regelwerk, das unter Androhung von Geldstrafen alle möglichen »unzivilisierten« Verhaltensweisen sanktioniert. So kann der unbedarfte Konsum von Alkohol im öffentlichen Raum schon mal 30 bis 150 Euro kosten, ein Bad im Mittelmeer trotz roter Verbotsflagge schlägt mit bis zu 1500 Euro zu Buche und die Benutzung von Seife unter der öffentlichen Dusche am Strand kann bis zu 500 Euro in die städtische Haushaltskasse spülen. Besonders auf Touristen zielt wohl die Kleiderordnung, die freie Oberkörper und Barfußlaufen nur am Strand und in Schwimmbädern erlaubt.

Unpünktlichkeit wird allerdings nicht reglementiert, sondern der Sanktionierung im persönlichen Umfeld überlassen. Dass 12 Uhr am Mittelmeer nur in Ausnahmefällen den Moment beschreibt, wenn beide Uhrzeiger senkrecht stehen, ist allgemein bekannt. Bei einer Verabredung im Freundeskreis liegt die höchste Wahrscheinlichkeit der Ankunft in der halben Stunde zwischen viertel nach zwölf und viertel vor eins. Da man sich der mangelnden Präzision des Zeitgefühls aber durchaus bewusst ist, wird der Zeitpunkt oft von vornherein ungenau definiert. Man sagt beispielsweise *quarts de dotze*, was so viel heißt wie irgendeine der Viertelstunden zwischen 11 und 12. Sowieso wird im katalanischen Sprachgebrauch die Stunde grundsätzlich geviertelt: halb drei heißt *dos quarts de tres*, also zwei Viertel drei. Wer's genauer will, gibt *un quart i mig* vor, also ein Viertel und ein halbes.

Doch in Zeiten drahtloser Kommunikation ist die Menschheit ständig vernetzt und man kann ein stark verspätetes Eintreffen immer noch rechtzeitig ankündigen. Sowieso sprengt die Sucht, ständig Textnachrichten zu schreiben, alle Grenzen des Vorstellbaren, ebenso wie sich fast jeder mit detailgenauem Profil in Facebook präsentiert und tiefschürfende Einblicke in die eigene Lebens- und Gedankenwelt erlaubt. Das umfassende Desinteresse an digitaler Privatsphäre kollidiert mit der Manie, Rollläden und Vorhänge möglichst immer geschlossen zu halten.

Eine andere kuriose Finesse im Zusammenhang mit moderner Kommunikationstechnologie ist, dass beim Nennen einer Festnetztelefonnummer die Vorwahl grundsätzlich mitgeliefert wird, auch wenn allen Beteiligten vollkommen klar ist, dass die Ortskennzahl Barcelonas die 93 ist. Genau genommen handelt es sich obendrein um die Vorwahl der gesamten Provinz Barcelona, die sich fast bis zur französischen Grenze erstreckt.

So wenig man mit Ziffern geizt, so knauserig ist man mit Trinkgeld. Bei einer Tasse Kaffee hinterlassen nur wenige ein paar zusätzliche Cent, im Restaurant wird üblicherweise nur bis zum nächsten oder übernächsten Euro aufgerundet. Die mangelnde Spendierfreudigkeit einheimischer Passagiere dürfte auch der Grund dafür sein, dass Taxifahrer jeden verladenen Koffer mit einem Euro berechnen.

Der Grund für diesen Geiz mag in den anderen Situationen liegen, bei denen man zur Kasse gebeten wird. Der Ort, wo das Öffnen des Portemonnaies am meisten schmerzt, sind die Mautstellen der zahlungspflichtigen Autobahnen. Die sind tatsächlich nicht gerade preiswert, auf der Autopista del Garraf nach Sitges werden rekordverdächtige 50 Cent pro Kilometer fällig. Doch das Fass zum Überlaufen bringt die Ungerechtigkeit, dass in vielen dünn besiedelten und weniger entwickelten Regionen Spaniens erstklassige Autobahnen kostenlos und obendrein leer sind. 2012 trat der 55-jährige Josep Casadellà eine Welle sozialen Ungehorsams los: Er stoppte an eine Mautstelle der Autobahn 7 und verkündete dem verdutzten Kassierer: »Ich will nicht bezahlen.« Das auf YouTube veröffentlichte Video dieser Aktion machte schnell die Runde und provozierte sofort dutzende Nachahmer, die natürlich mit saftigen Geldstrafen belegt wurden. Die Bewegung brachte das Thema Autobahngebühren auf den politischen Diskussionsplan, blieb allerdings vorerst erfolglos.

In ganz Spanien gilt grundsätzlich, dass auch bei einer Heirat die Familiennamen niemals verändert werden. Die Gattin von Herrn Serra heißt also mit allergrößter Wahrscheinlichkeit nicht ebenfalls Serra, auch wenn der Zufall bei weit verbreiteten Namen solche Konstellationen durchaus hervorbringen kann. Gut zwei Prozent der Bewohner tragen den am häufigsten vertretenen Zunamen García.

Alle Spanier tragen zwei Familiennamen, nämlich zuerst den des Vaters und dann den der Mutter, in der Vollversion durch ein katalanisches »i« oder ein spanisches »y« verbunden. Firmieren also zwei vermeintliche Geschwister unter unterschiedlichen Zunamen, ergeben sich unzweideutige Rückschlüsse auf die Familienstruktur.

Im Alltag wird auf die Nennung des zweiten Zunamens meist verzichtet, es sei denn jemand möchte sich angesichts eines sehr verbreiteten ersten Namens unverwechselbar machen, so wie vor einigen Jahren der spanische Präsident Rodríguez Zapatero. Wer als mitteleuropäischer Zuwanderer die spanische Staatsbürgerschaft annimmt – was nach zehn Jahren im Land relativ problemlos möglich ist, auch wenn der Verwaltungsprozess drei bis vier Jahre dauert –, muss sich laut Gesetz dem geltenden Recht fügen und ebenfalls zwei Familiennamen tragen. Im Fall, dass die Mutter bei der Heirat den Nachnamen des Vaters angenommen hatte, heißt man dann automatisch und unumgänglich »Schmidt i Schmidt« oder »Wassermeier y Wassermeier«.

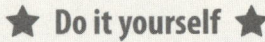 **★ Do it yourself ★**

Wie man eine Freundschaft effektiv beendet

Orte den wunden Punkt und attackiere die zentralen Quellen persönlichen Stolzes, und in wenigen Minuten ist die Freundschaft überwunden. Der sprichwörtliche stolze Spanier kommt nicht von ungefähr. Allerdings etikettiert der Begriff vor dem geistigen Auge eher den hochmütig stolzierenden Torrero, der gerade die uneingeschränkte Dominanz des Menschen über die Natur durch die ritualisierte Tötung eines Tieres demonstriert hat. Der gemeine Spanier dagegen tritt als kumpelhafter, umgänglicher und meist bescheidener Typ auf. Großspurigkeit provoziert Ablehnung und viele stellen ihr Licht eher unter den Scheffel, als die vermeintlichen eigenen Qualitäten zur Schau zu tragen. Fragt man Schüler oder Studenten, wie die gerade absolvierte Prüfung gelaufen ist, müssten achtzig Prozent durchgefallen sein. Auf den Faktor Stolz stößt man erst, wenn man ihn verletzt hat. Offene Kritik an essenziellen Punkten des Selbstwertgefühls kann einer Freundschaft den Todesstoß versetzen. Heikle Themen sind professionelle Fähigkeiten und die Familie, insbesondere Frau, Freundin oder die Nachkommenschaft.

Hamburger und Frankfurter, Brot und Wein
Geschmäcker sind eben verschieden

Zurück zum Männerabend jenes Mittwochs. Der Rest der Truppe trudelte nach und nach ein, die Verspätung war real, aber in einer verzeihbaren Größenordnung. Sekunden nach der Einnahme der Sitzplätze knallten schon die Speisekarten auf den Tisch und jeder durfte sich eine nehmen. Es wurde ausgiebig diskutiert, was man in diesem Restaurant unbedingt oder keinesfalls bestellen sollte, schließlich sind alle Experten und Feierabend-Micheline. Weißbrotscheiben und Oliven landeten auf dem Tisch und wurden in der Runde wohlwollend aufgenommen. Das Brot war trocken und frei jeder Art von Aroma, also goss ich ein paar Tropfen Olivenöl drauf.

»Nicht besonders das Brot, eh?«, fragte Jordi und ich gab einen ehrlichen Kommentar hinzu.

»Kennst du die Bäckerei an der xy-Straße?«, fragte Jordi. »Da gibt es ein super Bauernbrot, das musst du probieren!«

Tatsächlich folgte ich seinem Vorschlag ein paar Tage später. Das dicke runde Brot war zwar frisch, aber immer noch ausgesprochen fade. Jeder Franzose würde spanisches Weißbrot als Beleidigung des Gaumens auffassen, die hiesigen Zungen sind dagegen geschmackloses Brot aus Industriebäckereien gewohnt. Schließlich kaufen sie im *Súper* auch das schaumig-süße, in Plastik abgepackte Toastbrot der Marke Bimbo, das es auch mit maschinell entfernter Kruste gibt. Zwar bieten viele Bäckereien inzwischen auch Vollkorn- *(integral)* oder Mehrkornbrot *(de cereals)* an, manchmal sogar frei erfundene Kreationen namens *pa alemany* (»deutsches

Brot«), doch gutes Brot bleibt weiterhin eines der Dinge, die ich an der Heimat vermisse.

Ganz besonders schockierend ist darüber hinaus, dass die von ihrer wirklich exzellenten heimatlichen Küche verwöhnten Katalanen nebenbei eine ausgeprägte Vorliebe für Fast-Food an den Tag legen. Ich denke dabei weniger an McDonald's und Konsorten als an Hotdog-Buden, die Wiener Würstchen zusammen mit Ketchup und amerikanischem Senf in das minderwertigste nur denkbare Weißbrot quetschen. Üblicherweise wird diese Kombination *frankfurt* genannt und die Etablissements tragen oft die Namen mitteleuropäischer Städte, wie »Dortmund«, »Viena« oder »Munic«. Nebenbei bemerkt bezeichnet *hamburguesa* in der katalanischen Küche keinen vollständigen amerikanischen Hamburger mit Brot und Tomatenscheibe, sondern lediglich dessen Fleischanteil, sprich eine Frikadelle.

Zurück an die abendliche Tafel. Ein paar Sekunden nach der Erstverkostung des hauseigenen Weißbrotes baute sich schon wieder die Kellnerin neben dem Tisch auf, um Bestellungen entgegenzunehmen, erst mal nur die Getränke. Zwei bleiben beim Bier, der Rest setzt auf Wein.

»Such du den Wein aus!«, kommandiert mein Gegenüber, der mich wohl auf die Probe stellen will. Mal sehen ob der *guiri*, der »Ausländer«, was von Wein versteht. Ich überfliege die Liste der Rotweine, orientiere mich im mittleren Preissegment und ordere ohne mit der Wimper zu zucken einen Somontano. Das ist eine weniger bekannte Weinregion am Fuß der Pyrenäen in Aragón, gleich neben dem berühmten großen Bruder La Rioja. Test bestanden, ich habe weder einen Altbekannten noch den billigen Hauswein bestellt und dabei auch das Budget nicht überzogen. Das bringt gute Noten ein. Ein paar Tage zuvor hatte mir ein anderer Bekannter die Weine des Somontano ans Herz gelegt. Es lohnt sich eben, ein bisschen genauer zuzuhören, wenn ein echter Kenner seine Meinungen vertritt. Die kann man dann elegant kopieren.

Was sollte man bei der Weinbestellung noch beachten?

Wein bedeutet üblicherweise eine Flasche, zumindest wenn mehrere Weintrinker an einem Tisch sitzen. Einzelne Gläser bestellten bis vor Kurzem nur Pensionäre, die in den mageren Nachbürgerkriegsjahren aufgewachsen waren oder vom Hausarzt striktes Alkoholverbot auferlegt bekommen haben. In den letzten Jahren hat sich aber der Ausschank von Wein in Gläsern ausgebreitet, ich vermute aufgrund der immer strikter werdenden Alkoholkontrollen im Straßenverkehr.

Eine Grundregel, die man niemals verletzen sollte, wenn man keine verständnislosen Blicke auf sich ziehen will, lautet, dass Rotwein zu Fleisch und Weißwein zu Fisch und Meeresfrüchten gehören. Die Gepflogenheit entbehrt nicht einer gewissen Logik, denn tatsächlich harmonisieren die beiden Kombinationen besser. Außerdem würde der intensive Rotwein den eher zarten Geschmack des meisten Meeresgetieres überdecken. Natürlich gibt es auch ein paar Ausnahmen, eingelegte *anxoas* (also Anchovis) beispielsweise sind oft sehr salzig, und der Höhepunkt an intensivem Meeresaroma von Salz und Jod sind *garotes*, die schwarzen Seeigel der Felsküsten. Zartbesaitete können die Mineralkonzentration als ungenießbar empfinden, doch an den spanischen Küsten am Atlantik wie am Mittelmeer gelten sie als Delikatesse. Oft werden sie auch lebendig mit einem Schuss Zitronensaft verzehrt.

Nur äußerst selten wird ausländischer Wein bestellt oder gekauft, schließlich bildet der Traubensaft eine essentielle Achse der kulturellen Selbstidentifikation. Spanier sind überzeugt, dass ihr Wein weltweit der beste ist, genau wie Franzosen und Italiener. Ich würde der spanischen Aussage spontan beipflichten, vermute aber nach kurzem Nachdenken, dass die Bewohner jedes Landes einfach eine bestimmte Geschmackslinie gewohnt sind. Spanische Weine sind tendenziell fruchtiger und leichter als französische.

Natürlich variieren die Weine auch innerhalb des Landes stark von Region zu Region. Marktführer ist und bleibt vorerst La Rioja weiter im Norden. Doch das hohe Ansehen hat die Nachfrage in die Höhe getrieben und zu einer solchen Massenproduktion geführt, dass inzwischen jeder behauptet, er habe Tanklastwagen aus La Mancha und Valencia gesehen, die regionsfremden, minderwertigen Wein nach La Rioja karren, mit dem der distinguierte Traubensaft gepanscht wird.

In Spanien existieren Dutzende geschützte regionale Herkunftsbezeichnungen, die sich teilweise sogar geographisch überlappen. Besonders geschätzt werden die schweren Rotweine der Ribera del Duero und der Rueda aus Castilla y León. Bei den Weißweinen gehören Rías Baixas und Ribeiro aus Galizien und Txakolin aus dem Baskenland zu den populärsten. Sehr empfehlenswert erscheinen mir auch die aus Navarra, aber ich bin keineswegs ein Spezialist auf diesem Terrain.

Wer Weine aus der näheren Umgebung Barcelonas bevorzugt, kann bei Priorat nichts falsch machen, tendenziell sind die Weine aus der etwa 130 Kilometer südlich gelegenen Region aber etwas teurer. In den letzten Jahren konnte die Qualität katalanischer Weine ungemein gesteigert werden. Früher produzierten Regionen wie der Empordà oder die Terra Alta eher die billigen Hausweine der Restaurants, heute bieten sie oft ein exzellentes Preis-Geschmacks-Verhältnis.

Flaschen, auf deren Etikett die Zusätze »crianza« oder »reserva« prangen, enthalten Qualitätsweine, die über eine längere Zeit gereift sind. Als grobe Faustregel kann man davon ausgehen, dass ein roter Crianza mindestens 24 Monate gelagert wurde, ein weißer mindestens 18. Bei einem Reserva sind das 36 oder 24 Monate und bei einem Gran Reserva 60 beziehungsweise 46 Monate. Allerdings sind die Regelungen von Region zu Region unterschiedlich. Was in einer schon als Reserva durchgeht, ist in der anderen noch Crianza. Nur ein Teil der Reifezeit muss dabei in Holzfässern absolviert werden, dann kann der Wein in Stahlbehälter oder schon in die Flasche umgefüllt werden. Andere Faktoren bei der Kelterung werden nicht beachtet, ein wirkliches Qualitätsurteil stellt diese Klassifizierung also nicht automatisch dar. Den Gegenpol zu gealterten Weinen bildet der Vino joven oder *vi jove*. Seit der Traubenernte sind erst wenige Monate vergangen und der junge Wein ist der erste, der aus einem Jahrgang auf den Markt kommt. Solche Weine sind durchaus nicht schlecht, oft sogar sehr fruchtig, allerdings sollten sie möglichst innerhalb von sechs Monaten konsumiert werden.

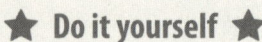

★ Do it yourself ★

Wo man noch gutes Brot bekommt

Auf dem Land kann es mitunter schwierig werden, doch in Barcelona lässt sich in allen Distrikten ordentliches Brot auftreiben, das am selben Abend noch genießbar und nicht vertrocknet oder weich wie ein Camembert geworden ist. Eine Reihe von Bäckern fasst den Beruf noch als Berufung auf und weigert sich, auf den alles überrollenden Zug der Industrialisierung aufzuspringen. Qualität hat natürlich ihren Preis und der ist nicht selten erschreckend hoch.

Ciutat Vella

▌ **Forn Boix** • Carrer Xuclà, 23 & Carrer Hospital, 20 • Raval • Metro: Liceu, L3
▌ **Forn Mistral** • Ronda Sant Antoni, 96 • Raval • Metro: Universitat, L2

Barceloneta

▌ **Baluard** • Carrer Baluard, 38 • Barceloneta • Metro: Barceloneta, L4

Gràcia

▌ **Forn Fortino** • Travessera de Gràcia, 145 • Metro: Fontana, L3
▌ **Forn Europa** • Carrer de Pare Laínez, 13 • Metro: Joanic, L4

Esquerra de l'Eixample

▌ **Forn Turris** • Carrer Aribau, 158 • Metro: Diagonal, L5
▌ **Crustó** • Carrer Valencia, 246 • Metro: Passeig de Gràcia, L3

Dreta de l'Eixample

▌ **Fleca Balmes** • Carrer de Balmes, 156 • Metro: Diagonal, L5
▌ **Forn de Pa Sarret** • Carrer Girona, 73 • Metro: Girona, L4

Sarrià & Sant Gervasi

▌ **L´Obrador del Molí** • Carrer de Manuel de Falla, 32 • Sarrià •
Metro: Hospital Clínic, L5
▌ **Classic Line, de Oriol Balaguer** • Carrer de Mateu Benet, 62 • Sarrià •
Metro: Maria Cristina, L3

Das Glück des Süchtigen

Alkohol- und Drogenkonsum

Im Jahr 1990 verbrachte ich, knapp über zwanzig Jahre alt, fast einen ganzen Sommer in Barcelona. Mein Hauptanliegen war natürlich, meine Sprachkenntnisse voranzutreiben, aber auch Spaß zu haben, Leute kennenzulernen und die Stadt zu entdecken. Eine Freundin überließ mir ihr Zimmer in einer Studenten-WG, denn sie verbrachte die Ferien im Haus ihrer Eltern in einer hundert Kilometer entfernten Kleinstadt. Die restlichen Mitbewohner taten das gleiche und ließen sich nur hin und wieder mal am Wochenende blicken, um sich in der Stadt die Nächte um die Ohren zu schlagen.

Ich war also weitestgehend allein in der Wohnung, sechs Metrostationen nordöstlich des Zentrums, direkt unterhalb der Avinguda Meridiana. Das war nicht gerade die attraktivste Gegend der Stadt, trotzdem verbrachte ich viele Tage einfach nur in der näheren Umgebung im Viertel. Um der heimischen Einsamkeit zu entgehen, tat ich das, was alle Barceloniner tun, wenn sie nicht allein sein wollen: Sie vertreiben ihre Zeit in den Bars, auf den Terrassen und den Plätzen. Ich fand schnell Anschluss. Einer der ersten neuen Bekannten hieß Pedro, er war etwa gleichaltrig, arbeitslos und lebte in der Wohnung seiner Eltern. Er trug lange Haare, Turnschuhe, Jeans und jeden Tag ein anderes schwarzes T-Shirt mit dem Schriftzug irgendeiner Rockband vom Schlage Guns N' Roses oder Scorpions. Für junge Männer war dieses Outfit der Standard, fast die gesamte Generation kleidete sich in dieser Uniform. Andere jugendliche Subkulturen waren seinerzeit kaum anzutreffen, man sah fast nie einen Punk oder Hippie und die Hip-Hop-Mode mit runterhängenden Hosen war noch weit davon entfernt, in Spanien einzutreffen.

Jeden Tag verbrachte Pedro Stunden auf der Terrasse der Bar fünfzig Meter von meiner Haustür entfernt. Er trank schon morgens Bier, verschwand ein paar Stunden zum Mittagessen bei Mami und trank nachmittags weiter. Aber er wurde niemals betrunken, denn er konsumierte langsam und hielt seinen Alkoholspiegel auf einem beständigen, aber relativ niedrigen Niveau. In regelmäßigen Abständen zauberte Pedro einen zerknüllten Tabakbeutel aus der Hosentasche, der aber keinen Tabak enthielt, sondern immer bis zum Rand mit Marihuana gefüllt war. Mit bewundernswertem Geschick rollte er mit einem einzigen großen Blatt Zigarettenpapier seinen Joint. Reines Gras, ohne Tabakzugabe, mit der abgebrochenen Spitze einer Marlboro als Filter. Er beherrschte sein Handwerk auch im Gehen und sogar einhändig. Schließlich erhob er sich, um in zwanzig Meter Entfernung von der Terrasse sein Tütchen zu rauchen, denn in einer Bar wurde der Konsum nicht geduldet.

Doch in seiner Generation gehörte Pedro zu den Gesündesten. Fast ohne Ausnahme rauchten seinerzeit alle Jugendlichen Marihuana. Ein nicht geringer Teil griff zu weit härterem Stoff. In den 80er-Jahren wurde Spanien von einer Heroinwelle überrollt, die ihresgleichen suchte. Ich kannte die nicht gerade kleinen Junkiegrüppchen vom Hamburger oder Frankfurter Hauptbahnhof, aber was ich in Barcelona zu sehen bekam, war schockierend. Die gesamte Jugend schien dem Rauschmittelkonsum verfallen und nicht wenige blieben auf der Strecke.

Was steckt denn hinter dem ständigen Alkoholkonsum?

Was ich seinerzeit beobachtete, war eine völlig andere Trinkkultur, als ich sie aus Deutschland kannte. Zu Hause waren Partys kurz und intensiv, aber kaum jemand trank beständig. Das taten meiner Anschauung nach nur Bauarbeiter und Obdachlose. Pedro war in Spanien aber keineswegs die Ausnahme, sondern die Regel. Alle Generationen legten und legen dieses Verhalten an den Tag. Ich brauchte Jahre, um mich an den Anblick zu gewöhnen, wie Pensionäre zum Frühstück ein oder zwei Carajillos verhaften. Das ist starker schwarzer Kaffee mit einem ordentlichen Schuss Hochprozentigem, meist Cognac oder Anisschnaps. Auf Katalanisch heißt das im Übrigen sehr probierenswerte Getränk *cigaló*, doch üblicherweise wird der spanische Ausdruck benutzt.

Oft wird der intensive Kaffeegeschmack dann im Lauf des Vormittags mit einem Glas Wein heruntergespült. Vor der Mittagszeit ist der *vermut* an der Reihe, traditionellerweise ein Likörchen, den viele aber durch ein Bier ersetzen. Das Mittagsmahl wird von Wein begleitet und mit einem Whiskey oder Cognac abgeschlossen. Auch das Abendessen wird mit einem alkoholischen Getränk eingeleitet, von Wein begleitet und so weiter. Besonders die ältere Generation folgt einem klar definierten Schema beim Alkoholkonsum; zu jeder Phase des Tages gehört ein bestimmtes Getränk. Bricht man aus diesem Schema aus, riskiert man ungläubige Blicke und die Frage: »Wie kannst du denn um diese Uhrzeit xy trinken?«

Spanier konsumieren auf diese Art und Weise eine Menge Alkohol, doch fast alle legen dabei Pedros Standfestigkeit an den Tag. Höchst selten trifft man auf Betrunkene, nicht mal auf Partys oder in Diskotheken. Man hält sich konstant auf einem bestimmten Niveau, bleibt kommunikativ und wird fast niemals aggressiv. In den U-Bahn-Stationen torkeln, sitzen oder liegen keine Volltrunkenen, so wie in deutschen Großstädten.

»*Fer el vermut*«

Bei Wermut fällt einem zuerst Martini ein, dann denkt man an James Bond, Porschefahrer und Blondinen in Stöckelschuhen. Was vor nicht allzu langer Zeit in Mitteleuropa als letzter Mode-Schrei vermarktet wurde, ist in Katalonien eine uralte Tradition. *El vermut* bezeichnet zum Einen die Stunden zwischen der Sonntagsmesse und dem Mittagessen, die nach jahrhundertealtem Brauchtum mit einem Likör und ein paar Oliven überbrückt werden wollten. Andererseits steht das Wort für billigen Wein, dessen unterdurchschnittlicher Geschmack durch Zugabe von Zucker und Aromen aufgepeppt wird. Die Veredelung von minderwertigem Wein hat in der Arbeiterklasse und bei der armen Landbevölkerung eine lange Tradition. Eine weit verbreitete Methode ist die Beigabe von kleinen Schnetzeln getrockneten Serrano-Schinkens.

Das Wermutkraut, auch bitterer Beifuß genannt, nach dem das Getränk benannt wurde, ist nichts anderes als eine in allen gemäßigten Klimaregionen vorkommende Pflanze, die seit Urzeiten als Aromastoff und Heilkraut verwendet wird. Doch das Getränk Wermut muss nicht unbedingt das gleichnamige Kraut enthalten. Jeder Hersteller hat sein eigenes Rezept. Grundsätzlich handelt es sich um gesüßten, weißen oder roten Wein, der mit Pflanzenaromen wie Walnuss, Rosmarin oder Thymian versetzt wird. Je nachdem, wo man sein Glas bestellt, schwimmen Eiswürfel, eine Olive oder eine Orangenscheibe an der Oberfläche. Manche schießen auch Mineralwasser aus dem Syphon hinzu und das Gebräu wird zum Erfrischungsgetränk.

In den vergangenen Jahrzehnten hat bei der jüngeren Generation das Bier den aromatisierten Likörwein ersetzt. In den meisten Kneipen wird der versüßte Fusel nur noch selten serviert, doch allmählich kommt das Getränk auch bei Jüngeren wieder in Mode.

Sogar beim Sónar (siehe Seite 265), dem Festival für elektronische Musik, das sich selbst als avantgardistisch versteht, gab es zuletzt einen auf Vermut spezialisierten Stand. Albert Adrià, der jüngere Bruder des Chefs des wiederholt zum weltbesten Restaurant gekürten Bulli in Roses an der Costa Brava, hat die Zeichen der Zeit erkannt und die Vermuteria Bodega 1900 eröffnet, rechtzeitig bevor der Vermut zum Hype wird.

Die ältere Generation dagegen trifft sich in den klassischen Weinhandlungen, den Bodegas, um ein Gläschen zu schlürfen, bevor sie sich ein paar Liter Wein aus dem Fass in eine recycelte Wasserflasche aus Plastik oder direkt in einen Fünf-Liter-Kanister abfüllen lassen. Der Besuch einer solch klassischen Bodega kann einem Zeitsprung in die Vergangenheit gleichkommen und ist dringend angeraten. Tafelwein zu einem Literpreis von oft weniger als zwei Euro aus einem 200-Liter-Fass direkt vom Erzeuger muss keineswegs schlecht sein, nur weil er in einen Kunststoffbehälter abgefüllt wird.

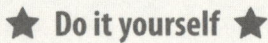

★ Do it yourself ★

Vermuteries und Bodegas

Einige Kneipen und Bodegas haben den klassischen Vermut wieder zum zentralen Gegenstand ihres Angebots erhoben, dazu bekommt man manchmal auch Tapas zu akzeptablen Preisen.

La Vermuteria del Tano: Mit primitivstem Mobiliar aber nachbarschaftlicher Herzlichkeit ist Tano eine der ursprünglichsten Bodegas der Stadt.

▌ Joan Blanques, 17 • Gràcia • Metro: Joanic, L4 oder Fontana, L3

Bodega E. Marín: Ebenfalls ein Urgestein, aber glücklicherweise abseits der ausgetretenen Touristenpfade.

▌ Carrer de Milà i Fontanals, 72 • Gràcia • Metro: Joanic, L4 oder Fontana, L3

Quimet & Quimet: Klassische, urige Bodega mit meist animierter Atmosphäre.

▌ Carrer del Poeta Cabanyes, 25 • Poble Sec • Metro: Paral·lel, L3

Casa Mariol: Produziert im Landkreis Terra Alta südlich von Barcelona ihren eigenen Wein und Wermut.

▌ Carrer Rosselló, 442 • Dreta de l'Eixample • Metro: Sagrada Familia L2, L5

El Xampanyet: Angesichts des gekachelten Interieurs wähnt man sich auf einer Zeitreise in die 50er-Jahre, es fehlen nur die zerknüllten Servietten und die Zigarettenkippen auf dem Fußboden. Allerdings ist die im Jahre 1929 eröffnete Bodega wegen ihrer Nähe zum Picasso Museum auch diejenige, die am meisten von Touristen heimgesucht wird.

▌ Carrer de Montcada, 22 • Born • Metro: Jaume I, L4

Bodega 1900: Direkt gegenüber ihrer erfolgreichen Tapas Bar Tickets haben die geschäftstüchtigen Gebrüder Adrià eine Bodega eröffnet. Beim Eintreten glaubt man, sich in eine geräumige Einbauküche verirrt zu haben.

▌ Carrer de Tamarit, 91 • Eixample de l'Esquerra • Metro: Poble Sec, L3

Ist der Drogenkonsum noch genauso verbreitet wie vor zwanzig Jahren?

Südländer sind sehr emotionale Menschen und deshalb wahrscheinlich besonders offen für Substanzen, die sie in euphorische Stimmung versetzen. Auch heute noch ist Rauschmittelkonsum weit verbreitet, obwohl die Heroinwelle längst abgeklungen ist. Hier und da entdeckt man einen Überlebenden dieser Generation, viele sind clean, aber zeigen die Narben der früheren Sucht. Einige wenige »drücken« immer noch, doch inzwischen sind andere Substanzen weitaus verbreiteter. Während der wirtschaftlichen Hochkonjunktur im ersten Jahrzehnt dieses Jahrhunderts breitete sich der Kokainkonsum in alle Gesellschaftsschichten aus. In den Toiletten des Parlaments in Madrid wurden Kokainspuren gefunden, ein Abgeordneter aus Málaga 2013 mit 28 Gramm in der Tasche festgenommen und eine Laboranalyse ergab, dass 94 Prozent aller im Umlauf befindlichen Geldscheine Spuren von Kokain aufweisen.

Da das Pulver aber vergleichsweise teuer ist, kommen auch noch etliche andere Substanzen zum Einsatz. Eine umfangreiche Grundwasseranalyse offenbarte 2012 eine präzise Stadtgeographie des Rauschmittelkonsums, die sich leicht mit der urbanen Sozialstruktur korrelieren lässt: Demnach wird im von Mittel- und Oberklassen dominierten Eixample am meisten Kokain konsumiert, während im Arbeiterviertel Poble Sec ein prägnanter Schwerpunkt des Gebrauchs von Ecstasy und Amphetaminen nachgewiesen wurde. Die größte Bandbreite verschiedenster Betäubungsmittel entdeckte man in den Quartieren der sozial Benachteiligten, etwa im Besòs an der nördlichen Stadtgrenze.

Marihuana ist nach wie vor weit verbreitet, denn es ist preiswert, leicht erhältlich und zumindest teilweise legal. Der Handel mit Gras ist verboten, der Konsum in der Öffentlichkeit ebenfalls, nicht aber in privater Umgebung. Ebenso darf man eine Pflanze zum privaten Konsum zu Hause anbauen. Mit geübtem Blick kann man auf Barcelonas Balkonen so einige liebevoll gepflegte Cannabispflanzen entdecken.

In der jüngsten Vergangenheit sind Marihuana-Clubs wie Pilze aus dem Boden geschossen. Man nutzt die Auslegungsmöglichkeiten der Gesetzgebung, um Pflanzen zu züchten und im Vereinsheim gemeinsam zu konsumieren. Der Vorteil liegt darin, dass nicht auf dem Schwarzmarkt eingekauft werden muss und die Qualität der Rauchware genauer kontrollierbar ist. Allerdings bewegt man sich in einer gesetzlichen Grauzone. 2012 wurde der Präsident des Dachverbandes der Rauchergemeinschaften wegen Drogenhandels festgenommen. Kurz darauf gelangte er aber wieder auf freien Fuß und die Anklage wurde fallen gelassen.

Barcelona zählt rund 400 solcher Clubs mit insgesamt etwa 165.000 Mitgliedern. Touristen haben allerdings keinen Zutritt, man muss registriertes Mitglied sein und einen Jahresbeitrag entrichten. Vor der Aufnahme benötigt man die Empfehlung eines anderen Vereinsangehörigen.

★ Do it yourself ★

Hash Marihuana Cáñamo & Hemp Museum – Das Hasch-Museum

Das kleine Museum beleuchtet alle Aspekte des indischen Hanfes, von der kultischen über die medizinische zur industriellen Nutzung. Es wurde als Ableger des Stammhauses in Amsterdam gegründet.

❚ 1.4.–27.10. 10–23 Uhr, sonst 10–21 Uhr • Erwachsene 9 €, Kinder frei • Carrer Ample, 35 • Born • Metro: Jaume I, L4 • Tel.: 933 197 539 • www.hempmuseumgallery.com/de

Guter Hunger kennt kein schlechtes Brot

Essen und essen gehen

Tina und Jürgen, den beiden altgedienten Rucksackreisenden, ist das »Budget«-Konzept der Lonely-Planet-Reiseführer geradezu in Fleisch und Blut übergegangen. Es geht darum, so sparsam wie möglich zu leben und die Ausgaben auf ein Minimum zu reduzieren. So kann man sich erlauben, zu den gleichen Kosten drei Monate unterwegs zu sein, anstatt den gesamten Haushalt in zwei Wochen zu verbraten. Diese klassische Hippie- oder Studentenphilosophie hat natürlich ihre Daseinsberechtigung, wenn mehr Zeit als Kleingeld zur Verfügung steht. Doch über das Studentenalter sind die beiden eigentlich längst hinaus und zu Hause haben sie sich ganz komfortabel und ohne übertriebene Sparsamkeit eingerichtet. Auf Reisen aber sind sie ihrem Stil treu geblieben.

Bei ihrem Besuch in Barcelona berichteten sie angeregt von ihrem ausgedehnten Vorjahrestrip durch Südspanien und Portugal. Dabei kam ans Tageslicht, dass sie sich traditions- und stilbewusst fast ausschließlich mit Obst und belegten Brötchen aus dem Supermarkt ernährt hatten, wenn sie nicht gerade in einem Hostal mit freier Küchenbenutzung untergekommen waren, wo sie Studentenrezepte kochen konnten.

Ich war geradezu empört, schließlich stellt das fremde, unbekannte Essen einen der Höhepunkte jeder Reise dar und sollte zentraler Forschungsgegenstand einer Auslandstour sein. Abgesehen von den Hochgenüssen, die einem die spanische und portugiesische Küchenkunst bescheren kann. »Habt ihr denn kein Leitão, das typische portugiesische Spanferkel, probiert? Oder Cataplana de marisco, gedünstete Meeresfrüchte??«

Sich einheimischer Kochkunst zu verschließen, ist einer der größten Fehler, die man auf Reisen begehen kann, doch in Wahrheit halten sich wohl die meisten ausländischen Besucher lieber an Wohlbekanntes. Das Ergebnis ist offensichtlich: In den touristische geprägten Zonen der Altstadt Barcelonas haben Pizza, Döner und Hamburger die alteingesessenen Restaurants in die Defensive gedrängt. Vielfach betreiben heute Chinesen und Pakistaner von Spaniern übernommene Gasthäuser einfach unter altem Namen weiter, sodass im Restaurant Alhambra nicht mehr *chuletón* und *bacallà* serviert werden, sondern nur noch die überall präsenten Stars der globalisierten Ernährungswelt.

Natürlich provozieren persönliche Aversionen gegen bestimmte Zutaten ein gewisses Misstrauen bei vielen Fremden. Schnecken, Schweinefüße und monströs anmutendes Meeresgetier sind nicht auf Anhieb jedermanns Sache, und es fällt schwer, seine eigenen Kulturgrenzen zu überwinden. Das gilt ganz besonders auf der Iberischen Halbinsel, wo man bis vor kurzem noch essen musste, was es gab, um satt zu werden, und wo die Vielfalt der Ingredienzen bedeutend weiter gespannt ist als in Mitteleuropa oder Nordamerika.

Dennoch beschloss ich, die verbleibenden Tage zu nutzen, um Tina und Jürgen einem Schnellkurs in katalanischer Küche zu unterwerfen. Unter der Bedingung, dass gewisse Tiere und Tierteile vom Speiseplan ausgeschlossen blieben, waren die beiden einverstanden.

Ich musste an meine ersten eigenen Erfahrungen mit äußerlich unattraktivem Getier in Iberien zurückdenken. Noch kein Jahr in Katalonien angekommen, schlugen mir Marina und Juan, genannt *el pollo*, »das Hühnchen«, einen Ausflug über ein verlängertes Wochenende zu Freunden nach Benicarló vor, einer zugegebenermaßen unattraktiven, aber angenehm normalen Küstenkleinstadt in der Provinz Castelló im Norden des País Valencià.

Frisch eingetroffen verstand ich mich auf Anhieb mit der herzerfrischenden Art unserer Gastgeber Laura und »Xapa«, eigentlich José Miguel. Außer dass er praktisch Tag und Nacht immer eine Ducados, eine der in vollständig weißem Papier eingerollten Zigaretten von kräftig stinkendem schwarzen Tabak zwischen den Lippen trug, wies eigentlich nichts darauf hin, dass der modern auftretende knapp 30-Jährige einer so traditionellen Berufung wie der des Fischers nachging. Ich war ebenso überrascht wie fasziniert und kurze Zeit später Feuer und Flamme, als er mir anbot, ihn bei einem normalen Arbeitstag hinaus aufs Meer zu begleiten. Offenbar traute er mir nicht zu, mich kurz vor halb vier, noch lange vor der Dämmerung, erheben zu können, doch er versprach, mich mitzunehmen.

Der vielleicht neun Meter lange, hölzerne, motorgetriebene Kutter namens María 2 war sein Eigentum. Xapa war der Chef, ein Kleinunternehmer, der einen jungen Rumänen als einzigen Gehilfen beschäftigte. Als der Kahn endlich vorbereitet war und die Leinen losgemacht wurden, zeigte sich schon der erste Silberstreif am Horizont weit hinter dem Meer, an diesem Morgen vollkommen unbewegt, flach wie ein Billardtisch. Draußen auf dem Wasser war es in der Frühe erstaunlich frisch, auch Mitte September. Natürlich hatte ich nicht die geringste Ahnung von der Fischerei und löcherte meinen Kapitän mit Fragen. Es ging heute allein um *pop* oder spanisch *pulpo*, den achtarmigen Kraken, auch einfach »Tintenfisch« genannt. Ich entdeckte weder Schleppnetze noch Angelhaken noch sonst etwas an Bord, was mir einen Hinweis auf die Fangmethode geben konnte. Aber Xapa erklärte dem ahnungslosen Ausländer, wie die begehrte Oktopusart vor den Küsten Valencias eingefahren wird:

Bereits ein paar Tage zuvor hatte er mit seinem Kutter eine bestimmte Route, nicht mehr als drei oder vier Kilometer vor der Küste abgefahren und *catúfols* ausgelegt, eine Reihe von tönernen Gefäßen, die man sich gut als langgestreckte Pflanzentöpfe vorstellen kann. Alle waren im Abstand von sechs oder acht Metern, mit einer einzigen Leine verbunden, auf dem Meeresboden ausgebreitet. Der Anfang des Taus war mit einer farbigen Schwimmboje gekennzeichnet, leicht zu identifizieren und mit einem Enterhaken aus dem Wasser zu fischen. Der rumänische Gehilfe begann, die Leine mit einer Seilwinde aufzurollen und zog einen Catúfol nach dem anderen aus dem Wasser. Hatte der Behälter die Bordkante erreicht, blickte er hinein, um festzustellen, ob sich darin ein Oktopus breitgemacht hatte.

Tatsächlich war nach ein paar Tagen am Meeresgrund mehr als jeder zweite Topf bewohnt. Am Boden trugen sie eine kleine Öffnung, genau wie ein Pflanzentopf. Der Gehilfe sprühte eine Flüssigkeit durch das Loch und im gleichen Moment fiel der Tintenfisch heraus, direkt in das auf Deck ausgebreitete Netz.

Mir blieb das Fangsystem trotz offensichtlichem Erfolg zunächst unverständlich und ich verlangte umfangreiche Erläuterungen. Dankenswerterweise war Xapa mit der Engelsgeduld eines Fischers, Jägers und Sammlers bereit, mir das System mit einfachen Worten zu erklären: »Kraken sind mit Abstand die intelligentesten Weichtiere, ungemein lernfähig. Du kannst sie mit Ratten vergleichen, die sind auch verdammt clever.«

»Landratte«, dachte ich in Bezug auf mich selbst und kam mir mehr als unbedarft vor.

Xapa hatte meinen gedanklichen Einwand nicht vernommen und fuhr fort: »Die Biester haben nur zwei Schwachpunkte: Sie wissen, dass sie nicht doof sind, und legen eine eitle Neugier an den Tag. Und zum anderen ziehen sie sich als Jäger gern ungestört in eine friedliche Höhle zurück, wenn sie gesättigt sind. Wir tun nichts anderes, als ihnen mit den Catúfols ihre Höhlen bereitzustellen, und wenn der Unterschlupf bewohnt ist, ziehen wir sie an Bord.

Sobald die Oktopusse merken, dass sich ihr neues Zuhause in Bewegung setzt, krallen sie sich mit der Macht ihrer acht kräftigen

Beine an den Wänden fest, erst recht, wenn sie aus dem Wasser gezogen werden. Niemals würdest du einen panischen Tintenfisch aus seiner Höhle zerren können, aber dafür haben die Catúfols diese kleine Öffnung am Boden. Wir sprühen ihnen *lleixiu*, also Natronbleichlauge auf den Kopf. Das brennt ein bisschen und vor Schreck lassen sie los und fallen ins Netz.«

An Bord des Kutters ersticken die Tiere natürlich erbärmlich, während sie noch eine Weile zucken. Das Schauspiel erschien mir mehr als bemitleidenswert, doch Xapa, ein aufmerksamer Beobachter, rückte mein Denken zurecht: »Wenn du konsequenter Vegetarier bist, kann ich verstehen, dass du dich elend fühlst, wenn du siehst, wie freie Tiere elend in der Sonne verrecken. Wenn du aber ein stillschweigender Fleischfresser bist, solltest du eher die Klappe halten. Diese Tiere haben wenigstens ihr Leben in freier Natur verbracht, nicht eingepfercht als industrielles Schlachtvieh wie dein Brathühnchen oder dein Hamburger. Wir sind einfach nur ihr natürlicher Feind, genau wie es Haie sind. Und die benehmen sich auch nicht gerade rücksichtsvoll.«

Die darwinistische Argumentation erschien mir trotz allen Mitleids rundum plausibel. Wir fingen tatsächlich Wildtiere an jenem Tag, mehr als hundert. Die Erklärung erinnerte mich an die Diskussion um die Opfertiere im Stierkampf. Am Ende eines relativ freien Lebens auf saftigen Weiden in einem schauspielerischen Ritual erlegt zu werden, ist wahrscheinlich lebenswerter als von vornherein als Kanonenfutter geboren, eingepfercht und gemästet zu werden.

Wir kehrten kurz vor der Stichstunde von drei Uhr nachmittags in den Hafen zurück, denn wer eine Minute nach Torschluss anlegt, darf seinen Fang nicht mehr auf der großen Versteigerung verkaufen. In der Llotja, der Auktionshalle, wurde der Tageserwerb kistenweise meistbietend an Großhändler verhökert. Unsere hundert Kraken wurden mit Eiswürfeln bedeckt, in einen LKW nach Madrid verladen, wo sie wahrscheinlich am nächsten Morgen auf einem lokalen Markt oder in einer Fischhandlung präsentabel in Szene gesetzt wurden. Es tat mir im Herzen weh, ich hatte binnen sieben Stunden eine tiefe Zuneigung zu Tintenfischen entwickelt. Xapa sagte, er liebe und respektiere sie gleichermaßen als lebendige Geschöpfe wie in Knoblauchtunke, und das war sicher nicht ironisch gemeint.

In jedem Fall war der Tag ein Erlebnis. Instinktiv freute ich mich auf Tintenfisch zum Abendessen. Doch Xapa hatte keineswegs ein Prachtexemplar der heutigen Jagd zur Seite gelegt. Zur Feier des Tages gab es Beifang *a la planxa*, Gebratene, unverkäufliche Meeresfrüchte. Von verfeindeten Arten angefressene, entstellte, unansehnliche Reste. Alles, was ästhetisch akzeptabel ist, geht für Euros weg, oder damals noch für Peseten. Für zu Hause bleibt der Abfall. Wir aßen *galeres*, zu Deutsch »Heuschreckenkrebse«. Äußerlich Garnelen ähnlich, aber nur sehr schwer zu essen und inzwischen unverkäuflich. Die Biester lassen sich nicht einfach auseinanderpulen, sie haben zähe Widerhaken im Inneren, und auch die Fischerfamilie zog sich blutende Wunden am Gaumen zu, beim Versuch, die gegarten, und definitiv leckeren Bestien mit inneren Stacheln irgendwie zu konsumieren.

Trotzdestonichts, ich war begeistert von meinem ersten Besuch im Pais Valencià. *Bona gent*, sagt man hier. »Gute Leute«, mit dem Herz am richtigen Fleck. Und hätte ich nicht zwei Katzen, würde ich mir vielleicht Tintenfische halten.

Ist die katalanische Küche wesentlich anders als die spanische?

Eigentlich ist diese Frage schon von vornherein falsch gestellt. Spanische Küche sollte man eher als die Summe verschiedener regionaler Kochtraditionen auffassen, die sich gegenseitig in die Töpfe geguckt und kopiert oder zumindest beeinflusst haben. Ein Blick auf die spanische Landkarte macht schnell deutlich, dass das Mosaik unterschiedlicher Landschaften und Klimabedingungen bedeutend weiter gefächert ist als im vergleichsweise einheitlichen Mitteleuropa. Vom regnerischen, atlantischen Norden der Iberischen Halbinsel zieht sich das Spektrum über etliche Gebirgsketten, die trockenen und im Winter eisigen Steppen der zentralen Hochebenen zu den milden Küsten des Mittelmeers und bis zu wüstenhaften Regionen im Süden. Obendrein gestaltet sich die Ökologie der beiden großen Meere höchst unterschiedlich. Die Mannigfaltigkeit der Naturregionen spiegelt sich natürlich in den Kochtöpfen wieder, denn die Verfügbarkeit der Zutaten war bis vor kurzem zumindest noch lokal begrenzt. Während im Landesinneren noch heute Schwein, Lamm und Hülsenfrüchte die Ernährungsgrundlage bilden, können die Küstenzonen eine bedeutend breitere Spanne von Fisch, Meeresfrüchten, Obst und Gemüsen hinzuaddieren.

In der modernen Welt haben sich einst deutliche Grenzen natürlich verwischt, man sagt nicht von Ungefähr, dass der beste spanische Fisch in Madrid zu kaufen ist, hunderte Kilometer entfernt von den Küsten. Dementsprechend unterliegt auch die katalanische Küche neuen Einflüssen. Doch Traditionsbewusstsein und enger Familienzusammenhalt bewirken genau wie in den anderen Regionen, dass gewisse Eigenheiten erhalten bleiben.

Was macht die spezifisch katalanische Kochkunst aus?

Betrachtet man die Umweltbedingungen, kristallisiert sich schnell heraus, dass Katalonien und die Region Valencia die privilegiertesten auf der iberischen Halbinsel darstellen. Mildes Klima, ausreichende Niederschläge, vielgestaltige Topographie und der Artenreichtum des Mittelmeers sorgen für ein extrem breites Spektrum an Nahrungsmitteln von Meerestieren, Fleisch, Gemüse und Obst. Zu dieser Vielfalt gesellen sich die beiden Eckpfeiler der mediterranen Küche, Olivenöl und Wein. Butter, Schmalz oder Pflanzenöle werden zum Kochen und Braten allseits verschmäht, nur beim Frittieren kommt Sonnenblumenöl zum Einsatz.

Tendenziell sind die Zubereitungsverfahren eher bäuerlich-simpel, man könnte behaupten, dass das Prinzip Slow-Food schon immer zum Alltag gehörte. Soßen kommen selten zum Einsatz, das eigentliche Aroma der Zutaten bleibt erhalten. Salate werden traditionell nur mit Öl, Salz und ein wenig Essig angerichtet, Kräuter kommen kaum zum Zuge. Erst in jüngster Zeit versuchen sich Köche, mit Dressings nach französischem Vorbild zu profilieren, besonders Senf und Honig sind als Zutaten in Mode.

Dem aufmerksamen Beobachter wird nicht entgehen, dass beim generell immer warmen Mittag- und Abendessen auch Brot auf den Tisch kommt. Diese Tradition geht auf magere historische Epochen zurück, in denen nicht genug Fleisch und Gemüse da war, um alle Esser am Tisch zu sättigen. Sparsamkeit war fast immer angezeigt, und Lebensmittel wegzuwerfen, konnte sich kaum jemand leisten. Vertrocknetes Brot wurde zu Paniermehl verarbeitet und in Zentral- und Südspanien sogar zu einem eigenen, in Katalonien weniger verbreiteten Gericht, den Migas, Brotkrumen, die mit Öl, Fleisch, Gemüse und manchmal auch Fisch noch mal genießbar gemacht werden – ein klassisches Arme-Leute-Essen also.

Nichts anderes war das, was heute gewissermaßen das nationale Symbol der katalanischen Esskultur darstellt: Pa amb tomàquet. Überreife Tomaten wurden als Brotaufstrich ausgequetscht und mit einem Schuss Olivenöl und etwas Salz schmackhaft abgerundet. So werden in den Bars Barcelonas üblicherweise auch die Bocates, spanisch Bocadillos, die mit Käse, Wurst oder Schinken belegten Stullen zubereitet. Wird das Brot geröstet als Torrada serviert, reibt man es vor der Tomate gern noch mit frischem Knoblauch ein.

Hervorragend begleiten lässt sich das Tomatenbrot mit einem breiten Spektrum sehr schmackhafter in Katalonien produzierter Rohwurstwaren wie der Hartwurst Llonganissa oder *xoriç*, im Ausland unter dem spanischen Namen Chorizo bekannt. Man sollte sich nicht von der intensiv roten Farbe abschrecken lassen, sie wird nicht durch künstliche Farbstoffe, sondern durch Paprikapulver erzeugt. Der luftgetrocknete Pernil serrà oder Jamón serrano hat sich als Alternative zum italienischen Parmaschinken bereits als Exportschlager etabliert. Als absolute Delikatesse werden für den südspanischen Jamón ibérico enorme Preise verlangt. Trotz des außerordentlich hohen Fettgehalts ordnet ihn die Ernährungswissenschaft als gesundheitsförderndes Lebensmittel ein, denn die mit Eicheln gefütterten Schweine entwickeln cholesterinsenkende Substanzen.

Weit weniger bekannt sind die teils hervorragenden regionalen Käse. Wie die gesamte lokale Küche sind sie einfach und bodenständig, ohne die Raffinesse und den Erfindungsgeist etwa der französischen Nachbarn. Wurst, Schinken und Käse ist gemeinsam, dass die Qualität mit dem Preis erheblich steigt. Keinesfalls sollte man luftdicht abgepackte Industrieware im Supermarkt kaufen, sondern eine Fleischerei, Käsehandlung oder einen Marktstand ansteuern und ein bisschen mehr investieren. Bei ernsthaftem Kaufinteresse wird man dort auch gern ein Scheibchen probieren dürfen.

Zur bodenständigen bäuerlichen Küche gehört natürlich *carn a la brasa*, »Fleisch vom Holzkohlegrill«, ebenso unspektakulär wie weithin beliebt. Meist handelt es sich um Bratwurst und verschiedene Schnitte von Huhn, Schwein, Rind oder Lamm. Die klassische Botifarra ähnelt sehr stark der altbekannten Bratwurst, allerdings gibt es eine immense Zahl von Varianten, die beispielsweise mit Blut, Zwiebeln oder Ei verfeinert oder vorgekocht werden. Dazu wird meistens Allioli serviert, eine kalte Emulsion aus Olivenöl, Salz und frischem Knoblauch, die man in leicht abgewandelter Form auch in Frankreich, Italien und Nordafrika kennt. Hausgemachte Alliolis können sehr knoblauchintensiv sein, industriell hergestellte passen sich dem Durchschnittsgeschmack an.

Ein sehr bodenständiges und geradezu mitteleuropäisches Gericht ist *escudella i carn d'olla*. Kalorienreich und wärmend gehört es tendenziell in die Wintermonate und wird daheim sehr oft zu Weihnachten aufgetischt. Der erste Teller ist eine einfache Suppe, dem französischen Bouillon nicht unähnlich. Im zweiten Gang kommen das Fleisch und das Gemüse, mit dem die Suppe gekocht wurde. Dazu gehören ein Hühnchenschenkel, ein Stück Ochsenschwanz, ein großes Hackbällchen, Blutwurst und Karotte, Porree und Kohl.

Auch Fisch wird normalerweise auf einfachste Art und Weise zubereitet, *a la planxa* – mit wenig Öl in einer Pfanne oder auf einem Blech gegart – oder *al forn* – im Ofen gebacken, selten auch gegrillt. Besonders vielfältige Zubereitungsformen hat der *bacallà*, der »Kabeljau« oder »Dorsch«, hervorgebracht. Früher war er unter den Oberschichten als Fisch der Armen verachtet, heute gilt er überall als Delikatesse. Die Überfischung der Meere lässt seinen Preis stetig steigen; vermutlich wird sich das gesellschaftliche Klassenverhältnis zum *bacallà* irgendwann umkehren.

Ein Rundgang über den Markt macht deutlich, welche Artenvielfalt von Fischen in der regionalen Küche verwandt wird. Wahrscheinlich wird der Blick unter anderem am *rap* haften bleiben, einem ausgesprochen missgestalteten Geschöpf, das seinen deutschen Namen »Seeteufel« wohl nicht zu Unrecht verpasst bekam. Im Lauf der Zubereitung verliert er aber seinen ästhetischen Nachteil und gibt mit seiner zarten, leicht gelatinösen Textur ein exzellentes Fischgericht ab. Wer trockeneren Fisch bevorzugt, ist mit dem seit jeher hochgeachteten Thunfisch *(tonyina)* oder einem Schwertfischfilet *(peix espasa)* bestens bedient.

Liebhaber von Meeresfrüchten kommen ebenfalls auf ihre Kosten: Die populären *gambes* (»Krabben«), *escarmalans* (»Kaisergranate«) und *llagostes* (»Langusten«) trifft man vielerorts an, Hummer (*llamàntol* oder spanisch *bogavante*) dagegen vergleichsweise selten. Auch Muschelarten gehören in großer Zahl zur katalanischen Küche, nicht nur die allseits bekannten Miesmuscheln (*musclos* oder *mejillones*).

Die Dualität von Gebirge und Meer findet sich in vielen Gerichten reflektiert, die *mar i muntanya* (»Fisch und Fleisch«) miteinander verbinden. Weit verbreitet sind beispielsweise *pollastre amb llagosta*, also Hühnchen mit Langusten, oder die Reispfanne *arròs mar i muntanya*. Dabei kann die Fleischeinlage aus allem möglichen bestehen, von Schweinefleisch über Wild zu Wurst. Überhaupt sind Reispfannen weit verbreitet, nicht nur die klassische Paella Valenciana. Reis wird in großem Stil im Delta des Ebre angebaut, keine zwei Autostunden südlich von Barcelona, und ist somit gewissermaßen eine einheimische Pflanze. Typische Zubereitungsformen sind *arròs a la cassola* mit Hühnchen, Kaninchen und Schweinefleisch oder *arròs negre*, der mit der Tinte des Calamars schwarz gefärbt wird. *Cargols* (»Schnecken«) spielen in der binnenländischen Küche eine wichtige Rolle, ebenso wie Wildschwein *(cenglar)* oder Wachteln *(guatlles)*.

Tapas

Der spanische Exportschlager der letzten Jahre hat sich zu einem der zentralen Attribute der Marke Spanien gemausert und sich hinter Pizza, Döner und Hamburgern einen Platz in der ersten Liga der globalisierten Ernährungsgewohnheiten gesichert. Dabei ist die Tapa als kulinarische Kunstform ein noch sehr junges Phänomen, dessen Ursprünge aber wohl bis ins Mittelalter zurückreichen, wo sich die Gewohnheit entwickelte, ein bestelltes Getränk mit einem kostenlosen Happen Essbarem zu begleiten. Das war normalerweise nicht mehr als eine Scheibe Schinken oder ein Schälchen Oliven, so wie es auch heute noch in den meisten »normalen« Bars üblich ist. Man vermutet, der Begriff *tapa* (»Deckel«) bezog sich darauf, dass das Getränkeglas mit dem kleinen Teller zugedeckt wurde.

Erst in der zweiten Hälfte des 20. Jahrhunderts wurden die Tapas, katalanisch *tapes*, allmählich kulinarisch verfeinert, und besonders in Andalusien und dem Baskenland verbreitete sich die Gewohnheit, von Bar zu Bar zu tingeln und mit jedem Gläschen einen Snack zu sich zu nehmen. Während sich der Brauch des *tapeo* in ganz Spanien verbreitete, boten die Kneipen immer vielfältigere und komplexere Kreationen an, einige rückten die Häppchen gar ins Zentrum ihres gastronomischen Konzeptes. Irgendwann war der Punkt erreicht, wo die Tapa nicht mehr als Geschenk zum Umtrunk hinzukam, sondern separat bezahlt werden wollte – die Geburtsstunde der Tapas-Bar. Im aktuellen Jahrtausend wurde das Konzept von namhaften Meisterköchen aufgegriffen und weiterentwickelt. Auch die baskische Tradition des Montadito, einer kleinen Scheibe Brot mit raffinierter Auflage, ist inzwischen im ganzen Land anzutreffen. Oft funktioniert das System so, dass man sich am Tresen selbst bedient. In jedem Brot stecken ein oder mehrere Zahnstocher, am Ende wird der Gesamtpreis auf der Basis der gesammelten Hölzchen errechnet.

Entgegen im Ausland weit verbreiteter Meinungen ist ein Tapas-Abend *(tapeo)* zwar eine höchst unterhaltsame, aber keine wirklich preiswerte Angelegenheit. Wer sich satt essen will, kommt im Restaurant normalerweise besser weg. Für den ortsfremden Besucher aber bietet sich die großartige Möglichkeit, die ganze Bandbreite spanischer Kochkunst zu probieren. Schade, dass es noch keine japanischen, indischen oder mexikanischen Tapas-Bars gibt.

★ **Do it yourself** ★

Tapeo in Barcelona

Den gesamten Abend in einem einzigen Etablissement zu verbringen, ist kein wirklicher Tapeo, denn eigentlich geht es darum, möglichst viele verschiedene Leute zu treffen und Smalltalk zu halten. Für den

Reisenden liegen die Chancen, auf Bekannte zu stoßen, natürlich etwas niedriger, aber Fremde zu beobachten, kann beinahe genauso unterhaltsam sein. Entscheidend für einen erfolgreichen Streifzug ist also, dass sich viele Bars in geringer Entfernung konzentriert finden. Natürlich findet man Tapas-Bars in der ganzen Stadt, womit ein eigener Reiseführer gefüllt werden könnte. Eine klassische Tapas-Zone, der Born, ist inzwischen fast vollkommen vom Tourismus überrannt. Im Raval, im Barri Gòtic, der Gegend um die Ronda Sant Antoni, in Sants und im Eixample kann man genauso gut auf Tapeo gehen, aus Platzgründen beschränke ich mich aber auf nur zwei Zonen.

Poble Sec

Vom Fremdenverkehr noch weitgehend unberührt ist das zentrumsnahe Arbeiterviertel Poble Sec: die ideale Umgebung für die Kombination Spaziergang, Umtrunk und feste Nahrung, auch wenn Gaudí, Picasso und Miró hier keine Spuren hinterlassen haben und keine architektonischen Meisterleistungen zu bewundern sind. Start- und Endpunkt ist der Metro-Bahnhof Paral·lel, der Rundweg summiert keine 1,5 Kilometer. Abgesehen von den hier zitierten Etablissements, lassen sich noch jede Menge mehr im Viertel entdecken.

▌ **Quimet i Quimet** • Carrer Poeta Cabanyes, 25 • www.facebook.com/pages/Quimet-y-Quimet/177424185646006

▌ **Blai Tonight** • Carrer Blai, 23 • www.facebook.com/pages/Taberna-Blai-Tonight/131371283611605

▌ **El 36** • Carrer de Margarit, 36

▌ **Cervecería Jazz** • Carrer de Margarit, 43 • www.cerveceriajazz.com

▌ **Celler Can Mariano** • Carrer de Margarit, 54 • www.calmarino.com

▌ **La Tomaquera** • Carrer de Margarit, 58

▌ **El Seco** • Passeig de Montjuïc, 74 • www.bar-seco.com

▌ **Gran Bodega Saltó** • Carrer Blesa, 36 • www.bodegasalto.net

▌ **Blai 9** • Carrer Blai, 9 • www.blai9.com

Wer rechtzeitig eine Reservierung über die Website eingeholt hat, kann auch der obersten Güteklasse der Tapas-Liga einen Besuch abstatten. Die Gebrüder Adrià sind Medienstars seit ihr Restaurant Bulli in Roses mehrfach zum besten der Welt gekürt wurde. Auf der Basis dieses Ruhms haben sie sich in Barcelona ein kleines Imperium aus mexikanischen und japanischen Restaurants und eben der Tickets Bar aufgebaut. Eine Tapa geht hier allerdings zum Preis eines Mittagsmenüs über den Tresen.

▎ **Tickets** • Avinguda Paral·lel, 164 • www.ticketsbar.es

La Barceloneta

Obwohl reichlich vom Touristenstrom heimgesucht, ist die Barceloneta nach Einbruch der Dunkelheit immer noch eine Gegend, wo man sich mit der Zeitmaschine 30 Jahre zurückversetzt fühlen kann. Für einige der hier vorgeschlagenen, teils leicht anrüchigen und primitiven Spelunken gilt das insbesondere. Namen wie La Cova Fumada – »die verrauchte Höhle« – sprechen für sich, auch wenn inzwischen Nikotinverbot herrscht. Über solchen Etablissements schwebt beständig das Damoklesschwert der Modernisierung oder des endgültigen Feierabends. Die Route beginnt und endet am Metro-Bahnhof Barceloneta und ist ein klein wenig mehr als 1,5 Kilometer lang.

▎ **Cervecería el Vaso de oro** • Carrer de Balboa, 6 • www.vasodeoro.com
▎ **La Bombeta** • Carrer de la Maquinista, 3
▎ **La Cova Fumada** • Carrer de Baluard, 56
▎ **Can Paixano** • Carrer Reina Cristina, 7 • www.canpaixano.com
▎ **Cal Papi** • Carrer de l'Atlàntida, 65 • www.calpapi.com
▎ **Absenta** • Carrrer Sant Carles, 36 • www.absentabar.es
▎ **Cal Paco** • Carrer Andrea Dòria, 39
▎ **Bar Piñol** • Carrer Andrea Dòria, 28

Top Ten: Welche katalanischen Gerichte man unbedingt probieren sollte

Einfachere Restaurants servieren auch *plats combinats*, also einen einzigen Teller, der wie in Mitteleuropa Fisch oder Fleisch mit Beilagen trägt, aber das traditionelle Mittag- wie Abendessen besteht aus zwei Gängen plus Dessert. Die beiden nacheinander servierten Teller sind mengenmäßig etwa gleichwertig, der erste geht eher in Richtung Nudeln, Salat oder Gemüse, während der zweite Fisch oder Fleisch bringt. Bestellt man ein Menü, bekommt man für jeden Gang fünf oder mehr Gerichte zur freien Auswahl. Das Dessert ist üblicherweise im Festpreis eingeschlossen, Getränke und Kaffee zum Abschluss dagegen eher selten. Bestellt man Wasser, dann ist damit eine Flasche kohlensäurefreies Mineralwasser gemeint, wenn man nicht auf *aigua amb gas* besteht.

Die zugegebenermaßen subjektive Liste, welche zehn Gerichte unbedingt probierenswert sind, enthält jeweils fünf Spezialitäten der katalanischen Küche, die normalerweise als erster oder zweiter Teller angeboten werden. Die Listung erfolgt in alphabetischer Reihenfolge. Natürlich bieten viele Restaurants auch Gaumenfreuden aus anderen Regionen Spaniens, die genauso einen Versuch wert sind.

Primer – Erster Gang

1. Empedrat

Kalter Salat auf der Basis von Saubohnen und Kabeljau, die übrigen Zutaten entscheidet der Küchenchef.

2. Ensalada catalana

Ein einfacher Salat auf der Basis von Feldsalat, Tomaten, Zwiebeln und Oliven in Kombination mit einer Auswahl heimischer Wurstspezialitäten.

3. Escalivada

Im Ofen gebackenes, aber kalt serviertes Gemüse, das mit Salz und Olivenöl angerichtet wird. Ebenso simpel wie effizient. Übliche Zutaten sind rote Paprika, Zwiebeln und Auberginen.

4. Esqueixada

Meist sehr klein geschnittener Salat mit Paprika, Zwiebeln, Kabeljau und schwarzen Oliven.

5. Fideuà

Eine Nudelpaella mit leichtem Fischgeschmack, meist mit ein paar Muscheln oder Meeresfrüchten garniert.

Segon – Zweiter Gang

6. Ànec amb peres

»Ente mit Birnen« ist eine sehr vielversprechende Kombination, die allerdings etliche Stunden Zubereitung verlangt. Je nach Zuckergehalt der Birnen kann das Ergebnis mehr oder weniger süß ausfallen.

7. Bacallà

Obwohl der Kabeljau im Mittelmeer gar nicht heimisch ist, konnte er sich, über das Baskenland importiert, zu einem zentralen Grundstoff der katalanischen Küche entwickeln. Die Vielfalt der Zubereitungsformen des entgräteten Fischs ist schier grenzenlos und in jedem Fall probierenswert. Eine vielerorts erhältliche und rundum empfehlenswerte Variante ist Brandada, der gestampfte Fisch zu einer trockenen aber dennoch cremigen Masse verarbeitet. Treffendere Beschreibungen sind nach der Verkostung gern willkommen.

8. Fricandó

Sehr fein geschnittene Rindfleischscheiben in Soße, manchmal auch mit Pilzen. Von den Zutaten eng mit der unten genannten *vedella amb bolets* verwandt, aber in der Zubereitung deutlich aufwendiger.

9. Suquet de peix

Traditioneller Eintopf der Fischer, die unverkäufliche Fischarten, unansehnliche Exemplare oder nicht essbare Abschnitte zu einer geschmacksintensiven Suppe auskochten, die sie mit Kartoffeln und manchmal auch Gemüse anreicherten.

10. Vedella amb bolets

Zartes Rindfleisch in brauner Soße mit verschiedenen Pilzen, die in Mitteleuropa wohl nur Fachleuten ein Begriff sind, zum Beispiel *rovellons* (»weinrote Kiefern-Reizker«), *girgoles* (»braune Kräuter-Seitlinge«) oder *moixerons* (»Mairitterlinge«).

Barcelona für Vegetarier

Auch wenn Fleisch und Fisch nicht aus der katalanischen Küche wegzudenken sind, wird man in den meisten Restaurants Möglichkeiten finden, sich tierfrei zu ernähren. Einige schmücken sich auch mit dem Titel »vegetarierfreundlich« und bieten fleischlose Gerichte an. Daneben verteilen sich knapp dreißig vegetarische und vegane Restaurants im Stadtgebiet, die in einer viersprachigen, vom Rathaus herausgegebenen Broschüre gelistet werden. Man kann sie auch als PDF-Datei herunterladen, indem man die städtische Website http://ajuntament.barcelona.cat/ca ansteuert und in der englischen Version die Suchbegriffe *»vegetarian restaurants«* eingibt.

Auf die Ohren

Freitagabend. Nach einem intensiven Tag in der Stadt saßen Tina und Jürgen eine Weile ziemlich platt in der Küche herum. Es dauerte einige Zeit, bis bei Tina die Lebensgeister zurückkehrten. »Heute beginnt das Wochenende, da ist doch bestimmt so einiges los in der Stadt. Wir sollten heute Abend noch was unternehmen!«

Jürgen knurrte wenig begeistert zurück: »Ich bin ziemlich hinüber. Morgen ist Samstag, da ist wahrscheinlich noch mehr los.«

Plötzlich kam Tinas leicht aufbrausender Charakter durch und sie fauchte: »Aber jetzt sind wir hier, was wir verpassen, können wir frühestens in einem Jahr nachholen. Wenn überhaupt!«

Jürgen atmete tief durch. Für eine Konfrontation hatte er genauso wenig Energiereserven wie für eine lange Nacht auf der Piste. »Vielleicht findet ja heute irgendein Konzert statt. Oder es gibt einen Club mit Livemusik ...«, tönte er immer noch ziemlich blutarm. Ich schlug ihm vor, bei Time Out nachzuschlagen, einem der vielen Veranstaltungskalender, die man im Internet konsultieren kann (siehe Seite 214).

Jürgen klickte sich eine Weile wortlos durchs Netz, dann begann er, inzwischen unter voller Konzentration, vor sich hinzumurmeln, bis es aus ihm herausbrach: »Mann, hier ist ja richtig was los! Und in allen Musikrichtungen; ich hätte nie gedacht, dass es in Barcelona Jazz-Clubs gibt!« Er hatte sich wohl vorgestellt, dass sich hier alles um spanischen Pop, Rock oder Folklore drehen musste. Mit wiedererwachtem Eifer griff Jürgen ein Bier aus dem Kühlschrank, nahm Stift und Zettel und kritzelte in Hochgeschwindigkeit alles auf, was ihm attraktiv erschien. Die Liste, die er wenig später euphorisch zitierte, war nicht eben kurz. Wir durften uns auf eine lange Nacht gefasst machen ...

Welche musikalischen Richtungen kann man denn in Barcelona live zu hören bekommen?

Wer die Musikwelt von internationaler Bedeutung nur in Großbritannien und den vereinigten Staaten verortet, ist wohl mental noch in den 70er-Jahren gefangen. Die Globalisierung hat auch vor der Tonkunst nicht haltgemacht und alle Musikrichtungen bis fast in die letzten Winkel des Erdballs getragen. Dass die meisten international bekannten Künstler weiterhin aus den ursprünglichen Zentren des musikalischen Globus stammen, liegt zum einen an der dominierenden Marktposition der Vertriebskonzerne und zum anderen daran, dass die englische Sprache als zentrales Botschafts-Vehikel nur selten gut genug beherrscht wird, um eine Band oder einen Solisten auf internationaler Ebene zum Erfolg zu führen. Wenn das Liedgut in Sprachen wie Lingala oder Tagalog vorgetragen wird, besteht keine Chance auf eine länderübergreifende Zuhörerschaft. Sonst hätten wir uns wahrscheinlich längst an Reggae aus Kenia oder Punkrock von den Philippinen gewöhnt.

Tatsächlich muss man gar nicht auf solch exotische Beispiele zurückgreifen. Selbst Musik aus den Nachbarländern des deutschen Sprachraums dringt nur selten zu größeren Konsumentenschichten durch. Bis auf ganz wenige Ausnahmen gelingt ein Hit höchstens mal auf Französisch oder Italienisch. Auch spanischsprachige Musik brilliert bei Germanen, Eidgenossen und Österreichern durch Abwesenheit.

So tummelt sich in Barcelona die gleiche musikalische Vielfalt wie in anderen internationalen Metropolen, wenn auch mit etwas anderer lokaler Gewichtung. Jazz zum Beispiel genießt auch in Katalonien eher einen Minderheitenstatus, doch in und um Barcelona musiziert eine sehr aktive Szene auf höchstem technischen und kreativen Niveau. Die jährlichen Festivals in Barcelona und Terrassa haben zu einer beachtenswerten Popularisierung beigetragen, wenn auch mit Hilfe der Strategie, den Begriff Jazz sehr weit zu fassen und Musiker mit bekannten Namen anzulocken, die man eher in die Kategorien Pop und Rock einordnen würde.

Natürlich machen Tourneen internationaler Stars fast immer auch in Barcelona Station. In jeder Woche findet mindestens ein großes Konzert statt. Weniger bekannte Künstler treten in kleineren Sälen und Clubs auf. Das Angebot ist riesig und erstreckt sich über alle musikalischen Sparten. Lokale Bands existieren en masse und man sollte keineswegs vorschnell den Trugschluss ziehen, dass mangelnder Erfolg durch ein Defizit an Können oder Kreativität bedingt sei.

Jazzclubs

Kaum jemand würde Barcelona mit der Musik von Louis Armstrong oder Miles Davis assoziieren, doch seit vielen Jahrzehnten existiert eine höchst aktive Szene im Umfeld um eine ganze Reihe von Jazzclubs. Außerdem findet in jedem Herbst ein umfangreiches Festival statt (siehe Seite 267).

Café Vienés Jazz Club

Im klassisch-edlen Ambiente der Bar des Hotels Fuster wird an jedem Donnerstag Live-Jazz zelebriert. Woody Allen fühlte sich hier besonders wohl, als er für die Dreharbeiten von *Vicky Christina Barcelona* in der Stadt weilte.

Mo–Do 10–24 Uhr, Konzerte nur donnerstags • 19 € • Passeig de Gràcia, 132 • Gràcia • Metro: Diagonal, L3 & L5 • Tel.: 93 255 3000 • www.cafevienesjazzclub.blogspot.com

Harlem Jazz Club

Praktisch an jedem Abend von Dienstag bis Samstag präsentiert der Harlem Livemusik zwischen Jazz, Blues und lateinamerikanischen Rhythmen. Die Woche beginnt dienstags mit einer Blues Jam.

▌ Je nach Wochentag von 22 oder 23 Uhr bis 1 oder 2 Uhr • Je nach Veranstaltung 6 bis 10 € • Comtessa de Sobradiel, 8 • Gòtic • Metro: Drassanes, L3 • Tel.: 93 310 0755 • www.harlemjazzclub.es

Jazzman

Der zweistöckige, aber dennoch sehr kleine Jazzclub ist seit über 30 Jahren eine Institution in Barcelonas Musikwelt. Livekonzerte sind allerdings die Ausnahme, im Schnitt findet nur etwa alle zwei Wochen eines statt, meist montags.

▌ Mo–Do 21–2.30 Uhr, Fr 21–3 Uhr, Sa 22.30–3 Uhr • Normalerweise kostenlos • Roger de Flor, 238 • Dreta de l'Eixample • Metro: Verdaguer L4, L5 • Tel.: 667 618 593 • www.jazzmanbarcelona.blogspot.com.es

Little Italy

Der Name ist Programm. Das Restaurant verbindet pizzalose italienische Küche mit Jazz-Begleitung, mittwochs, freitags und sonntags ab 21 Uhr live, sonst aus der Konserve.

▌ Mo–So 13–16 Uhr und 20–24 Uhr • Kostenlos • Carrer Rec, 30 • Born • Metro: Jaume I, L4 • Tel.: 93 319 7973 • www.littleitaly.es

Wie findet man heraus, welche Konzerte gerade stattfinden?

Natürlich werden Konzertplakate auch in Barcelona an Hauswände und Brücken tapeziert und mit Glück entdeckt man auf der Straße eine interessante Veranstaltung, die in den Zeitrahmen des Aufenthalts fällt. Meist kann man ja schon an der Ästhetik der Ankündigung grob ablesen, in welche musikalische Richtung gezielt wird. Auf der sicheren Seite ist man aber, wenn man gezielt im Internet sucht. Veranstaltungskalender in spanischer und katalanischer Sprache findet man dutzendweise, auf Englisch ist das Angebot schon begrenzter: Auf die mittleren und großen Konzerte konzentriert sich www.miniguide.es/music. Ein etwas umfangreicheres Angebot listet www.timeout.com/barcelona, wenn man unter »*Music & Nightlife*« für die betreffende Zeitspanne sucht.

Das vollständigste Programm liefert die nur auf Katalanisch verfügbare Website www.butxaca.com, wenn man zuerst auf »*Música*« und dann auf »*Concerts i Sessions*« klickt. Dann werden in Tabellenform alle wichtigen Informationen für jeden einzelnen Tag zusammengefasst: Künstlername, Musikrichtung, Veranstaltungsort, Stadtteil, Uhrzeit und Eintrittspreis. Die übersichtliche Darstellung ist so eindeutig, dass die Informationen auch ohne jede Sprachkenntnis verständlich sind. Klickt man dann noch auf einen bestimmten Künstlernamen oder den Veranstaltungsort, zeigt eine Google-Karte die genaue Lage des Konzertsaals an. Ist man sich nicht sicher, ob einem ein bestimmtes Konzert zusagen wird, kann man ja einfach den Künstlernamen googeln oder in den einschlägigen Websites nach Video- oder Musikstreams suchen.

Begibt man sich im öffentlichen Nahverkehr auf Konzertreise, sollte man im Hinterkopf behalten, dass die Metro unter der Woche nur bis etwa Mitternacht verkehrt. Freitags fahren die letzten Züge gegen zwei Uhr nachts, samstags dagegen die ganze Nacht. Das ist besonders wichtig, wenn man weiß, dass eine Stunde Verspätung beim Konzertbeginn durchaus keine Seltenheit darstellt und in manchen kleineren Etablissements sogar zum guten Ton gehört. Gerade am Wochenende wartet man, bis auch die letzten vom Abendessen und den vorbereitenden Getränkerunden eintreffen.

In den letzten zehn Jahren geht die Tendenz immerhin deutlich in die Richtung, Konzerte früher und pünktlicher beginnen zu lassen. Dennoch sind Veranstaltungen um 23 Uhr oder um Mitternacht auch heute noch üblich. Ich erinnere mich an Indoor-

Festivals bei denen die erste Band die Bühne abends um halb zwölf betrat und die letzte sie morgens um fünf wieder verließ.

Größere Konzerte finden entweder in den beiden großen Hallen oder direkt in den Fußballstadien statt. Solche, die kleine bis mittlere Besucherzahlen anziehen, werden von den Clubs veranstaltet, wo nach dem jeweiligen Auftritt die Nacht noch lange nicht zu Ende ist. Ein DJ übernimmt die Beschallung und die Tanzveranstaltung geht üblicherweise bis in die frühen Morgenstunden. Oft, aber nicht immer, entspricht die Musikrichtung der der aufgetretenen Künstler. Musikstile, Eintrittspreise und Öffnungszeiten können stark variieren. Bevor man loszieht sollte man sich unbedingt im Internet kundig machen, was am gewünschten Tag ansteht.

Somit gibt es in Barcelona nur wenige reine Diskotheken. In den meisten Clubs finden nicht jeden Tag Konzerte statt. Im Einzelnen werden die Clubs im Kapitel *Nachtleben* (siehe Seite 217) unter die Lupe genommen.

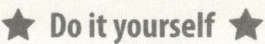

⭐ Do it yourself ⭐

Konzertsäle und Arenen

Palau Sant Jordi

Die meisten Großveranstaltungen finden im Palau Sant Jordi auf dem Montjuïc statt. Die anlässlich der Olympiade errichtete Sporthalle bietet 18.000 Zuschauern Platz. Natürlich sind nur Showgrößen vom Schlage U2, Bruce Springsteen und Lady Gaga in der Lage, solche Massen anzuziehen. Dementsprechend selten sind Konzerte in der Arena. Die Eintrittspreise liegen üblicherweise in der Größenordnung »horrend«.

Passeig Olímpic, s/n • Montjuïc • Metro: Plaça Espanya, L1, L3, L8

Palau Sant Jordi Club

Direkt hinter der Haupthalle wird ein Nebengebäude für mittlere Veranstaltungen mit bis zu 3.000 Zuschauern genutzt. Im Schnitt finden zwei bis drei Konzerte pro Monat statt.

▌Passeig Olímpic, s/n • Montjuïc • Metro: Plaça Espanya, L1, L3, L8

Estadi Olímpic

Ganz große Konzerte nutzen das Olympiastadion, allerdings normalerweise auch nur zwei- oder dreimal im Jahr. Madonna und Coldplay zogen beide immerhin 63.000 Zuschauer an, auch die Stones, AC/DC, Muse und Police sind hier aufgetreten.

▌Passeig Olímpic, 17–19 • Montjuïc • Metro: Plaça Espanya, L1, L3, L8

Camp Nou

Echte Massenveranstaltungen finden im Stadion des FC Barcelona statt, haben allerdings Seltenheitswert. Den Zuschauerrekord von 135.000 Menschen stellte Michael Jackson 1988 auf und löste damit den Papst ab, der sechs Jahre zuvor 14.000 Besucher weniger auf die Beine gebracht hatte.

▌Carrer d'Aristides Maillol, 12 • Les Corts • Metro: Palau Reial, L3 oder Badal, L5

Bars & Pubs & Rock 'n' Roll

Das Nachtleben

Barcelona ist international bekannt für seine Feierfreudigkeit. Aus- und essen gehen bilden einen essentiellen Bestandteil der heimischen Kultur. Die Provinz Barcelona zählt fast 28.000 Restaurationsbetriebe, also einen auf 197 Einwohner. Typischerweise wird eine lange Nacht durch einen Restaurantbesuch eingeleitet, zumindest wenn man es sich leisten kann. Dazu vereint sich meist ein Grüppchen von Freunden, die sogenannte *colla*. So nennen sich auch Castellers, Fan-Clubs von Sportvereinen und Kulturvereinigungen aller Art, von Briefmarkensammlern zu Salsa-Tänzern.

Eine solche Freundschafts-Clique umfasst meist zwischen sechs und fünfzehn Personen und ist eine relative stabile Gemeinschaft mit eigenen, wenn auch ungeschriebenen Gesetzen. Auf jeden Einzelnen entfallen Rechte und Pflichten. Es existieren zwar weder offizielle Aufnahmerituale, noch muss man eine Mutprobe überstehen, doch auch wenn man mit einem Mitglied eng befreundet ist, heißt das keineswegs, dass man automatisch dazugehört, es sei denn, die Freundschaft bewegt sich auf amourösem Niveau.

Ich rutschte seinerzeit zwangsläufig in die Colla meiner Freundin. Den Kern der Clique bildeten fünf Freundinnen, die sich seit frühester Jugend kannten und ihre Intimität mit stundenlangen Telefongesprächen pflegten. Die gemeinschaftliche Peripherie bildeten die jeweils aktuellen Liebhaber. Wurde einer abgelöst, hatte er in der Gruppe nichts mehr verloren.

Folglich waren die männlichen Angehörigen des Klüngels nicht automatisch dicke Freunde, sondern mussten sich eher miteinander abfinden. So jedenfalls empfand ich die Situation, denn wir waren eine ausgesprochen heterogene Truppe. Einer war ziemlich verschlafen, ein anderer ein langmähniger Rocker, der dritte dagegen ein außerordentlich konservativer Zeitgenosse und der letzte ein mystisch-spiritueller Hippie.

Den Schwerpunkt im wöchentlichen Veranstaltungsprogramm bildete ein gemeinsames Abendessen in wechselnden Restaurants mit anschließendem Umtrunk in den einschlägigen Kneipen. Den Abschluss bildete oft der Besuch eines Tanzlokals. Schon gegen Mittwoch klingelte allwöchentlich das Telefon, mit der Frage, welches Lokal am kommenden Freitag oder Samstag den Startpunkt des nächtlichen Ausflugs darstellen sollte. Der Rest der Marschroute würde dann an Ort und Stelle abgesteckt werden. Hin und wieder kamen aber auch andere Pläne zum Zuge; ein Wochenendausflug, eine Wanderung in den Bergen, ein Strandbesuch, Kino, Konzert – was immer man so tut, um ein Wochenende zu füllen.

Zunächst fühlte ich mich sehr herzlich aufgenommen, doch im Lauf der Zeit wurden mir die ritualisierten nächtlichen Ausflüge immer zäher und langweiliger. Die Kennenlernphase war abgeschlossen, politische Ansichten und musikalische Vorlieben waren ausgetauscht, charakterliche Vorzüge und Schwächen abgetastet. Irgendwann drehten sich Gespräche nur noch um den Alltag, Familie, Arbeit und die überwiegend nebensächlichen Neuigkeiten der vergangenen Woche. Meiner Freundin ging es glücklicherweise ähnlich und wir begannen, immer öfter alternative Wochenendpläne zu schmieden, allein aufs Land zu fahren oder uns mit anderen Bekannten zu treffen. Trotzdem klingelte das Telefon weiterhin an jedem Mittwoch und wir sahen uns unter wachsendem Druck gezwungen, unsere Absichten zu rechtfertigen. In einer Colla herrscht keine Anwesenheitspflicht, aber es existiert eine Toleranzgrenze, was die Teilnahmefrequenz angeht. Wir brachten das Thema zur Sprache, stießen auf Unverständnis, doch wir erreichten letztendlich, dass unser Wunsch nach unregelmäßiger Präsenz respektiert wurde.

Braucht man denn eine Clique, um in Barcelona auszugehen?

In Barcelona ist das Phänomen sozialer Cliquenwirtschaft weniger ausgeprägt als in Kleinstädten oder auf dem Land, denn durch die bunte Mischung Zugezogener aus allen Richtungen sind soziale Zusammenhänge weitmaschiger geflochten und weniger traditionsbelastet. Individuelle Freiheit genießt einen höheren Stellenwert und das immense Kultur- und Freizeitangebot bewirkt selbstredend, dass jeder seinen ganz eigenen Interessen folgen kann. Auch ist es durchaus üblich, allein auszugehen, schließlich weiß man, wo Bekannte zu treffen sind und findet Anschluss. Sogar Frauen ziehen auf eigene Faust los, wenn auch minderheitlich. Die Colla bildet dagegen eine Art Schutztruppe vor unerwünschten Annäherungen und noch weit mehr vor dem Gefühl, sich einsam und allein unter vielen fröhlich kommunizierenden Menschen zu fühlen.

Bier

Spanien gehört nicht zu den klassischen Bier-Ländern, sondern ist eindeutig von der mediterranen Tradition des Weinbaus geprägt. Doch in der globalisierten Welt gleichen sich Geschmäcker und Gewohnheiten der Kulturkreise immer weiter an. Wer in Barcelona ausgeht, wird feststellen, dass die meisten Bier bestellen, dann folgen *cubates*, also Mixgetränke wie Cola-Rum oder Gin Tonic. Wein wird zum Essen getrunken, aber eher selten in einer Bar, es sei denn in Begleitung von Tapas.

Da Bier in Spanien keine Tradition hat, teilen sich den Markt nur einige wenige Brauereien, zusammen mit den aus dem Ausland importierten Marken. Dabei offenbaren sich eindeutige regionale Konzentrationen. In Madrid dominiert Mahou, in Andalusien Cruzcampo. 85 Prozent des Bierkonsums in Barcelona entfallen dagegen auf Estrella Damm, ein erfrischendes, stark kohlensäurehaltiges Lager. Wie der Name schon andeutet, wurde die Brauerei von einem deutschsprachigen Zuwanderer gegründet, dem Elsässer August Kuentzmann Damm, der im Deutsch-Französischen Krieg 1871 das Weite gesucht hatte. Auf eine ganz ähnliche Geschichte blickt die zweite in Barcelona gebraute Marke Moritz. Nummer drei, San Miguel, etablierte sich kurioserweise zuerst auf den Philippinen, bevor die Firma nach Barcelona umzog, als die Kolonie ihre Unabhängigkeit erklärte.

Die in Mitteleuropa gängige Vielfalt verschiedener Biersorten glänzt in Spanien durch Abwesenheit. Dunkelbiere werden kaum gebraut, das einzige überall verfügbare Starkbier ist Voll-Damm, ein Märzenbier. Natürlich bekommt man die Vielfalt importierter Vollbiere in den englischen oder irischen Pubs, von denen es so einige gibt. Weit verbreitet ist der Genuss der Clara, die einem Alsterwasser oder Radler entspricht, also helles Bier mit einem Schuss Limonade.

In den vergangenen Jahren sind in Katalonien kleine, handwerkliche Brauereien wie Pilze aus dem Boden geschossen, die auch andere Biertypen nach deutscher, belgischer oder britischer Tradition brauen. Viele Kneipen bieten auch solche unbekannten Marken wie Rosita, Cervesa del Montseny oder Moska de Girona an.

Ein aus dem Fass gezapftes Bier wird *canya* genannt, aber selten in einem bauchigen Bierglas serviert, sondern meist in einem Wasser- oder Cocktailglas.

Flaschen werden nach ihrer Größe als *quinto*, einem Fünftel Liter, und *mitjana*, einem Drittel Liter bezeichnet. *Litrones*, also Literflaschen, bekommt man nicht in der Gastronomie, sondern nur im Supermarkt und Einzelhandel.

Wer erwartet, dass ein Bier ordnungsgemäß in sieben Minuten gezapft wird, sieht sich enttäuscht. Das Glas wird in zwanzig

Sekunden bis zum Rand gefüllt, überflüssiger Schaum ins Spülbecken gegossen oder abgestrichen.

Bei der Bestellung sind ein paar lokale Feinheiten zu beachten: »Gib mir ein Bier« lautet nicht, wie man meinen möchte, *»Dona'm una cervesa«* auf Katalanisch oder *»Dame una cerveza«* auf Spanisch. Das würde der Kellner als »Schenk mir ein Bier!« verstehen. Die richtige Formel lautet: *»Posa'm una cervesa«* oder *»Ponme una cerveza«*, also: »Stell mir ein Bier hin.« Zum Abschluss eines Trinkgelages wird man schief angesehen, wenn man ein letztes, *la última*, ordert. Das würde abergläubisch als das letzte Bier auf Erden oder das letzte vor dem Tode interpretiert werden.

Wo tobt denn nun das Nachtleben in Barcelona?

In praktisch allen Stadtvierteln findet man Kneipen und Clubs, die bis tief in die Nacht geöffnet bleiben. Natürlich konzentriert sich ein Gutteil des Nachtlebens in der Altstadt, besonders im Born, aber auch im Raval und im Barri Gòtic. Um den Passeig del Born bewegt sich eine modebewusste Szene, die sich mit den vielen ausländischen Touristen mischt. Im Gòtic trifft man alle möglichen Kulturen und Subkulturen an, während das Publikum im Raval eher studentisch und alternativ angehaucht ist.

Am Port Olímpic konzentrieren sich Restaurants, Kneipen und Diskotheken, die ein schickeres Publikum ansprechen und ebenfalls viele Reisende anziehen. In Gràcia gehen dagegen vor allem Einheimische aus, bei gutem Wetter füllen sich die Terrassen der Plaça del Sol und der Plaça Rius Taullet. Die Szene der Homosexuellen trifft sich im Gayxample, der in etwa das Rechteck zwischen den Straßen Comte d'Urgell, Gran Via, Balmes und Aragó bedeckt. Vom Tourismus kaum berührt wird dagegen El Poble Sec, das entgegen seines Namens gar nicht so trocken ist. Doch auch hier hat ein Erneuerungsprozess eingesetzt und immer mehr Ortsfremde tauchen auf.

In Folge der Wirtschaftskrise haben sich auch im Nachtleben Barcelonas einige Akzente verschoben. Bars und Pubs für junges Publikum befinden sich eher auf dem Rückzug, stattdessen wächst das Marktsegment, das sich an zahlungskräftigeres Publikum in etwas fortgeschrittenerem Alter wendet. Tendenziell ist zu Monatsanfang mehr los als gegen Ende, und auch an Wochentagen geht es jetzt ruhiger zu als noch vor wenigen Jahren. Das Wochenende bleibt natürlich unverändert lebendig.

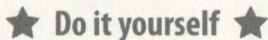

★ Do it yourself ★

Bars

Bis vor wenigen Jahren war die Bar das soziale Zentrum des Stadtteils oder auch nur des Straßenblocks, wo sich alle Generationen der Nachbarschaft versammelten. Dieser Typ Bar existiert immer noch, wird aber zunehmend von gestylten Etablissements verdrängt, die auf eine bestimmte Alters- oder Kulturgruppe zielen. In Barcelona gibt es Bars wie Sand am Mittelmeer. Eindeutige Empfehlungen abzugeben ist wiederum ein ausgesprochen ungerechtes Unterfangen, also werde ich nur einige Klassiker und die ungewöhnlichsten Kaschemmen anführen. Abgesehen davon eröffnen und schließen Kneipen ständig, wechseln ihren Namen, ihren Besitzer oder ihre Zielgruppe. Genau wie beim Einzelhandel ist es also gut möglich, dass einige der im Folgenden gelisteten Etablissements in kürzester Zeit gestrichen werden müssen.

La Chapelle: Kleine Bar, dekoriert mit religiösen Reliquien.
▌ Täglich 16–2 Uhr • Muntaner, 67 • Esquerra de l'Eixample • Metro: Universitat, L1

El Bosc de les Fades: Die Bar des Wachsmuseums erinnert an einen verwunschenen Wald aus Harry-Potter-Filmen.

▌Täglich 10–1 Uhr, Fr & Sa bis 2 Uhr • Passatge de la Banca, 5 • Gòtic • Metro: Drassanes, L3

Las Cuevas del Sorte: Doppelstöckige Bar, die wie eine aufgeräumte Höhlenwohnung der Neandertaler anmutet und Themenabende veranstaltet, zum Beispiel auch Poetry-Slams in englischer Sprache.

▌Mo, Mi, Do, So 19–2.30 Uhr, Fr & Sa bis 3 Uhr • Carrer Gignas, 2 • Gòtic • Metro: Jaume I, L4

The Bollocks: »Rock 'n' Roll will never die« lautet das Motto der zügellos dekorierten Rock-Kneipe.

▌Täglich 19–2.30 Uhr, Sa bis 3 Uhr • Carrer Ample, 46 • Gòtic • Metro: Drassanes, L3

Piscis: In einem Straßenzug mit großer Auswahl an winzigen Bars besticht das Piscis durch überbordende Kitsch-Dekoration.

▌Täglich 20.30–3 Uhr • Carrer Joaquín Costa, 39 • Raval • Metro: Universitat L1, L2

Avespa: Rustikale, labyrinthische Cocktailbar, die eher einer Höhle gleicht.

▌Di–Do 20–2 Uhr, Fr & Sa bis 3 Uhr • Carrer Marquet, 2 • Gòtic • Metro: Jaume I, L4

Marsella: Eine Bar mit fast 200 Jahren Geschichte. Picasso, Dalí, Gaudí und Hemingway kehrten hier bevorzugt ein und genossen die Spezialität des Hauses, den Absinth. Die Institution wurde 2013 von der Stadt Barcelona vor der Schließung gerettet.

▌Täglich 22–2.30 Uhr, Fr & Sa bis 3 Uhr • Carrer Sant Pau, 65 • Raval • Metro: Liceu, L3

London Bar: Die Jugendstil-Bar ist ebenfalls ein Klassiker im Nachtleben Barcelonas und achtet leidenschaftlich darauf, die ursprüngliche Atmosphäre zu bewahren.

▌Di–So 19–4 Uhr • Carrer Nou de la Rambla, 34 • Raval • Metro: Liceu, L3

Devil's Kitchen: Bundesliga, Tatort und Wiener Schnitzel machen die ästhetisch nicht übermäßig beeindruckende Kneipe zu einem Treffpunkt der deutschen Community. Zu den Spielübertragungen des FC St. Pauli versammeln sich die Mitglieder des hiesigen Fan-Clubs.

▌Di–Do 19.30–23 Uhr, Fr bis 24 Uhr, Sa 13.30–24 Uhr, So bis 23 Uhr • Carrer de la Lleialtat, 4 • Raval • Metro: Sant Antoni, L2 oder Paral·lel, L3

Pastis: Ein Stückchen Frankreich im Raval, mit Anisschnaps und Chansons von Edith Piaf.

▌So–Do 19–2 Uhr, Fr & Sa bis 3 Uhr • Carrer Santa Mònica, 4 • Raval • Metro: Drassanes, L3

Diskotheken und Clubs mit Live-Musik

Auch Musik-Clubs unterliegen unaufhörlicher Fluktuation. Die folgenden Empfehlungen stellen gewissermaßen die Klassiker dar, von denen man ziemlich sicher sein kann, dass sie auch in ein paar Jahren noch existieren. Die Grenzlinie zwischen Club und Diskothek lässt sich kaum ziehen, fast alle verbinden regelmäßige Konzerte mit langer Tanznacht.

Natürlich herrscht auch in Barcelona ständiger Streit über Lautstärkepegel mit der Nachbarschaft, und Clubs mit *música en directe* (»Livemusik«) sind einer existenziellen Bedrohung ausgesetzt, der nur durch kostspielige Investitionen in die Schallisolierung vorgebeugt werden kann. Auch das jüngst erlassene absolute Rauchverbot in allen öffentlichen Räumen trägt zur Verschärfung des Nachbarschaftskonflikts bei. Die Raucher versammeln sich vor der Eingangstür, reden, lachen und nerven die Anwohner.

Sala Apolo: Das mit Kronleuchtern, Holzfußboden und roten Samtvorhängen dekorierte ehemalige Theater – nicht zu verwechseln mit dem kaum 100 Meter entfernten Teatre Apolo, in dem wirklich

Schauspiel aufgeführt wird – ist nicht nur eine äußerst bemerkenswerte Location, sondern auch eine langjährige Institution im Nachtleben Barcelonas. Wochentäglich stehen am frühen Abend zwei oder drei Bands auf der Bühne, danach vertreiben DJs die Zeit bis in die frühen Morgenstunden. Steht kein überregional bekannter Künstler auf dem Programm, der den Musikstil in eine andere Richtung treibt, hat jeder Wochentag sein festes musikalisches Thema. Montags überwiegt Rock der 80er, dienstags Indie-Musik, mittwochs Mestizo und aktuelle katalanische Rumba, donnerstags Pop-Rock. Am Wochenende übernehmen DJs mit Techno, House und Hip-Hop. Sonntags wird nur unregelmäßig geöffnet, mindestens aber an jedem letzten im Monat, wenn Jazz und Swing den Abend gestalten. Der Saal bietet etwa 1.200 Besuchern Platz.

❚ Sehr unterschiedlich geöffnet, große Konzerte beginnen meist gegen 20 Uhr, die thematischen Partys teilweise erst gegen Mitternacht. • Preise ebenfalls unterschiedlich, aber niemals unter 15 € • Carrer Nou de la Rambla, 113 • Poble Sec • Metro: Paral·lel L2, L3 • Tel.: 93 441 4001 • www.sala-apolo.com

Sala Bikini: Das 1953 eröffnete Bikini ist ebenfalls eine Institution in Barcelona. Als Tanzclub von Donnerstag bis Samstag geöffnet, wird der erste Tag von Studenten dominiert. Vor allem solche, die nicht aus Barcelona stammen, leiten hier das Wochenende ein, denn nach den Vorlesungen am Freitag fahren sie mit Bus oder Bahn in die Heimat. Am Samstag dagegen ist das Bikini Menschen ab 24 Jahren aufwärts vorbehalten. In den beiden, zusammen 600 Besucher fassenden Sälen werden House und Salsa aufgelegt.

❚ Do–Sa 0–5 Uhr, Konzerte finden früher statt • Je nach Konzert ab etwa 15 €, bei Clubnächten ohne Konzert Eintritt je nach Tag 10 bis 20 € • Diagonal, 547 • Les Corts • Metro: Maria Cristina, L3 • Tel.: 93 322 0800 • www.bikinibcn.com

Razzmatazz: Fünf unterschiedlich große Säle beschallen das Publikum täglich mit Techno, House, Hip-Hop, Indie-Pop und Rock. Mit einer einzigen Eintrittskarte hat man Zutritt zu allen Bereichen, nur wenn bekannte Bands die Bühne besteigen, wird separat abgerechnet. Die Größen der verschiedenen Säle variieren beträchtlich.

▌ Mitternacht bis 6 Uhr morgens, bei Konzerten früher • Mindestens 15 €, bei besonderen Konzerten Preise auf internationalem Niveau • Almogàvers, 122 • Poblenou • Metro: Marina, L1 oder Bogatell, L4 • Tel.: 93 272 0910 • www.salarazzmatazz.com

Sidecar: Der Eintritt zur ebenerdigen Bar ist kostenlos, aber den Weg in die Katakomben versperrt die Abendkasse. Bis zu 300 Personen können sich der relativ intimen Atmosphäre hingeben. Das Musikangebot bewegt sich meist in den unterschiedlichen Sparten von Rock und Pop.

▌ Mo–Do 19–5 Uhr, Sa 19–6 Uhr • Je nach Künstler 8 bis 20 € • Plaça Reial, 7 • Gòtic • Metro: Liceu, L3 • Tel.: 93 302 1586 • www.sidecar.es

Jamboree: Die Gewölbe ähneln denen des benachbarten Sidecar, doch musikalisch dreht es sich im Jamboree um Jazz, Blues, Funk und Soul. Hier sind unter anderem Jazz-Größen wie Bill Coleman, Chet Baker, Ornette Coleman oder Dexter Gordon aufgetreten. Das Publikum ist ausgesprochen international.

▌ Fr & Sa 0–6 Uhr, sonst 0–5 Uhr • Je nach Veranstaltung 5–30 € • Plaça Reial, 17 • Gòtic • Metro: Liceu, L3 • Tel.: 93 319 1789 • www.masimas.com/jamboree

Luz de Gas: Etwas älteres Publikum versammelt sich in der gediegenen Atmosphäre dieses alten Theaters. Fast an jedem geöffneten Abend spielt eine Band auf, meist aus den etwas klassischeren Sparten Soul, Rock, Blues, Jazz oder Salsa. Nach Konzertende werden die Türen zum Flamencoclub Taranto geöffnet und man kann sich in beiden vergnügen.

▌ Do–Sa 0–6 Uhr • 18 € • Carrer Muntaner, 246 • Sant Gervasi • Metro: Gràcia, L6 und L7 • Tel.: 93 209 7711 • www.luzdegas.com

Marula Café: Der Name täuscht, es handelt sich tatsächlich um einen Club mit Livemusik und anschließender Tanz-Party, Stilrichtung meist Funk und Soul. Das Spektrum der Konzerte dagegen ist weiter gefächert, von jüdischem Klezmer über Swing bis zum Rock 'n' Roll.

Mo–Do 22–5 Uhr, Fr & Sa 23–6 Uhr • Carrer Escudellers, 49 • Gòtic • Metro: Liceu, L3 • www.marulacafe.com

Magic Club: Seit der Eröffnung 1976 ist sie die Rock-Disko par excellence in Barcelona, derzeit werden allerdings keine Konzerte mehr veranstaltet.

Do–Sa und an Nächten vor Feiertagen 23–6 Uhr • Passeig Picasso, 40 • Born • Metro: Barceloneta, L4 • www.magic-club.net

Be Cool: Abseits des Zentrums hat sich die vergleichsweise kleine Diskothek ihren festen Platz im Nachtleben der Stadt erobert. In zwei Sälen wird zu House und Rock getanzt, hin und wieder finden auch Konzerte statt.

Do–Sa 21–5 Uhr • Ab 12 € • Plaça Joan Llongueras, 5 • Sant Gervasi • Metro: Hospital Clínic, L5 • www.salabecool.com

La Terrrazza: Tatsächlich mit drei r geschrieben gehört diese reine Diskothek zum Poble Espanyol, einem architektonischen Freilichtmuseum am Fuß des Montjuïc, das Nachbauten der emblematischsten Gebäude aller Regionen Spaniens präsentiert. Das Gebäude des Tanzlokals ist einem mallorquinischen Herrenhaus nachempfunden. Es gibt mehrere Räumlichkeiten mit unterschiedlichen Musikrichtungen zwischen House, Techno und Electro-Pop sowie eine Chill-out-Zone.

Fr & Sa 24–6 Uhr • Avinguda Marqués de Comillas, s/n • Montjuïc • Metro: Plaça Espanya, L1 & L3 • www. laterrrazza.com

BARTS – Barcelona Arts on Stage: Das ehemalige Theater fasst bei Bestuhlung bis zu 900 Zuschauer, ohne 1.500. Ein zweiter intimerer Saal bietet 130 Besuchern Platz. Zum Programm gehören alle möglichen Bühnenkünste, neben Musik auch Theater, Lesungen und Tanz.

❚ Fr & Sa 24–6 Uhr • Ab 15 € • Avinguda Paral·lel, 62 • Poble Sec • Metro: Paral·lel, L2 & L3 • www.barts.cat

Okupas, Canis und Latino-Gangs

Subkulturen in Barcelona

Mein Freund Daniel, der Gärtner aus Rubí, ist ein umtriebiger Geselle. Er vertreibt sich die Freizeit als Graffiti-Künstler und Kontrabassist in einer Rock 'n' Roll-Band und bewegt sich mit Vorliebe im kulturellen Untergrund. Zu einem seiner Konzerte in der Heimatstadt durfte ich ihn begleiten. Es stand ein ganzes Festival an, mit Punk- und Hip-Hop-Bands und Umtrunk bis in die frühen Morgenstunden. Austragungsort war ein riesiges, seit Jahren leer stehendes Fabrikgebäude am Stadtrand. Eine Gruppe lokaler Aktivisten hatte die Halle vor einem halben Jahr besetzt und in ein alternatives Kulturzentrum verwandelt. Der erste Eindruck war bemerkenswert. Gleich neben dem Eingangstor stand eine aus recycelten Materialien kunstvoll zusammengezimmerte Skateboardbahn. In der gegenüberliegenden Ecke hatten Künstler ihr Atelier eingerichtet, wo sie an fabelhaften Gemälden, Graffitis und Skulpturen arbeiteten. Die ehemaligen Büros dienten als Übungsräume für Amateurbands. Am Ende der Halle stand eine riesige Bühne, aus Industriepaletten zusammengenagelt. Daneben hatte man einen Tresen aufgebaut und mit Möbeln vom Sperrmüll ein Café improvisiert, dahinter befand sich die hauseigene Bibliothek. Ich war über und über beeindruckt von Elan, Gemeinschaftssinn und Einfallsreichtum der *okupas*, der Haus- oder in diesem Fall Fabrikbesetzer.

Daniel und seine Bandkumpane bauten Anlage und Instrumente auf, ich verzog mich an den Tresen, wo mich das strahlende Lächeln eines wohl gerade erwachsen gewordenen Mädchens mit blauen Haaren begrüßte. Bevor sie mir den Wunsch nach einem

Dosenbier erfüllte, durfte ich Rede und Antwort stehen, woher ich komme, was ich hier mache, wie lange schon und was noch alles. Ich war endgültig begeistert von diesen Besetzern, die sich nicht nur tatkräftig, sondern auch hochgradig sympathisch zeigten.

Bis zum Beginn des Festivals waren noch einige Stunden Zeit und ich schloss mich dem Trio an, um irgendwo einen Happen zu essen. Wir machten uns zu Fuß auf den Weg. Nach ein paar hundert Metern stieß Daniel auf einen alten Bekannten, einen ziemlich heruntergekommenen Typen, der in ebenso schludrigem Jargon erklärte, dass er mit seinen Kumpanen ebenfalls ein Haus besetzt hatte. Es läge gleich um die Ecke und er würde es uns gern zeigen.

Wir betraten ein kleines, einst weiß getünchtes und von einem völlig verwilderten Garten umgebenes Einfamilienhäuschen. Bevor wir das Wohnzimmer erreichten, fiel zuerst der unangenehme Geruch auf, dann die leeren Bierdosen auf dem Fußboden. In dem zugemüllten Salon hockten auf schmutzigen Matratzen unter dem Licht einer nackten Glühbirne fünf Gestalten, die kaum Notiz von uns nahmen. Wir hockten uns dazu. Ich versuchte mich an einem Gespräch mit dem vielleicht 20-jährigen Mädchen neben mir, doch eine flüssige Unterhaltung kam nicht zu Stande. Es war kaum zu verstehen, was meine Gesprächspartnerin kraftlos vor sich hin lallte. Mir drängten sich Gedanken an Zombiefilme auf, das ganze Panorama war schlicht deprimierend. Wir blieben keine Viertelstunde, alle waren froh, dem Geisterhaus wieder zu entfliehen.

»Was zum Teufel nehmen die für Drogen?«, fragte ich noch immer unter Schock.

»Kit Kat«, erklärt Daniel. »Ketamin, ein Betäubungsmittel für Pferde. Teufelszeug.«

Nach dem Bocata, einem belegten Baguette in einer Bar, kehrten wir zur besetzten Fabrikhalle zurück. Inzwischen hatten sich etwa 200 junge Leute eingefunden und die erste Band namens Ninja

Pastori, die Verballhornung des Namens einer bekannten Flamenco-Sängerin, erstieg die Bühne. In Phantasiekostümen verkleidet spielte die Gruppe poppig-punkige Versionen von Liedern aus Zeichentrickserien. *Wickie der Wikinger, Lucky Luke, Bugs Bunny.* Die Wand hinter der Bühne diente als Projektionsfläche für Szenen aus den entsprechenden Trickfilmen, das Konzert war ein wahrhaft unterhaltsames Spektakel. Es folgten Daniels Rock 'n' Roll-Trio und ein talentiertes Rap-Duo, danach trat ein Discjockey auf den Plan, um ein langes, fröhliches und ausgelassenes Fest unter netten Leuten musikalisch zu untermalen.

Mein erster Ausflug in die Welt katalanischer Hausbesetzer gestaltete sich also als ausgesprochen zwiespältige Erfahrung. Das Fabrikgebäude wurde einige Monate später von der Polizei geräumt. Von dem besetzten Einfamilienhaus weiß ich nichts Neues und möchte es auch gar nicht.

Gibt es in Barcelona noch besetzte Häuser?

Barcelona ist eine der Städte mit den meisten besetzten Häusern Europas, es sind mehrere Dutzend. Eine genaue Zahl zu nennen wäre natürlich sinnlos, denn zur Drucklegung des Buches wäre sie schon nicht mehr aktuell. In einer derart konzentrierten Stadt sind Baugrund und Immobilien rar und teuer, der Druck auf Besetzer ist enorm, eine Räumung droht jederzeit. Das Gebäude des Hotel Vueling in der Gran Via 550 beispielsweise war 18 Monate vor der Eröffnung noch besetzt und beherbergte eine alternative Universität.

Im Stadtzentrum sind in diesem Moment noch eine Handvoll Häuser besetzt, doch das kann sich jederzeit und schnell ändern. Im Mai 2014 räumte die Polizei das Sozial- und Kulturzentrum Can Vies im Carrer dels Jocs Florals 40 in Sants, nach 17 Jahren andauernder Besetzung. Sich der tiefen Verwurzelung des Projektes im

Stadtteil bewusst, ließen die Stadtherren gleich einen Teil des Gebäudekomplexes einreißen. Doch damit, dass die Besetzer durch Kleinstspenden binnen kürzester Zeit 90.000 Euro auftreiben und sich an den eigenhändigen Wiederaufbau machen würden, hatte niemand gerechnet. Im Februar 2015 ließ der Bürgermeister das Gelände absperren, vor den im Mai anstehenden Wahlen wird er allerdings jede Konfrontation tunlichst vermeiden. Can Vies präsentiert sich im Internet unter http://canvies.barrisants.org.

Das bekannteste besetzte Haus Barcelonas ist Can Masdeu, hoch oben am Berghang des Collserola. Nach 53 Jahren Leerstand besetzte im Dezember 2001 ein sehr internationales Kollektiv das ehemalige Leprahospital und erlangte ein knappes halbes Jahr später überregionale Berühmtheit, als sich die Aktivisten in einem spektakulären Akt passiven Widerstands der polizeilichen Zwangsräumung widersetzten. Die elf Bewohner schoben dicke Holzbalken durch die Fenster, kletterten in die luftige Höhe hinaus und ketteten sich an die Balken. Die Polizei hatte keine Möglichkeit, die Besetzer in dieser Situation ohne Gefahr für Leib und Leben festzunehmen. Also änderte sie die Taktik und beschloss einfach zu warten, bis die Aktivisten vor Hunger, Durst, Müdigkeit oder Kälte von selbst wieder ins Haus klettern würden. Die Besetzer hielten drei Tage und Nächte durch, dann ordnete ein Gericht an, den Räumungsversuch zu beenden. Der Richter begründete seine Entscheidung damit, dass dem Recht auf körperliche Unversehrtheit Priorität vor Eigentumsrechten einzuräumen sei.

Derzeit leben etwa 30 Personen in Can Masdeu und pflegen enge Beziehungen zur Nachbarschaft. Insbesondere Senioren nutzen das zum Haus gehörende Terrain als Gemüsegarten.

Can Masdeu

An den meisten Sonntagen kann man Can Masdeu besuchen, sich durch die verschiedenen Projekte und Aktivitäten führen und die Organisationsform der Kommune erklären lassen.

▌ So 12 Uhr • Selbstverständlich kostenlos • Camí de Sant Llàtzer s/n • Parc natural Collserola • Metro: Canyelles, L3 • www.canmasdeu.net

Alle sonstigen öffentlich zugänglichen Aktivitäten der Hausbesetzerbewegung wie Konzerte und Kulturveranstaltungen werden wöchentlich auf der Website www.usurpa.squat.net im Veranstaltungskalender unter »*usurpa actual*« gelistet, auch solche außerhalb Barcelonas.

Sind denn in Barcelona auch alle anderen in Mitteleuropa vertretenen Subkulturen zu Hause?

Bei Spaziergängen durch die Stadt wird man wahrscheinlich feststellen, dass sich wesentlich weniger junge Menschen offensichtlich zu einer bestimmten Subkultur bekennen, als in mitteleuropäischen Großstädten. Dennoch sind fast alle Jugendkulturen vertreten. Allen gemeinsam ist die tiefe Verachtung gegenüber den Pijos, den sozial angepassten, wertkonservativen, konsum- und moderorientierten Trägern von Markenkleidung. *Pijo* ist eine Beleidigung, kein Angehöriger dieses Menschenschlages wird sich selbst mit Stolz als solchen bezeichnen.

Einst hatte die Hippiekultur in Barcelona tiefe Wurzeln geschlagen, doch die meisten haben die stressige Großstadt verlassen und sich aufs Land verzogen, wo es sich leichter mit wenig Geld und näher an der Natur überleben lässt. Vereinzelte Relikte der Hippiekultur finden sich noch in der Altstadt und besonders in Gràcia.

Auch ein lokales Capítulo der Hells Angels reitet auf schweren Motorrädern durch Barcelona, doch sie gelten weder als offensiv noch als gefährlich und schon gar nicht als kriminell.

Neben den in Mitteleuropa hinreichend bekannten Bewegungen wie Punks, Gruftis und Skinheads firmieren auch noch einige spezifische einheimische *tribus urbanes*, städtische Stämme, wie sie hier genannt werden. In den Arbeitervorstädten trifft man auf die Canis oder Poligoneros. Diese abfällige Bezeichnung bezieht sich auf die typischen Treffpunkte kleiner oder manchmal auch größerer Gruppen in nachts verlassenen Industriegebieten. Seit der *botellón*, das Trinkgelage unter freiem Himmel, von der Polizei aus den bewohnten Stadtteilen vertrieben wurde, versammeln sich Jugendliche an Orten, wo niemand gestört wird. Aus offenen Autotüren dröhnt mit voller Kraft Technomusik, moderne Rumba oder Reggaeton, eine Mischung aus Rap und lateinamerikanischer Musik, die aus Kolumbien, Puerto Rico und Panama importiert wird. Bei den Festen wird getrunken, getanzt und jeder Typ Rauschmittel konsumiert. Mann kleidet sich typischerweise in Jogginghosen, ärmellosen T-Shirts und trägt gummierte Haarpracht im Stil von Cristiano Ronaldo. Die weiblichen Gegenparts treten weniger uniformiert auf, tendieren aber zu dicker Schminke und viel Haut. Von Außenstehenden wird die Jugendkultur mit schlechtem Geschmack, besonders rüder Ausdrucksweise und Herkunft aus den unteren sozialen Klassen in Verbindung gebracht.

Oft stehen die Poligoneros in direkter Rivalität zu den Gangs der lateinamerikanischen Einwanderer. In den vergangenen zwei Jahrzehnten hat der Zustrom von Menschen aus Übersee, insbesondere aus Kolumbien, Bolivien, Peru und Argentinien, das soziale Gefüge der Arbeitervorstädte wie L'Hospitalet oder Cornellà völlig verändert. Viele junge Latinos haben sich Straßengangs wie den Latin

Kings oder den Ñetas angeschlossen, die sich durch organisierte Kleinkriminalität, Drogenhandel und gegenseitige Feindseligkeit ihren Weg in die Schlagzeilen der Medien bahnten. Die Latin Kings verwandelten sich unter dem zunehmenden Druck von Staat und Polizei in eine Gewalt und Kriminalität abschwörende Kulturvereinigung mit Statuten, offiziellem Charakter und 2.500 Mitgliedern, womit das Problem zunächst gelöst schien. Doch Anfang 2014 wurden 15 führende Latinokönige in einem Großeinsatz der Polizei festgenommen und wegen Raub, Drogenhandel und illegalem Waffenbesitz festgenommen.

Der Ball ist überall rund

Es ist schon etliche Jahre her, dass ich zum ersten Mal einem Spiel im Camp Nou beiwohnte, aber ich erinnere mich genau an die ersten überwältigenden Eindrücke der gigantischen Arena. Genauso wie an die Schwierigkeiten und Überraschungen mit denen der Besuch verbunden war.

Zusammen mit drei Kollegen aus dem Reisesektor hatten wir den Tag auf der Tourismusmesse SITC verbracht. Messen sind eine verdammt anstrengende Angelegenheit, stundenlang stehen, sich durch die Menge quälen, Smalltalk halten, Tüten mit Informationsbroschüren herumschleppen. Trotzdem waren alle Feuer und Flamme, als sich Martí am frühen Abend mit dem Vorschlag hervortat, das Champions-League-Spiel gegen den FC Liverpool zu besuchen.

Keiner von uns vieren war ein geübter Stadionbesucher, darum stellten wir uns alles ganz einfach vor. Von den Messehallen an der Plaça Espanya sind es kaum drei Kilometer bis zum Camp Nou, trotzdem machten wir uns aus Bequemlichkeit und ohne weiteres Nachdenken im Auto auf den Weg. Bei geschätzten 60.000 Messebesuchern und 80.000 Fußballverrückten herrschte in diesem Teil der Stadt aber selbstverständlich das größte vorstellbare Verkehrschaos. Im Schritttempo näherten wir uns dem Stadion bis auf zwei Kilometer, um den Wagen in einem sündhaft teuren Parkhaus abzustellen und letztendlich doch zu Fuß aufzulaufen.

Wir reihten uns in die endlose Schlange am Kassenhäuschen, wo man uns nach einer Ewigkeit ein Schema mit den noch freien Sitzplätzen präsentierte.

»Gibt es denn keine Möglichkeit, dass wir zusammen sitzen können?« Nein, fast alle Plätze sind Vereinsmitgliedern zugewiesen und in den freien Verkauf gelangen nur wenige freie Sitze und solche von *socis*, den Vereinsangehörigen, die auf den Spielbesuch verzichten. Alle Stehplätze wurden 1994 auf Anordnung der UEFA beseitigt. »Sitzen ist für'n Arsch«, klang mir der alte Protestslogan vom Hamburger Millerntor gegen die einst geplante Reduzierung der Stehränge in den Ohren.

Protestieren hatte im Camp Nou natürlich keinen Sinn, wir mussten uns in unserem Block verteilen und konnten uns höchstens in der Halbzeitpause treffen. Ein Versuch, jemanden zur Umsiedlung auf einen anderen Platz zu bewegen, stieß auf barsche Ablehnung. Der ältere Herr zückte seinen Mitgliedsausweis und beendete jede Diskussion mit der Erklärung: »Das ist mein Platz, seit 23 Jahren.«

Als wir schließlich und endlich die zugewiesenen Sitzschalen einnahmen, hatte das Match schon seit 20 Minuten begonnen. Doch das Geschehen auf dem Rasen blieb zunächst unbeobachtet: Mit heruntergeklappter Kinnlade musste erst mal der Eindruck des enormen Volumens der Arena verarbeitet werden. Im gleißenden Flutlicht unter tiefschwarzem Nachthimmel wirkte das gigantische Oval noch dreidimensionaler, noch gewaltiger, noch unfassbarer. Die wenigen mir bekannten Spieler waren in mindestens 80 Metern Entfernung kaum zu identifizieren, die Besucher auf der gegenüberliegenden Tribüne verschwammen zu einer einzigen diffusen Menschenmasse.

Kurz darauf ertönten schon der Halbzeitpfiff und die mir bis dato völlig unbekannte Geräuschkulisse, wenn Zehntausende gleichzeitig ihre Käse- oder Schinkenstulle auspacken. Die Entscheidung, uns die Pause mit einem kohlensäurefreien Bier aus Plastikbechern zu versüßen, kostete uns auch noch die ersten zehn Minuten der zweiten Spielhälfte. Was aber nicht weiter schlimm war, denn das Spiel plätscherte bis zum Endergebnis von null zu null ereignislos dahin, keine Anfeuerungsrufe oder Fan-Gesänge störten die Ruhe im Stadion, bis der Schlusspfiff des Schiedsrichters sein Echo in einigen tausend enttäuschten Pfiffen aus dem Publikum fand. Die erfolgsverwöhnten Zuschauer waren von der Vorstellung ihrer Mannschaft schlicht gelangweilt und machten sich diszipliniert und gelassen wie bei einem Sonntagsspaziergang auf den Heimweg. Alles in allem hinterließ die erste Wallfahrt in die Kathedrale des Rasensports eine zwiespältige Erinnerung. Mit ein wenig mehr Ahnung, wie ein Fußballspiel in Barcelona funktioniert, hätten wir den Besuch sicher intensiver genießen können.

Sind die Spiele des FC Barcelona denn immer langweilig?

Nein, selbstverständlich nicht, und schon gar nicht bei dem Spielniveau, auf dem sich die Mannschaft in den letzten Jahren bewegt. Der Grund für Enttäuschungen liegt, wie fast immer im Leben, in unangemessenen Erwartungen. Eine Atmosphäre wie in Dortmund oder Liverpool wird man im Camp Nou nicht vorfinden. Die Interaktion zwischen Mannschaft und Publikum funktioniert hier nämlich genau andersherum als in Mitteleuropa. Die Zuschauer feiern ihr Team nicht schon vor dem Anstoß, sondern erwarten erst mal eine ordentliche Leistung. Wahre Begeisterungsstürme können auch im Camp Nou losbrechen, doch dafür zeichnet sich ausschließlich das Auftreten der Mannschaft verantwortlich. Eine ungenügende Mannschaftsleistung wird dagegen genauso eindringlich mit Pfiffen quittiert.

Fußballspiele gleichen in den meisten spanischen Arenen eher einem Familienereignis oder einem Kinobesuch; brodelnde Stadionatmosphäre kocht nur bei wenigen Vereinen wie Athletic Bilbao oder Rayo Vallecano. Anderswo verfolgt man in aller Ruhe das Geschehen auf dem Rasen, zu überbordenden emotionalen Ausbrüchen kommt es nur bei Toren, gegnerischen Fouls und vermeintlich falschen Schiedsrichterentscheidungen. Das Publikum ist ausgesprochen parteiisch und wähnt sich ständig durch einen Betrug des Referees bedroht. Dröhnendes Anfeuern der eigenen Mannschaft findet nur in extrem wichtigen Spielsituationen statt. Die einst lautstärkste, rechtsextreme Fangruppe Els Boixos Nois – »die verrückten Jungs«, wurde 2003 vom damaligen Präsident Joan Laporta aus der Arena des FC Barcelona verbannt. Verein und Verband unterdrücken jedwedes Fehlverhalten der Zuschauer mit eiserner Faust. Gewalt und Rassismus sind zwar noch nicht endgültig aus spanischen Stadien verschwunden, inzwischen aber wenigstens zu Ausnahmefällen geworden. Doch der spanische Ligaverband geht noch viel weiter und versucht, umfassende politische Korrektheit durchzusetzen: Im Februar 2015 grölten bei einem Heimspiel des FC Barcelona 200 Kehlen »Christiano Ronaldo ist ein Trunkenbold«, wofür der Verein vors Ligagericht zitiert wurde. Wenige Monate zuvor hatte Real Madrid 17 lautstarke Anhänger für die Beleidigung »Messi ist geistig zurückgeblieben« mit Stadionverbot belegt. Dass sportliche Fairness und Mundverbot keineswegs das Gleiche sind, erkannten zumindest auch einige bürgerliche Medien wie *El País*. Barças Trainer Luís Enrique kommentierte: »Wenn sie alle rauswerfen, die irgendwie beleidigend werden, sind wir bald allein im Stadion.« Welche Intentionen den Ligaverband tatsächlich bewegen, ist schwer einzuschätzen, doch in Spanien erinnern sich viele daran, dass Sportarenen einen der letzten Zufluchtsorte verbaler Opposition gegen die Diktatur darstellten.

Was ist denn eigentlich das Besondere am FC Barcelona?

An erster Stelle für die weltweite Popularität des Clubs stehen natürlich die sportlichen Erfolge. Seit der Einführung des Club World Ranking durch die Internationale Fußballstatistiker-Föderation im Jahr 1991 wurde der FC viermal zum weltbesten Verein gekürt, dahinter brillieren sechs Clubs, die den Vogel nur zweimal abschossen, darunter Manchester United, Real Madrid und der AC Mailand. In die Saison 2014 startete der Verein direkt mit einem neuen Rekord, der makellosen Auftaktbilanz von 19:0 Toren in sieben Spielen.

Wichtiger als die reine Sammlung von Trophäen aber ist die einzigartige Spielweise des kontinuierlichen direkten Kurzpass-Spiels des *Tiki-Taka*, zu Deutsch nichts weiter als etwa »Klick-Klack«, die vom holländischen Trainer Frank Rijkaard vorbereitet und unter Josep Guardiola formvollendet wurde. Die Taktik erlaubte der Mannschaft eine bislang unbekannte Dominanz des Spielfelds, brachte die Gegner reihenweise zur Verzweiflung und ließ Ballsport-Ästheten vor Bewunderung auf die Knie sinken. Der wohl enthusiastischste und mitreißendste Sportkommentator aller Zeiten, der Engländer Ray Hudson, schrie bei einem Spiel gegen den FC Getafe in orgiastischer Verzückung: »Ruft einen Exorzisten! Barcelona ist besessen! Wir brauchen sofort einen Teufelsaustreiber in diesem Stadion!«

Aber Erfolg und bewundernswertes Können sind noch längst nicht genug, um einen globalen Sympathieträger zu entwickeln. Entscheidend waren auch die Persönlichkeiten bestimmter Stars, die vor laufenden Kameras immer Bescheidenheit, Fairness und gute Erziehung ausstrahlten. Charaktere wie der eisenharte Verteidiger Puyol, der wahrscheinlich allein den Vietnamkrieg gewonnen hätte, der verantwortungsbewusste Ballverteiler Xavi Hernández, den jede Mutter ohne Anflug eines Zweifels als Schwiegersohn akzeptieren würde und der menschenscheue Lionel Messi, von dem Mannschaftskollege Gerard Piqué sagte: »Im ersten Monat dachten wir, er sei taubstumm.«

Und selbst all das wäre noch nicht genug. Der entscheidende Faktor für globale Popularität ist cleveres Marketing. Als letzter aller großen europäischen Vereine übernahm der FC Barcelona das Konzept der Trikotwerbung. Schon 1973 trug Eintracht Braunschweig in Deutschland das Emblem des »Hörner-Whiskeys« Jägermeister auf der Brust. Der FC Barcelona wahrte noch drei Jahrzehnte den Anschein, unkommerziell zu sein, bis 2007 schließlich der globale Sympathieträger UNICEF auf den kurzärmligen Hemden prangte. Der FC ist auch einer der letzten drei echten Mitgliedervereine der spanischen Liga, alle anderen sind längst in gewinnorientierte Aktiengesellschaften verwandelt worden.

In Spanien kennt man das Profil von Club und Anhängerschaft natürlich wesentlich genauer. 1899 von dem Schweizer Hans Gamper gegründet, war der FC zunächst ein Verein zugewanderter Ausländer, identifizierte sich aber nach und nach mit der katalanischen Identität. Unter der Franco-Diktatur wurden die Heimspiele des Clubs zum letzten Schauplatz öffentlicher Proteste gegen den faschistischen Zentralismus, und auf den Rängen kam es zu politisch motivierten Schlagstockeinsätzen der Polizei. Der FC wurde und blieb bis heute einer der Fixpunkte katalanischer Identität. Von internationalen Wettbewerben ausgeschlossen, bleibt die Existenz einer katalanischen Fußballnationalmannschaft fast unbeachtet und der FC Barcelona übernimmt die Rolle als Repräsentant auf internationaler Ebene.

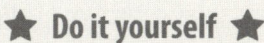

★ Do it yourself ★

Wie organisiert man sich am besten einen Spielbesuch?

Der erste Blick gilt natürlich dem Spielplan, den man in gängigen Internetportalen zum Thema Fußball oder auf der Homepage des Vereins findet. Doch schon hier wartet die erste Falle: Bei Ligaspielen erfolgt die Festlegung von Datum und Uhrzeit des Anpfiffs selten mehr als einen Monat vor einem Spiel, manchmal findet aber trotzdem noch eine kurzfristige Verlegung statt. Je nach Tabellen-stand und öffentlichem Interesse an einer Partie verlangen die In-haber der Übertragungsrechte eine Optimierung der Spielzeiten, um sich eine maximale Zuschauerzahl zu sichern. Die Spiele der spanischen Liga werden nämlich ausschließlich im Bezahlfernse-hen übertragen. So kommen auch die befremdlichen Anstoßzeiten von 12 Uhr Mittags oder 22 Uhr abends zustande. Beim FC Barce-lona kann man allerdings einigermaßen sicher sein, dass der An-pfiff zur besten Uhrzeit erfolgt, eben wenn es dem Gros der Fern-sehzuschauer in die Tagesplanung passt.

Die schwierigste Hürde für einen Spielbesuch stellt natürlich der Erwerb der Eintrittskarte dar, denn beim Ticketverkauf genießen Vereinsmitglieder Priorität. 99.000 verfügbare Plätze im größten Fußballstadion Europas wollen unter 153.000 *socis* verteilt werden. Glücklicherweise aber lebt ein guter Teil der Mitglieder nicht in Barcelona oder der näheren Umgebung, sondern entfernt im rest-lichen Spanien oder gar im Ausland. Und längst nicht alle sind primär an Fußball interessiert, sondern verfolgen die Profiteams des Vereins in anderen Sportarten wie Handball, Basketball oder Rollhockey. So wurden in der Saison 2014/2015 nur 86.000 Dauer-karten an Mitglieder ausgehändigt, es verbleiben also 13.000 freie Plätze plus denjenigen, die die Dauerkartenbesitzer in den freien Verkauf stellen. Die Rechenschieberei ergibt, dass man auch als Ortsfremder durchaus gute Chancen auf eine Eintrittskarte hat. Al-lerdings sinken diese natürlich mit gesteigerter Attraktivität eines bestimmten Spiels. Den Traum vom Klassiker gegen Real Madrid kann man sich weitgehend abschminken, denn die Eintrittskarten gelangen nie in den freien Verkauf, sondern werden von den Mit-gliedern aufgesogen.

Tendenziell gilt, dass die Nachfrage für Spiele der Champions League geringer ausfällt als für Ligaspiele, weil sie unter der Woche stattfinden. Allerdings natürlich wieder in Abhängigkeit von der At-traktivität des Gegners und dem aktuellen Stand des Wettbewerbs.

Um sich seine Eintrittskarte zu sichern, gibt es eine Reihe verschiedener Möglichkeiten. Die praktikabelsten sind zwei: Man wählt bequem Spiel und Sitzplatz auf der Website des Vereins aus, zahlt per Kreditkarte und druckt sich seine Tickets aus. So bewahrt man sich auch eine gewisse Chance, zwei oder mehr benachbarte Sitzplätze zu ergattern. Oder man ersteht die Eintrittskarte direkt am Stadion, wo dann allerdings nur noch die Restposten verfügbar sind.

Natürlich variieren die Eintrittspreise mit der Sichtqualität des Sitzplatzes und der Attraktivität des Spiels. Hoch oben über dem Spielfeld fallen mindestens 39 Euro an, eine VIP-Karte mit erstklassigem Überblick kann mehr als 500 Euro kosten. Für einen zentralen Tribünenplatz in akzeptabler Spielfeldentfernung sollte man mit etwa 80 Euro rechnen.

Die Anreise zum Stadion stellt das kleinste Problem dar, solange man auf die eigenen vier Räder verzichtet. Freie Parkplätze am Camp Nou existieren nämlich schlichtweg nicht, alle sind langfristig vermietet. Also springt man an der Plaça Catalunya oder in einer der Metrostationen entlang der Rambles in die grüne L3 in Richtung Zona Universitaria und steigt an der Station Palau Reial wieder aus. Auf den 600 Metern Fußweg nach Süden kann man sich vor einem Spiel kaum verirren, man muss nur den Massen folgen. Aus dem Eixample kommend nimmt man die blaue L5 in Richtung Cornellà, steigt am Bahnhof Badal aus und macht sich auf den etwa gleich langen Fußmarsch nach Norden.

Alternativen zum Camp Nou

Natürlich ist der Besuch eines Heimspiels des FC Barcelona eine Verlockung, doch große Namen bedeuten nicht automatisch mehr Erlebnis. Im Gegenteil, der Besuch einer nicht ganz so populären Veranstaltung bedeutet weniger Massenzulauf, niedrigere Preise und oft eine intimere Erfahrung. Eine sportbegeisterte Großstadt wie Barcelona bietet logischerweise eine lange Liste möglicher Alternativen:

Espanyol

Sei es in Manchester, München oder Hamburg, der kleinere zweite Verein einer Stadt erfreut sich oft einer weniger erfolgsverwöhnten, aber dafür umso treueren Anhängerschaft. Zwar hat der RCD Espanyol noch nie einen Meistertitel eingefahren, doch seit Gründung der spanischen Liga 1928 wurden nur drei Jahre in der zweiten Division verbracht und immerhin viermal der Pokal gewonnen. Natürlich hat die Lokalrivalität zum FC auch eine politische Dimension: Während der große Bruder traditionell mit dem katalanischen Nationalismus in Verbindung gebracht wird, ist Espanyol eher der Verein der Zuwanderer aus Restspanien. Nicht von ungefähr trägt das Vereinswappen die Königskrone und das nagelneue 40.000-Zuschauer-Stadion entstand im Vorort Cornellà, der seit den 50er-Jahren durch die innerspanische Migration eine regelrechte Bevölkerungsexplosion erlebt.

Eintrittskarten zu Heimspielen erhält man über die Website des Vereins, bei den Touristeninformationsbüros Barcelonas oder direkt am Stadion ab 10 Uhr morgens des Spieltags.

Ligaspiele ab 40 € hinter dem Tor, ab 50 € auf den Geraden, besonders attraktive Spiele fast das Doppelte • Avinguda del Baix Llobregat, 100, 08940 Cornellà de Llobregat • Metro: Cornellà Centre, L5 • www.rcdespanyol.com/ticketing2

FC Barcelona Bàsquet

Basketball gilt nach Fußball als die Nummer zwei der populärsten Ballsportarten in Spanien, ist im Schulsport stark vertreten und die Liga gehört zu den spielstärksten Europas. Gleich fünf Teams kämpfen in der Euroleague, mehr als aus jedem anderen Land. Die aus dem Fußball bekannte Rivalität zu Real Madrid setzt sich im Basketball fort: Beide Vereine teilen eine überragende Dominanz in der heimischen Liga, die nur hin und wieder von einem dritten herausgefordert wird. Von den letzten zehn Meistertiteln gingen vier nach Barcelona und drei nach Madrid, in den letzten sechs Endspielen trafen die beiden Teams fünfmal aufeinander. Barcelona diente etlichen Spielern als Sprungbrett in die US-amerikanische NBA, aber der alle überragende Star ist Pau Gasol aus dem Vorort Sant Boi de Llobregat, kaum vier Kilometer nördlich des Flughafens. Nach Jahren bei den Los Angeles Lakers verdingt er sich seit dem Sommer 2014 bei den Chicago Bulls. Ergebnisse und Punktgewinne seiner Spiele gehören in Katalonien zu jeder Nachrichtensendung.

Die Popularität des Basketballs hat leider den Nebeneffekt, dass die Eintrittspreise für Heimspiele nicht eben niedrig ausfallen. Ausgetragen werden die Begegnungen im 8.500 Zuschauer fassenden Palau Blaugrana, gleich neben dem Camp Nou. Aktuell steht auch der Deutsche Tibor Pleiß aus Bergisch-Gladbach im Kader des FC.

Je nach Gegner und Sitzplatz zwischen 18 und 75 € • Avinguda Arístides Maillol, s/n • Metro: Palau Reial, L3 oder Badal, L5 • www.fcbarcelona.es/baloncesto

FC Barcelona Handbol

Während sich sportlicher Erfolg meist direkt in steigenden Zuschauerzahlen niederschlägt, bewirkt die erdrückende Hegemonie des FC Barcelona in der spanischen Handball-Liga das Gegenteil. Das Team hat die letzten vier Meistertitel nach Hause geholt und die ohnehin geringen Zuschauerzahlen sind weiter gesunken. Selten werden mehr als 1.500 Plätze der 8.500 verfügbaren besetzt. Dafür sind die Eintrittskarten preiswert und in der Champions League kann man mit Glück ein Team aus der deutschsprachigen Heimat beobachten.

▌ Für Ligaspiele 9 und für Spiele der Champions League 15 € • Avinguda Arístides Maillol, s/n • Metro: Palau Reial, L3 oder Badal, L5 • www.fcbarcelona.cat/handbol

Barcelona's secrets

»Als Bäcker muss ich täglich sehr früh aufstehen. Natürlich versuche ich sonntags ein bisschen länger zu schlafen, aber trotzdem wache ich vor dem Rest der Stadt auf. Das ist der ideale Zeitpunkt, um kurz nach Sonnenaufgang so gut wie allein großartige Rundblicke über die Stadt zu genießen. Dann steige ich hinauf zum Aussichtspunkt auf der **Muntanya del Carmel**, gleich oberhalb des Park Güell. Von der Rückseite ist der Aufstieg am leichtesten [Metro: El Coll/La Teixonera, L5]. Früher stand hier eine Barackensiedlung, doch zu den Olympischen Spielen wurden die Bewohner vertrieben und die Hütten dem Erdboden gleichgemacht.

Inzwischen finden auch viele Touristen den Weg auf den Carmel. Eine weniger frequentierte Alternative mit genauso schönem Ausblick ist die **Torre Baró**, wo ich meine Kindheit verbracht habe [Metro: Roquetes, L3].

Paco Tortosa, Jahrgang 1958, ist Inhaber einer Bäckerei im Stadtteil Gràcia.

»Mir fällt es schwer, einen Lieblingsplatz auszuwählen. Dafür gibt es einfach zu viele. Ich lasse mich weiterhin gern durch die Altstadt treiben und dann stoße ich immer wieder auf die ruhige Idylle der **Plaça San Felip Neri**, mit all ihrer Geschichte. Das elegante Restaurant des **Hotel Neri** ist mit seiner kreativen mediterranen Küche einer meiner absoluten Favoriten. Die unverputzte steinerne Wand des Speisesaals stammt aus dem 7. Jahrhundert.«

Josep Maria Folch Salvador, Jahrgang 1962, ist selbständiger Umweltingenieur und Spezialist für Biogasanlagen.

»Ich bin begeisterte Leserin historischer Romane, da ist es logisch, dass ich gern durch die Gassen der Altstadt spaziere, die voller von Geschichten und Legenden sind. In der Nähe der Kirche Santa Maria del Mar lande ich am Ende immer wieder in der **Casa Gispert** im Carrer Sombrerers, 23. Der Familienbetrieb röstet seit 1851 Nüsse und Mandeln. Außerdem gibt es Gewürze, Tee und Schokolade. Mit all seinen Düften ist der Laden ein Juwel, der einen in die Vergangenheit zurück transportiert. Ich komme nie daran vorbei, ohne mir eine Kleinigkeit zu kaufen. Und beinahe genauso wenig an der **Granja la Pallaresa** im Carrer Petritxol, wo ich mich mit einem Suís stärke, einer Tasse heißer Schokolade mit Sahne.«

Laura Serrano Gervolés, Jahrgang 1963, ist Verwaltungsangestellte in einem Dienstleistungsunternehmen.

»Wenn ich dem Büro mal entfliehen kann, streune ich liebend gern den Carrer Balmes hinauf. An der Plaça Kennedy beginnt, was ich »Vintage Barcelona« nenne: La Zona Alta, die Gegend der reichen Bourgeoisie des 19. Jahrhunderts mit ihren Villen und kleinen Palästen. Zu Fuß oder mit der 100 Jahre alten Straßenbahn, dem Tramvia Blau geht es die Avinguda Tibidabo hinauf. Am oberen Ende der Allee, an der Plaça Doctor Andreu, belohne ich mich mit einem Essen im ebenso klassischen **Restaurant La Venta**, auch wenn es nicht zu den preiswertesten der Stadt gehört [Mo–So 13.30–15.30 und Mo–Sa 20.30–

23 Uhr • Menü ab 40 € • Plaça Doctor Andreu, s/n • Sant Gervasi • Metro: Avinguda Tibidabo, L7 • Tel.: 93 212 6455 • www.restaurantelaventa.com]. **Alternativ kann man** die besonders nachts großartige Aussicht vom **Bar-Restaurant Mirablau** genießen [Wochentags  11–3.30, am Wochenende bis 6 Uhr • Cocktail ab 10,50 € • Tel.: 93 418 5879 • www.mirablaubcn.com].

Fermín Estivill, Jahrgang 1969, ist Familienvater und Eigentümer der Druckerei Printmakers (www.print-makers.com) im Eixample.

»Die **Plaça Bonet i Muixí** ist einer der traditionellen Plätze des Stadtteils Sants, der bis zur Eingemeindung vor 120 Jahren eine selbständige Gemeinde war. Die Plaça bildet nicht nur den höchstgelegene Punkt des Stadtteils, sondern ist auch von großer historischer Bedeutung. Die **Kirche Santa Maria** wurde im Spanischen Bürgerkrieg von Anarchisten in Brand gesteckt, am Platz befanden sich Luftschutzbunker und man vermutet im Untergrund einen römischen Friedhof.

Wenn er auch nicht der schönste Platz Barcelonas ist, so fühle ich mich hier trotzdem zu Hause. Es ist ein populärer Treffpunkt der Einheimischen, und hier treffe ich immer auf alte Schulfreunde und

Nachbarn. Regelmäßig versammeln sich Hunderte, um mit den heimischen Castellers, den ›Borinots‹, bei ihren menschlichen Turmkonstruktion zu zittern und schließlich zu jubeln.«

Ares Oliver, Jahrgang 1995, ist Studentin der Rechtswissenschaften und unweit der Plaça aufgewachsen.

In Saus und Braus

La Revetlla de Sant Joan, die Nacht vor dem Johannistag am 24. Juni, ist eines der beliebtesten Feste Kataloniens. Weitgehend unorganisiert versammelt man sich im Freundeskreis, zündet Böller und ein Johannisfeuer, trinkt, lacht und freut sich über den gerade eingeleiteten Sommer, ähnlich wie in vielen anderen Regionen Europas. Einer erst seit 60 Jahren existierenden Tradition zufolge wird zur Sommersonnenwende am 21. Juni auf dem knapp 2.800 Meter hohen Canigó, dem zweiten heiligen Berg der Katalanen auf der französischen Seite der Pyrenäen, ein Feuer angefacht. Hunderte Freiwillige entzünden an ihm eine Fackel, die sie zu Fuß ins Tal hinunter tragen. Von dort verteilen sie das Feuer in über 350 Orte Kataloniens, auf Schusters Rappen, mit dem Fahrrad oder im Auto. Man schätzt, dass von dem Feuer des Canigó mehr als 3.000 Johannisfeuer im ganzen Land entzündet werden. In Barcelona wird die Flamme offiziell vom katalanischen Parlament an der Plaça Sant Jaume entgegengenommen. Eine schöne, mystische und bedeutungsschwere Tradition.

Doch im Jahr 2010 endete die Johannisfeier in einer Tragödie. Tausende machten sich aus Barcelona auf, um die warme Nacht am Strand zu verbringen. Um 23.18 Uhr hielt die Regionalbahn R2 am Bahnhof Platja de Castelldefels. Geschätzte 800 Menschen stiegen aus, um die letzten zweihundert Meter zum Strand zu Fuß zurückzulegen. Der Ausgang des Bahnhofs befindet sich auf der gegenüberliegenden Seite der beiden Bahngleise, doch die alte Fußgängerbrücke war gesperrt und durch eine 3,50 Meter breite Unterführung ersetzt worden. Angesichts der Menschenmassen, die sich durch den Tunnel schoben, ging es nur langsam voran. Eine Gruppe von knapp 40 Personen verlor die Geduld und beschloss, einfach die Gleise zu überqueren, schließlich war das rettende Ufer des gegenüberliegenden Bahnsteigs keine acht Meter entfernt. Im selben Moment raste mit 139 Stundenkilometern ein Schnellzug aus Alicante heran, der bis zum Bahnhof Sants durchfahren sollte. Der Lokführer konnte die Menschengruppe auf den Schienen erst im letzten Moment sehen, betätigte Hupe und Notbremse, doch der Zug kam erst 800 Meter weiter zum Stehen. Dreizehn junge Menschen kamen ums Leben, vierzehn wurden zum Teil schwer verletzt. Der Unfall löste im ganzen Land Bestürzung aus, die Ermittlungen konnten als Ursache nur jugendlichen Leichtsinn konstatieren. Wie so oft im Leben lagen zwischen Glück und Unglück, zwischen Euphorie und Tragödie nur ein paar Schritte.

Sollte man sich von Festen mit großem Andrang besser fernhalten?

Solange man seinen gesunden Menschenverstand einzusetzen weiß, auf gar keinen Fall. Volksfeste und Feiertage sind zentraler Bestandteil der fremden Kultur, die man ja kennenzulernen gekommen ist. Und gerade Barcelona und Katalonien insgesamt sind ungeheuer reich an vielfältigen, bunten und teils wirklich spektakulären Traditionen. Wer nicht ausgerechnet unter einer Phobie gegenüber großen Menschenansammlungen leidet, sollte unbedingt zu einem der zahlreichen Anlässe ein Bad in der Menge riskieren. Feste und Feiertage sind über das ganze Jahr verteilt, man kann seine Reise durchaus gezielt so planen, dass das eine oder vielleicht sogar andere Fest genau in die Reisezeit fällt. Natürlich existieren die unterschiedlichsten Formen, wie Feiertage angegangen werden, von düsteren Osterprozessionen bis zu dem an Kulturprogramm überbordenden Stadtfest Barcelonas im September.

La Diada de Catalunya – Der katalanische Nationalfeiertag (11. September)

Kurioserweise gedenkt der nationale Festtag der größten denkbaren historischen Tragödie, nämlich der Kapitulation Barcelonas vor den spanischen Truppen im Erbfolgekrieg 1714. In Folge der Niederlage verlor Katalonien alle Autonomierechte gegenüber dem spanischen König und Teile seines Territoriums.

Nach den langen Jahren der Unterdrückung durch die Franco-Diktatur, durfte der Tag erst 1977 wieder feierlich begangen werden und dem Selbstverständnis der Katalanen als Nation Ausdruck geben. 1980 wurde er zum offiziellen Nationalfeiertag erklärt. *La senyera*, die nationale Flagge mit den vier roten Streifen auf gelbem Grund, weht tausendfach an Fenstern und Balkons, doch in den letzten Jahren wird sie zunehmend von der *estelada* mit dem weißen Stern in blauem Dreieck verdrängt. Sie symbolisiert nicht nur das Nationalgefühl Kataloniens, sondern fordert ohne Umschweife direkt die Unabhängigkeit vom spanischen Staat.

Am 11. September, auf den auch das Gedenken an die Anschläge auf das New Yorker World Trade Center fällt, ist Barcelona alljährlich Schauplatz von Massenaufmärschen für die Unabhängigkeit. Im Jahr 2012 nahmen knapp zwei Millionen Menschen an der zentralen Demonstration für das Selbstbestimmungsrecht des Landes teil, also fast ein Drittel der katalanischen Gesamtbevölkerung. Im folgenden Jahr spannte sich eine 400 Kilometer lange Menschenkette von der französischen bis zur valencianischen Grenze; die Teilnehmerzahl wurde auf 1,6 Millionen geschätzt. 2014 formten 1,8 Millionen Menschen ein gigantisches »V« für *victoria* auf den Straßenzügen Diagonal und Gran Via.

Feste und Feiertage in Barcelona

Es folgt eine Liste der wichtigsten lokalen und religiösen Feiertage, die fast ausnahmslos zur Teilnahme empfohlen werden können. Die Feria de Abril wurde schon an anderer Stelle erwähnt und wird nicht noch mal aufgeführt, sie ist aber ohne Abstriche genauso besuchenswert.

El Dia de Reis – Die Heiligen Drei Könige

Das Dreikönigsfest spielt sich in erster Linie im Kreis der Familie ab, ist aber für die Kleinsten von fulminanter Bedeutung, denn traditionell fallen mehr Geschenke ab als zu Weihnachten. In der Öffentlichkeit wird nur ein kleiner Teil der Festivitäten ausgetragen. Am Vorabend des Feiertags, dem 5. Januar, findet in etlichen Stadtvierteln Barcelonas und selbst in kleinen Dörfern die Cavalcada de Reis statt: In farbenprächtige orientalische Kostüme gehüllt reiten die drei Könige ein, begleitet von Dienern und Pagen werfen sie Bonbons in die Menge der Schaulustigen. Früher wurde der den afrikanischen Kontinent repräsentierende König Balthasar schwarz geschminkt; inzwischen übernehmen diesen Part praktisch überall afrikanische Einwanderer. Am Ende der an einen Karnevalsumzug erinnernden Prozession nimmt das Königsgespann auf dem entsprechenden Thron unter einem vorbereiteten Baldachin Platz. Dann dürfen die Kinder Schlange stehen, um sich mit den drei Monarchen fotografieren zu lassen und einen Brief mit der Liste gewünschter Geschenke zu überreichen. Der Tradition nach sollte das formelle Schreiben auch eine Erklärung enthalten, mit welchen

Verdiensten und Leistungen sich der Nachwuchs die Präsente verdient hat.

Vor dem Schlafengehen hinterlassen die Kleinen vor der Zimmertür Kekse als Gaben für die Könige und Wasser für ihre Kamele, denn in der Nacht werden sie per Stippvisite ihre Geschenke hinterlegen. Unter der Drohung, statt reicher Schenkungen nur ein Stück schwarzer Kohle zu bekommen, werden Kinder schon lange vorher zu gutem Benehmen angehalten.

Früher gab es am Königsfeiertag nur Geschenke für die Kinder, doch die Konsumgesellschaft hat den Geschenkewahn inzwischen auch auf Erwachsene ausgedehnt. Vielfach wird der Umzug der Könige direkt von Einzelhandelsverbänden und Shopping-Malls organisiert.

Die Winterferien der Schulen dauern immer mindestens bis zum 7. Januar, folgt darauf ein Wochenende, sogar noch länger.

Calçotada

Ein *calçot* ist eine Zwiebelpflanze, die, sobald sie im Wachstum an der Erdoberfläche austritt, immer wieder mit Erde bedeckt wird. So entsteht eine langgestreckte Zwiebel, die auf den ersten Blick mit einer Lauchstange verwechselt werden könnte. Die Zuchtmethode stammt aus der Gegend von Tarragona. Zwischen Ende Januar und Anfang März werden die Pflanzen geerntet und dann feierlich im privaten Kreis, in Restaurants oder in Form eines Volksfestes angerichtet und verspeist. Die eindeutig beste Form ist natürlich mit Freunden unter freiem Himmel.

Man gart die Calçots in den Flammen eines offenen Holzfeuers und serviert sie in Zeitungspapier eingewickelt. Natürlich ist die oberste Zwiebelschicht tiefschwarz verkohlt und mit Ruß bedeckt, man zieht sie aber einfach ab und kann das leckere Innere zusammen mit auf Mandeln basierender Romesco-Soße verdrücken und zwar nicht etwa am Tisch sitzend, sondern im Stehen. Der Clou an der Sache ist die Unmöglichkeit, dabei sauber zu bleiben; schwarze Rußflecken im Gesicht und auf der Kleidung sind fast unvermeidlich. Gießt man dann auch noch den Wein aus dem in die Höhe gehaltenen Porró (siehe Seite 87) in dünnem Strahl in den offenen Mund, gesellen sich auch noch farbenfrohe Rotweinspritzer hinzu. Ein guter Anlass für herzliches Gelächter und ausgelassene Stimmung. Im Restaurant und auf öffentlich veranstalteten Calçotades geht es natürlich gesitteter zu. Man sollte sich also unbedingt eine Strategie überlegen, wie man an eine Einladung zu einem privaten Fest kommt.

Auf die Zwiebelorgie folgt meist noch gegrilltes Fleisch. Calçotades sind inzwischen in ganz Katalonien populär und die Saison wird aus kommerziellen Gründen immer weiter ausgedehnt.

Karneval

Die Festivitäten um den in Katalonien *carnestoltes* genannten Karneval unterscheiden sich nur in Details von mitteleuropäischen Bräuchen. In den Stadtvierteln Barcelonas werden mindestens 30 Karnevalsumzüge organisiert, mit Verkleidung, Konfetti, Tanz, Bonbons und sehr lauter Musik. Die ausgelassensten Feiern finden üblicherweise im Born statt. Dort wird am Weiberfastnachtsvormittag der Karnevalskönig präsentiert und abends gibt es Feuerwerk und Maskenball. Der Tag heißt hier *dijous gras*, also »fetter Donnerstag«, weil man sich vor der 40-tägigen Fastenzeit noch mal so richtig mit fetten und eiweißhaltigen Nahrungsmitteln vollstopfen darf, traditionell mit *truita* (Omelett), *botifarra* (Bratwurst) und *llardons* (frittierte Schweinschwarte). Samstag ist der Tag der Umzüge, nachts gehen viele bis in die Morgenstunden aus, Verkleidete mischen sich ungezwungen mit Unmaskierten. Am späten Sonntagnachmittag steht der zentrale Festakt an: Die Orangenschlacht (*la batalla de les taronges*) ist trotz des vielversprechenden Namens nicht viel mehr als ein orangefarbener Konfettiregen, der normalerweise vor dem Mercat del Born niedergeht. Nach dem Wochenende ist nicht mehr viel los. Am Aschermittwoch, dem *dimecres de cendra* wird der Karneval mit dem *enterrament de la sardina*, der »feierlichen Beerdigung einer Sardine«, beendet.

Wer den Karneval in seiner ungezügeltsten Ausprägung erleben will, unternimmt am Samstag einen Ausflug nach Sitges, der wahren Fastnachtshochburg der Region.

▌Linie R2 von der Station Passeig de Gràcia oder vom Bahnhof Sants ● Einfache Fahrt 4,10 €

La Setmana Santa – Ostern

Die Mehrheit der Katalanen hat sich weit von der katholischen Frömmigkeit Südspaniens entfernt. Kirchen werden fast nur noch von der älteren Generation und tiefgläubigen lateinamerikanischen Zuwanderern besucht. So haben auch die Osterfeierlichkeiten eher einen folkloristischen und sozialen Charakter angenommen. Prozessionen sind höchstens mittelmäßig besucht und haben wenig gemein mit den düsteren mittelalterlichen Aufmärschen im Süden. Die Festivitäten beginnen am Palmsonntag, dem Sonntag vor Ostern, mit einem Kirchgang der Familie. In Feiertagskluft gezwängt, tragen die Kinder traditionell einen Palmzweig. An der Kirche Sant Agustí im Raval beginnt und endet eine Prozession durch die Altstadt namens La Burreta; der Name leitet sich von dem Esel ab, auf dem Christus nach Jerusalem eingeritten war.

Die wichtigste Osterprozession startet am Karfreitag um 17 Uhr an der gleicher Stelle und trägt eine kolossale Marienfigur durch die Straßen der Altstadt. Ihr folgen die Nazarenos, Mitglieder christlicher Bruderschaften im Büßergewand mit den an den Ku-Klux-Klan erinnernden kegelförmigen Kapuzen.

Der Ostersonntag wird im Kreis der Familie begangen. Statt um Ostereier dreht sich alles um die Mona de Pasqua, ursprünglich ein einfacher Kuchen, der mit kleinen Schokoladenfiguren dekoriert wurde. In den letzten Jahren jedoch sind die Figuren immens gewachsen und zu wahren Kunstwerken gediehen. Unter den Konditoren ist ein regelrechter Wettbewerb ausgebrochen, wer die spektakulärsten Schokoskulpturen ins Schaufenster stellt. Man hat schon ein Empire State Building von zwei Metern Höhe oder ungeheuer naturgetreue Nachbildungen von Fußballern des FC Barcelona gesehen.

Die imposanteste Osterveranstaltung Kataloniens ist La Dansa de la Mort, der »Tanz des Todes«. In der Nacht des Gründonnerstag tanzen Dutzende als Skelette verkleidet durch die dunklen Gassen des Dörfchens Verges, 120 Kilometer nördlich von Barcelona. Leider ist der Ort mit öffentlichen Verkehrsmitteln kaum zu erreichen, zieht aber zehntausende von Besuchern an, sodass man auch bei der Anfahrt mit dem Auto möglicherweise noch einige Kilometer Fußweg in Kauf nehmen muss.

Diada de Sant Jordi – Der Tag des Heiligen Georg (23. April)

Der frühchristliche Märtyrer soll, laut der katalanischen Version der vielfältigen Legenden, die Kleinstadt Montblanc, 120 Kilometer westlich von Barcelona, per Lanzenstoß von einem blutrünstigen Drachen befreit haben. Der im selben Atemzug geretteten wunderschönen Prinzessin schenkte Jordi zum Abschied eine prachtvolle Rose, die aus dem Blut des Monsters gewachsen war. So stieg der junge Held zum Schutzpatron Kataloniens auf, einen Status, den er auch in Ländern wie England, Bulgarien oder Äthiopien genießt. Dort wird die Geschichte vom Drachentöter natürlich etwas anders erzählt.

Die Tradition des Rosenverschenkens hat sich bis heute erhalten: Jeder Mann schenkt allen guten weiblichen Bekannten wie

Ehefrau, Freundin, Schwiegermutter oder Sekretärin eine rote Rose. An allen Hauptstraßen und jeder wichtigen Kreuzung baut sich schon in der Morgendämmerung irgendein selbsternannter Blumenhändler auf, der 500 Euro vorgeschossen hat, um ein paar Hundert Rosen an Vorbeifahrende zu verscherbeln, zum Stückpreis von drei Euro oder mehr. An diesem einzigen Tag werden in Katalonien über sechs Millionen Rosen verkauft, weit mehr als im gesamten Rest des Jahres. Die Blütenpracht wird aus China, Kolumbien und Ecuador importiert.

Natürlich sind die Männer des Landes keine uneingeschränkt selbstlosen Rosenkavaliere, sondern erwarten im Gegenzug ebenfalls ein Geschenk, zumindest von Frau, Freundin oder Liebhaberin. Zwar wird man nur selten einen Mann in ein Buch versunken in der Metro sitzen sehen, doch die Tradition verlangt, dass an Sant Jordi Lektüre beschert wird. Bevorzugte Themen der verschenkten Schmöker sind Fußball, Kochkunst und der Weg zur Unabhängigkeit Kataloniens. Knapp zwei Millionen Bücher werden in jedem Jahr dem Heiligen Georg zu Ehren gekauft, was für viele Verlage ein Drittel des Jahresumsatzes ausmacht.

Auf den wichtigsten Plätzen der Stadt werden zu Sant Jordi Buchmärkte aufgestellt und die Barceloniner strömen zu Tausenden bei meist angenehmem Frühlingswetter durch die Stadt. Zwar ist Sant Jordi kein offizieller Feiertag, aber dennoch ein Datum, an dem sich die Straßen mit Freude und Fröhlichkeit füllen, und trotz aller Kommerzialisierung eine liebenswerte, humanistische und friedfertige Tradition.

Corpus Cristi – Fronleichnam

Sechzig Tage nach dem Ostersonntag steht ein abgesehen von einer einzigen Merkwürdigkeit unspektakulärer katholischer Feiertag an: Mindestens seit 1440 wird auf die Spitze des Wasserstrahls städtischer Springbrunnen eine geleerte Eierschale gesetzt, die scheinbar den Gesetzen der Schwerkraft widersprechend nicht herunterfällt. *L'ou com balla*, »das tanzende Ei«, kann man zu Fronleichnam an fast allen Springbrunnen der Altstadt bewundern.

Wirklich hoch her geht es dagegen in Berga, 100 Kilometer nördlich von Barcelona. Mit Feuerwerk und Riesenfiguren aus Pappmaché wird in den Straßen der Kleinstadt ein derartiges Spektakel veranstaltet, dass es sogar zum Weltkulturerbe der UNESCO erhoben wurde.

Les Festes de la Mercè (bis zum 24. September)

Eine knappe Woche lang wird Barcelona von einem überbordenden Kulturprogramm eingenommen, wenn der Stadtpatronin Mercè die Ehre erwiesen wird. Obendrein sind fast alle Veranstaltungen kostenlos. Zwei Millionen Besucher strömen zu über 600 Darbietungen mit Tanz, Zirkus, Theater, Feuerwerk und Musik aller nur denkbaren Stilrichtungen. Außerdem werden der Stadtmarathon und die Meisterschaften im Strandrugby und -volleyball ausgetragen. In jedem Jahr darf sich eine internationale Stadt umfassend kulturell präsentieren, in den vergangenen Jahren waren das beispielsweise Wien, Quito oder Dakar.

Natürlich kommt auch die katalanische Folklore groß zum Zuge: Sardanes und Bastoners, traditionelle Stocktänze, werden getanzt, menschliche Türme namens *castells* werden gebaut (siehe Seite 269), riesige Pappmachéfiguren, *gegants* genannt (siehe Seite 273), spazieren getragen. Nachts folgen *correfocs*, die »Feuerläufe«, von lautstarker Pyrotechnik begleitete Umzüge durch die Straßen der Stadt. Die Veranstaltungen konzentrieren sich an verschiedenen Punkten, besonders in der Altstadt, dem Parc de la Ciutadella, am Hafen, dem Fòrum und auf dem Montjuïc. Genaue Daten findet man unter www.merce.bcn.cat. Wer keinen Geschmack an massenhaften Menschenaufläufen findet, sollte Barcelona zur Zeit des Stadtfestes vielleicht besser fernbleiben.

Nadal – Weihnachten

Die Weihnachtsfeiertage selbst gehören der Familie – Barcelona wirkt wie ausgestorben, viele Restaurants und Kneipen bleiben geschlossen –, aber nach Einbruch der Dunkelheit sind zumindest die unersättlichen Nachtschwärmer unterwegs. Zu Hause erfreut man sich der mit viel Liebe zum Detail gebastelten Weihnachtskrippe mit dem an strategisch günstiger Stelle platzierten Caganer, der Figur des verschüchtert hockenden Bauern, der seine Notdurft verrichtet (siehe Seite 83).

Das Thema Darmentleerung kommt auch noch bei einer anderen Tradition zum Zuge: Die Geschenke für die Kinder bringt nämlich nicht der Weihnachtsmann, sondern sie werden vom Tió, einem abgesägten Baumstamm, ausgeschieden. Oft steht er auf zwei kurzen Beinen und hat an der Schnittfläche ein Gesicht aufgemalt bekommen. Über Tage bekommt er reichlich Nahrung vor die Nase gestellt, damit er möglichst viele Präsente ausstößt. Vor der winterlichen Kälte wird er mit einer Wolldecke geschützt. Während die Kinder anderweitig abgelenkt werden, platziert ein Elternteil ein hübsch verpacktes Geschenk am Hinterteil des Tió, versteckt unter der Decke. Dann fordern die Kinder den Baumstamm mit einem traditionellen Vers energisch zum Stuhlgang auf und schlagen ihn mit einem Stock. Und siehe da, der Tió gehorcht und der begeisterte Nachwuchs entdeckt sein Weihnachtsgeschenk. Die Tradition ist seit Jahrhunderten tief verwurzelt und wird auch im benachbarten Aragón und in Südfrankreich gepflegt.

Was den Deutschen die Weihnachtsgans ist den Katalanen der Truthahn *gall d'indi* oder ein mit Rosinen und Pinienkernen gefülltes Hühnchen aus dem Ofen. Außerdem gibt es *escudella i carn d'olla*, eine Brühe mit Fleisch-, Wurst- und Gemüseeinlage, ein Gericht, das überraschend mitteleuropäisch anmutet. Als Dessert kommt *torró* auf den Tisch. Das auf Mandeln, Zucker und Honig basierende Süßgebäck ist im gesamten Mittelmeerraum verbreitet und wurde von den Mauren nach Spanien eingeführt. Es gibt die unterschiedlichsten Varianten, weich oder hart, mit oder ohne Schokolade. Die Verwandtschaft zu Süßspeisen der arabischen Welt und der Türkei ist unübersehbar.

Der für den Besucher interessantere Teil des Weihnachtsfestes spielt sich in der Adventszeit ab, die aber auch in Barcelona von Konsum, Kaufrausch, kitschiger Festbeleuchtung und totaler Kommerzialisierung dominiert wird. In verschiedenen Vierteln werden Weihnachtsmärkte aufgebaut, allerdings bekommt man keinen Glühwein – der wird hier von den meisten Menschen verabscheut. Die *Fira de Santa Llúcia* auf dem Platz vor der Kathedrale dauert den ganzen Dezember hindurch bis Weihnachten und zählt gut 250 Marktstände für alle nur denkbaren Produkte.

Pessebres, die Weihnachtskrippen, sind eine tief verwurzelte Tradition. Viele Geschäfte stellen eigene Kreationen in die Schaufenster, es gibt einen landesweiten Verband organisierter Krippenbauer, Ausstellungen, Schönheitswettbewerbe und auch abstrakte Versionen moderner Künstler. Darüber hinaus werden *pessebres vivents* veranstaltet, also lebensgroße Darstellungen mit lebendigen Menschen und Tieren. In Theatern und manchmal auch unter freiem Himmel werden *pastorets* aufgeführt, wo die Geburtsgeschichte des Christkinds im Stall auf unterschiedlichste Weisen interpretiert und schauspielerisch umgesetzt wird.

Unbedingt zu den Feiertagen gehört die spanienweite Lotterie La Grossa – »die Dicke«. Schon im Spätsommer kann man seine Lottoscheine mit aufgedruckter Seriennummer erwerben. Die gesamte Gewinnausschüttung liegt bei über zwei Milliarden Euro. Allerdings muss man schon ordentlich investieren, wenn man einen Volltreffer von vier Millionen Euro erzielen will, denn jedes Los wird in Zehnteln zu je 20 Euro verkauft und der Gewinn entsprechend aufgeteilt. Vom Aberglauben getrieben leisten sich viele den über 220 Kilometer langen Ausflug ins Dörfchen Sort, um dort den Lottoschein zu erwerben, denn der Ortsname bedeutet im Klartext »Glück«. Am Morgen des 22. Dezember findet dann in Madrid mit einem bizarren dreistündigen Ritual die Auslosung statt: Die Gewinnzahlen werden von Schulkindern vorgesungen, was live in Radio und Fernsehen übertragen wird. Da die Seriennummern nicht homogen über das ganze Land verteilt werden, schlagen meist etliche Gewinne gebündelt in einer bestimmten Nachbarschaft, manchmal sogar nur einer einzelnen Kneipe oder Lottoannahmestelle ein. Das hat den kommerziell nicht zu unterschätzenden Effekt, dass umso mehr Lose verkauft werden, weil keiner zurückstehen will, wenn über Freunde und Nachbarn ein Geldsegen niedergeht.

Was in Deutschland *Dinner for One* an Silvester darstellt, heißt in Katalonien *Nadal a tres bandes*, dauert bis zu vier Stunden und wird am Nachmittag des ersten Weihnachtstages ausgestrahlt. Es handelt sich um eine Art Zirkus am Poolbillardtisch. Wahre Artisten versenken die bunten Kugeln auf spektakuläre und phantasievolle Art und Weise. Als das Programm 2009 abgesetzt wurde, hagelte es wütende Proteste und Aufrufe zu zivilem Ungehorsam, sodass es seit dem folgenden Jahr wieder gesendet wird.

Sants Innocents – Das Fest der Unschuldigen Kinder (28. Dezember)

Kurz nach Weihnachten sollte eigentlich dem in der Bibel beschriebenen von König Herodes angeordneten massenhaften Kindermord gedacht werden, doch stattdessen hat sich der Brauch eingebürgert, seine Mitmenschen auf die Schippe zu nehmen. Das Adjektiv *innocent*, also »unschuldig«, bedeutet nebenbei nämlich auch so viel wie »trottelig« oder »einfältig«. Dieser Charakterzug wird mit fingierten Telefonanrufen, falschen Nachrichten und kleinen Streichen aller Art schamlos ausgenutzt. Auch die Tageszeitung drucken frei erfundene Neuigkeiten. Der Tag entspricht also dem 1. April im anglogermanischen Kulturkreis.

Cap d'any – Silvester

Natürlich wird auch in Barcelona das neue Jahr mit einem umfangreichen Mahl und einem rauschenden Fest im Freundeskreis begrüßt. Feuerwerk und Raketen wird man allerdings vermissen, die kommen zu Sant Joan im Juni zum Einsatz. Die gesamtspanische Tradition will es, dass man sich zu jedem der zwölf Glockenschläge um Mitternacht eine Weintraube in den Mund steckt, die man dann irgendwie schnell in die Speiseröhre befördern soll. Nach den üblichen Umarmungen geht das Fest bis in die Morgenstunden weiter, allerdings ohne besondere Rituale.

Am Neujahrsmorgen veranstaltet der Schwimmclub Atlètic Barceloneta an der Platja de Sant Sebastià das rituelle erste Bad des Jahres im Mittelmeer. Ansonsten herrscht Friedhofsruhe auf den Straßen Barcelonas. Alle sind damit beschäftigt, ihren Kater zu kurieren.

Das katalanische Gegenstück zum mitteleuropäischen Neujahrsskispringen ist die Live-Übertragung des *Concurs del Gos d'Atura*, einem Geschicklichkeitswettbewerb katalanischer Schäferhunde. International ist diese Rasse langhaariger und sehr intelligenter Vierbeiner kaum bekannt, in Katalonien dagegen genießen sie neben dem Esel den Status eines Nationalsymbols, vergleichbar mit dem des Deutschen Schäferhundes.

Festivals und Messen

Barcelona ist eine kulturell ungemein aktive Stadt. Man mag sich aus der Entfernung denken, dass sich die Menschen am liebsten dem süßen Nichtstun widmen, doch das ist weit gefehlt. In meinem Bekanntenkreis ist so gut wie jeder in irgendeine kulturelle Aktivität verwickelt, fast alle spielen in Bands, sind Künstler, DJs oder engagieren sich in NGOs (hier allerdings ONGs genannt, weil Adjektive im Spanischen wie im Katalanischen immer hinter dem Substantiv stehen).

Diese frenetische Hyperaktivität spiegelt sich auch in der Unzahl von Festivals und Messen aller Art wider, die alljährlich in der Stadt veranstaltet werden. Für jeden Geschmack und jedes Interesse ist etwas dabei, eine komplette Auflistung würde aber den Rahmen dieses Buches sprengen. Was aktuell in der Stadt los ist, lässt sich immer problemlos über Veranstaltungskalender wie den englischsprachigen www.timeout.com/barcelona oder den katalanischen www.butxaca.com herausfinden. Die Wirtschaftskrise hat den Festivalmarkt in den vergangenen Jahren allerdings etwas ausgedünnt. In jedem Fall beachtenswert sind auch die Stadtteilfeste.

Festival de Tango de Barcelona: Das neue Jahr startet in Barcelona gleich mit dem großen Tangofestival. In den 20er- und 30er-Jahren war die Stadt das Sprungbrett vieler großer Musiker und Tänzer auf die internationalen Bühnen.
▌ Anfang Januar • Verschiedene Säle der Stadt • www.festivalbarcelonatango.com

Primavera Sound: Der Parc del Fòrum beherbergt Ende Mai Barcelonas größtes Pop und Rock-Festival, das seinen Schwerpunkt auf Musik aus dem Alternativ-Sektor setzt. In den letzten Jahren traten Größen wie Sonic Youth, PJ Harvey oder Portishead vor bis zu 170.000 Zuschauern auf.
▌ Normalerweise am letzten Maiwochenende • Um 200 €, Ermäßigungen bei Kauf

mindestens einen Monat im Voraus • Parc del Fòrum • Metro: El Maresme-Fòrum, L4 • www.primaverasound.com

Sónar: Jeweils Mitte Juni präsentiert das erfolgreiche Festival Künstler elektronischer Musik der ersten Güteklasse. Das seit über 20 Jahren veranstaltete Großereignis ist derart gewachsen, dass es inzwischen Ableger in der halben Welt hinterlassen hat, von Tokio nach Reykjavík und von Kapstadt nach Ciudad de México.

Am zweiten oder dritten Juniwochenende • In den letzten Jahren auf dem Messegelände der Plaça Espanya, doch der Veranstaltungsort hat schon oft gewechselt • Metro: Plaça Espanya • www.sonar.es

Gran Trobada d'Havaneres Cara al Mar: Die Fusion katalanischer Volksmusik und kubanischer Rhythmen präsentiert sich einmal pro Jahr in den Straßen der Barceloneta.

Am letzten Samstag im Juni • Barceloneta • www.palimpalem.com/6/amicshavaneres

Harley Days: Ebenfalls Anfang Juli versammeln sich die die Anhänger des Kultes um schwere Maschinen und laute Auspufftöpfe an der Plaça Espanya.

Normalerweise am ersten Juli-Wochenende • Messegelände der Plaça Espanya • Metro: Plaça Espanya • barcelonaharleydays.com

Grec: Seit der Transition zur Demokratie veranstaltet Barcelona sein stilistisch weitgefächertes Festival zu Musik, Tanz und Theater. Zentraler Austragungsort ist die Freiluftarena Teatre Grec am Montjuïc, aber auch viele andere Theater kommen zum Zuge.

Den ganzen Monat Juli • Verschiedene Schauplätze in der ganzen Stadt • www.grec.bcn.cat

Cruïlla: Der scheinbar kryptische Titel bedeutet »Kreuzung«, was schon darauf hinweist, dass hier an drei Tagen verschiedenste Sparten der Pop und Rock-Musik zum Zuge kommen, von Punkrock zu Hip-Hop und von Reggae zu Folk. Die vergangenen Jahre sahen Musiker vom Kaliber Iggy Pop, Rufus Wainwright oder Goran Bregovic.

▌ Anfang bis Mitte Juli • Parc del Fòrum • Metro: El Maresme-Fòrum, L4 • www.cruillabarcelona.com

Gandules: Kostenloses Freiluftkino mitten in der Stadt: Jedes Festival widmet sich einem bestimmten Thema, bei den vergangenen Ausgaben waren das Migration, Humor, Gier und Geld.

▌ Drei Wochen im August, jeweils Di–Do • Innenhof des CCCB, Carrer Montalegre, 5 • Raval • Metro: Plaça Catalunya, L1 • www.cccb.org

Festa Major de Gràcia: Mitten im Hochsommer schmücken die Nachbarn phantasievoll ihre Straßen. Das ausgelassene Fest mit allen Zutaten katalanischer Kultur zieht alljährlich hunderttausende Besucher an.

▌ Ein Woche ab dem 15. August • Gràcia • www.festamajordegracia.cat

Barcelona Tattoo Expo: Was einst als Brandmarkung von Randfiguren und Aussätzigen der Gesellschaft betrachtet wurde, ist heute nicht viel mehr als ein modisches Accessoire. Die Tattoo-Messe lockt Profis und Liebhaber aus der ganzen Welt nach Barcelona.

▌ Anfang Oktober • Messegelände der Plaça Espanya • Metro: Plaça Espanya • www.barcelonatattooexpo.com

Festa Major de Les Corts: Der Stadtteil Les Corts feiert sich in jedem Herbst mit einem reichhaltigen Programm katalanischer wie moderner internationaler Kultur. Den Höhepunkt der Feierlichkeiten bildet jeweils das Feuerwerksspektakel am Samstagabend.

▌ Anfang Oktober

SWAB – Fira Internacional d'Art Contemporàni de Barcelona: Dutzende Galerien stellen die neusten Tendenzen der modernen

Kunst aus, begleitet von einem breiten Rahmenprogramm mit Konferenzen und Debatten.

▌ Anfang Oktober • Messegelände der Plaça Espanya • www.swab.es

Oktoberfest: Man mag es kaum für möglich halten, doch Barcelona richtet tatsächlich eine mediterrane Version des ur-bajuwarischen Bierfestes aus. Das ist gar nicht so ungewöhnlich, wie es auf den ersten Blick erscheint: Auch Málaga, Valladolid, Zaragoza und etliche andere Städte erfreuen sich in jedem Herbst an Weißwurst, Senf und Trunkenheit.

▌ Anfang Oktober • Messegelände der Plaça Espanya • www.oktoberfest-barcelona.es

Festival Internacional De Jazz: Die von einer lokalen Biermarke gesponserte herbstliche Konzertreihe bringt sechs Wochen lang fast jeden Abend irgendeine Kapelle auf die Bühne. Allerdings wird der Begriff Jazz sehr weit gefasst und im Programm finden sich auch Namen, die man eher in die Sparten Pop oder Rock einordnen würde. Hin und wieder kommt auch Flamenco zum Zuge.

▌ Von der zweiten Oktoberhälfte bis Ende November • Verschiedene Clubs und Konzertsäle in der ganzen Stadt • www.theproject.es

Saló de Manga: Eine der wenigen Messen Europas, die sich der Welt des japanischen Comics widmet. Was auf den ersten Blick als Angelegenheit einer winzigen Minderheit erscheint, zieht tatsächlich weit über hunderttausend Besucher an.

▌ Ende Oktober/Anfang November • Messegelände der Plaça Espanya • Metro: Plaça Espanya • www.ficomic.com

Sitges Festival Internacional de Cinema Fantàstic: Das Festival des Horror- und Fantasyfilms verwandelt das Strandbad Sitges alljährlich im Oktober in einen vorzeitigen Straßenkarneval.

▌ Ende Oktober • Sitges, 40 Kilometer südlich von Barcelona • Metro: R2 vom Passeig de Gràcia oder dem Bahnhof Sants • www.sitgesfilmfestival.com/cas

In-Edit International Music & Documentary Film Festival: Das kleine Spartenfestival konzentriert sich allein auf Dokumentarfilme über Musik und Musiker.

❚ Ende Oktober • Verschiedene Kinos der Stadt • www.in-edit.org

Dia dels Morts: Der mexikanischen Tradition folgend, den Tag der Toten zu begehen, schmücken Dutzende von Einzelhandelsgeschäften ihre Schaufenster mit morbiden Altären und Totenköpfen.

❚ Um den 31 Oktober • Verschiedene Schauplätze in der Stadt • www.memoriaviva.mx

Improv: Das kleine Festival für improvisierte Stand-up-Comedy in englischer Sprache veranstaltet auch Workshops, die Amateuren offenstehen.

❚ Anfang November • Verschiedene Punkte im Stadtteil Gràcia • www.barcelonaimprovfestival.com

Mira: Das Festival dreht sich um die aktuellsten Tendenzen audiovisueller Kunst.

❚ Mitte November • Verschiedene Schauplätze in der Stadt • www.mirafestival.com

Els Grans del Gospel: Gospelchöre aus aller Welt besteigen alljährlich verschiedene Bühnen in ganz Katalonien. Ein Teil der Konzerte findet direkt in Barcelona statt.

❚ Anfang Dezember • Verschiedene Säle in ganz Katalonien • www.theproject.es

Den Himmel berühren

Die Bar des Viertels ist ein Fixpunkt im Leben jedes Spaniers, so wie ein Haken im Fels für den Bergsteiger. Er gibt Sicherheit für einen Moment des Innehaltens. Früher versammelten sich in den Eckkneipen vier Generationen der Nachbarschaft, heute weichen immer mehr dieser Institutionen gestylten Bars, die auf ein bestimmtes Publikum zielen. Trotzdem findet man sie noch immer in allen Stadtvierteln Barcelonas.

Der Tag in der Nachbarschaftskneipe ist lang und hat viele Phasen: Früh morgens kommen die Malocher, um sich schnell mit einem starken Kaffee auf das drohende Tageslicht einzustimmen, dann trudeln die Rentner ein, die durch die inzwischen eingetroffene Tageszeitung blättern und sich den Kaffee mit Cognac würzen, am mittleren Vormittag kehren die Arbeiter und Handwerker zurück, um einen Happen zu essen und auch sich den Tag zu versüßen. Nach und nach finden sich auch Hausfrauen, Studenten und gelangweilte Arbeitslose ein, und am späten Nachmittag und frühen Abend kehren zum dritten Mal die Arbeitstiere zurück, um die beendete Schicht zu feiern. Wenn die Nacht die Stadt unter ihrem nostalgischen Schwergewicht begräbt, übernehmen allmählich die Vampire die Macht, es sei denn, ein Barça-Spiel wird übertragen, dann versammeln sich alle.

Es existiert keine englische *last order*, entweder gibt die lokale Reglementierung eine definitive Schlusszeit vor, oder das Personal wartet geduldig ab, bis nur noch eine Handvoll Nachtschwärmer übrig ist, und kündigt den eigenen Dienstschluss an.

Einer der turnusmäßigen Feierabendbesucher meiner Eckkneipe ist Jesús, Ende 20, von der Gattung Arbeitstier. Sein Vorname erschien mir immer anmaßend. Ich kenne niemanden in Deutschland der Jesus heißt, aber in Spanien ist das durchaus üblich, auch wenn sich keiner direkt als Propheten bezeichnet. Im Übrigen bekommt man statt »Gesundheit« auch den Namen Jesús an den Kopf geworfen, wenn man niest.

Jesús also ist Schichtführer in einer Textilfabrik, was bedeutet, dass er eine Stunde vor Schichtbeginn am Arbeitsplatz eintrifft und sein Tag erst endet, wenn der letzte Handschlag getan ist. Er repariert Maschinen, kalkuliert die Planung am Computer, wischt ausgelaufenes Öl auf und dirigiert zwei Dutzend Arbeiter mit festen Schichtzeiten. Im Gegenzug verbucht Jesús am Monatsende das Doppelte auf seinem Konto, ist aber für das Funktionieren seiner Sektion in der Fabrik verantwortlich, und was andere nicht schaffen, addiert er dem eigenen Arbeitspensum hinzu. Ein Job mit Verfallsdatum, der Burn-out nach ein paar Jahren ist garantiert. Atlas hievt die Welt auf seinen breiten Bizeps, aber irgendwann ist er ausgebrannt und zuckt mit den Schultern.

Jesús war nicht mehr als ein flüchtiger Bekannter, bis er sich eines Tages näherte, um ein erstes ernsthaftes und ungestörtes Gespräch zu erbeten. Er hatte ein klares Anliegen, eines, das umfangreicher Erklärungen bedurfte. Außer seinem Job als Einzelkämpfer war er essentieller Bestandteil einer *colla de castellers*. Das sind die Vereine, die seit zwei Jahrhunderten in Katalonien bis zu 10-stöckige Menschentürme bauen. Eine Tradition, die spontane Begeisterung und uneingeschränkte Bewunderung aller Unbeteiligten hervorruft.

Jesús fand, sein Club bedürfte dringend frischen Blutes, einer umfassenden Erneuerung, und wollte für das Präsidentenamt kandidieren. Wie in der Politik musste er ein Programm formulieren, eine Vision entwerfen, eine Zukunftsperspektive vorgeben. Etliche seiner Programmpunkte verstand ich als Außenstehender nur zur Hälfte, doch sein Anliegen an mich war absolut klar: Ich sollte eine Tournee durch Deutschland organisieren, mit Auftritten auf Sommerfesten und Kulturfestivals. Die wirtschaftliche Zielsetzung lautete plus/minus null. Eine zweiwöchige Rundreise sollte für alle Beteiligten kostenlos bleiben. Für die Colla bedeutete eine Auslandstournee Prestige und Erfolg, für die Austragungsstätte ein relativ preiswertes aber grandioses und weitgehend ungekanntes Spektakel.

Ich war von der Idee begeistert, sah eine große Herausforderung und eine Erfahrung fürs Leben. Die Welt der Castells hatte ich bisher nur aus der Entfernung wahrgenommen, aber sie hatte mich vom ersten Moment an fasziniert. Menschentürme von 15 oder 20 Metern Höhe, eine Gemeinschaftsarbeit aller Generation und sozialen Schichten, ein tiefer Ausdruck von Solidarität, Brüderlichkeit und Pazifismus. Kein Gegner soll besiegt, überrannt oder gedemütigt, nur den Gesetzen der Schwerkraft ihre Grenzen aufgezeigt werden.

Noch am selben Abend durchforstete ich das Internet nach Kulturfestivals und Sommerfesten in Mitteleuropa und brütete, wie man eine Auslandstournee angemessen organisieren könnte. Nun, das Unternehmen blieb enttäuschenderweise in den Kinderschuhen stecken. Jesús' Versuch, politische Allianzen zu schmieden und ein Team zu formieren, scheiterte. Am Ende zog er seine Kandidatur fürs Präsidentenamt zurück, doch ich hatte mich immerhin der Welt der Castells angenähert.

Was steckt hinter der Tradition?

Wie so oft bei folkloristischen Bräuchen, verlieren sich die Ursprünge im Dunkel der Vergangenheit. Man vermutet einen Zusammenhang mit Volkstänzen an religiösen Feiertagen im Grenzraum von Katalonien, Valencia und Aragón, also am Unterlauf des Ebre. Das erste schriftlich dokumentierte Castell wurde 1770 in dem Dörfchen L'Arboç, knappe 70 Kilometer südlich von Barcelona, errichtet. Es bestand bereits aus sechs menschlichen Stockwerken, man darf also vermuten, dass schon einige Jahre oder Jahrzehnte wohlorganisierter Praxis ins Land gegangen waren. Das erste goldene Zeitalter der Castellers fiel in die zweite Hälfte des 19. Jahrhunderts. Im gesamten Süden Kataloniens hatten sich Colles formiert, die miteinander um die höchsten und schwierigsten Strukturen wetteiferten.

Castells können mit höchst unterschiedlichen Architekturen errichtet werden, die durch ein simples Nomenklatursystem definiert werden. Ein *tres de set*, also ein »drei mal sieben«, bedeutet, dass sich jeweils drei Personen in sieben Stockwerken stapeln. Die geometrisch simpelste aber in der Praxis eine der schwierigsten Formationen ist der *pilar*, die »Säule«. Bis zu acht Einzelpersonen stehen übereinander jeweils auf den Schultern der unteren Person, ohne jede seitliche Stabilisierung. Das andere Extrem stellen Gebäude mit neun oder gar zwölf Menschen pro Etage dar.

Eine solche Konstruktion benötigt natürlich ein solides Fundament. Das Untergeschoss bilden die Kräftigsten, denn sie müssen ein enormes Gewicht auf ihren Schultern tragen. Um zu verhindern, dass sie einfach einknicken, werden sie seitlich von einer Traube dutzender Menschen gestützt. Ein Castell gilt erst als vollständig, wenn es nicht nur auf-, sondern auch geordnet wieder abgebaut wurde. Dann kann das Publikum in wahre Begeisterungsstürme ausbrechen. Bisher bilden zehn Stockwerke die magische Grenze, die noch nicht überwunden werden konnte. Manche Stimmen meinen, durch eine Professionalisierung könnten ungeahnte Rekorde aufgestellt werden, doch gerade die konsequente Unkommerzialität dieser Kulturtradition ist einer ihrer attraktivsten Aspekte. Seit 2010 gehört sie zum Weltkulturerbe der UNESCO.

Natürlich ist der Bau eines zehn oder zwölf Meter hohen menschlichen Turms keine ganz ungefährliche Angelegenheit. Laut Statistik stürzen aber nur vier Prozent aller öffentlich gebauten

Castells ein, denn jedem Versuch gehen Dutzende Trainingseinheiten voraus. Die Colles üben mindestens zweimal pro Woche. Die obersten Stockwerke werden logischerweise von Jugendlichen und Kindern gebildet, die nach dem tödlichen Unfall einer 12-jährigen im Jahr 2006 Helm und Zahnschutz tragen müssen. Der Einsturz eines Castells versetzt den Zuschauer in einen Schockzustand. Man sieht deutlich, wie der Rumpf zu zittern beginnt und Stabilität verliert. Sobald ein einziger der Teilnehmer seine Position nicht mehr halten kann, bricht das gesamte Gebäude zusammen.

Begleitet werden die Castells immer von traditioneller Musik, die mehr als nur eine Untermalung darstellt. Vielmehr verhilft sie den Teilnehmern zur Orientierung, in welcher Phase sich der Turmbau gerade befindet. Schließlich kann jemand, der hunderte Kilogramm Gewicht auf den Schultern trägt, nicht mal eben nach oben sehen und gucken, was der Rest der Bande gerade macht. Die Musik setzt in dem Moment ein, wenn der *cap de colla*, gewissermaßen der Coach, die Basis für ausreichend stabil hält und das Zeichen zum Bau des Turms gibt.

Sardanes und Gegants

Das Wort »Volkstanz« dürfte bei manchem Leser ein Erschauern auslösen und düstere Bilder von erzkonservativen Bräuchen, bäuerlichen Trachten und Dicke-Backen-Musik provozieren. Die mittelalterlich anmutende musikalische Begleitung des katalanischen Nationaltanzes Sardana kann unmöglich jedermanns Sache sein, und auch in seiner Heimat wird er ebenso geliebt wie auch, besonders unter Jugendlichen, verabscheut. Doch als essentieller Bestandteil katalanischer Kulturtradition kann er an dieser Stelle keinesfalls übergangen werden und bedarf statt einer vorschnellen Aburteilung ein wenig Erklärung.

Meist auf öffentlichen Plätzen unter freiem Himmel formieren die Tänzer einen Kreis, der je nach Teilnehmerzahl mal wächst mal schrumpft. Man darf sich nämlich jederzeit einreihen. Die musikalische Begleitung übernimmt die Cobla, ein elfköpfiges Orchester das einige genuin katalanische Instrumente einsetzt, etwa die Einhandflöte Flabiol und die an Klarinetten erinnernden Holzblasinstrumente Tenora und Tible. Trotz der Anklänge an mittelalterliche Spielmannstraditionen, entstand die Sardana erst im 19. Jahrhundert und ist mitnichten so traditionell, wie sie beim ersten Hören erscheint. Nicht wenige Musiker experimentieren auch mit Jazz- und Rock-Fusionen. Der berühmte amerikanische Jazz-Klarinettist Artie Shaw, der viele Jahre in Begur an der Costa Brava lebte, war ein großer Liebhaber der Sardana und spielte Aufnahmen eigener Interpretationen ein.

Der Reigentanz entstand gewissermaßen als Subkultur mit eindeutigen politischen Konnotationen. Die Werte von Gleichheit und Brüderlichkeit drücken sich in der absoluten Offenheit der Tanzrunde aus: Jeder darf sich jederzeit einreihen, es gibt keinerlei Kleiderordnung. Man fasst sich an den Händen und symbolisiert klassen- und nationenübergreifende Solidarität. Unter den Diktaturen Francos und Primo de Riveras war der Tanz als Ausdruck des Republikanismus verboten.

Auch wenn jeder nach eigenem Gutdünken teilnehmen darf, sollte man den Tanz vor dem mutigen Einschreiten beherrschen, denn er beinhaltet eindeutige Schrittfolgen und Regeln.

Erleben kann man Sardanes kostenlos jeden Samstag um 18.30 und jeden Sonntag um 12 Uhr auf dem Vorplatz der Kathedrale.

Die *gegants* sind riesige Figuren aus Pappmaché, die bei lokalen Festlichkeiten die Umzüge anführen. Sie sind in ganz Spanien verbreitet und stellen meist historische Persönlichkeiten dar. In Barcelona sind es der aragonische König Jaume I. und seine ungarische Frau Violant aus dem 13. Jahrhundert, beide um die vier Meter groß und runde 70 Kilogramm schwer. Wahrscheinlich um den stolzen Monarchen zusätzliche Größe zu verleihen, werden sie von den *capgrossos*, den »Dickköpfen«, begleitet. Die sind bedeutend kleiner und erscheinen im Vergleich als Witzfiguren und Dorftrottel. Doch nicht nur die Stadt selbst schmückt sich mit Giganten, sondern auch Stadtteile, Kulturvereine und Schulen, so dass in Barcelona wahrscheinlich um die hundert Riesenfiguren zu festlichen Anlässen aus dem Schrank geholt werden. Dem Königspaar zumindest kann man jederzeit einen Besuch abstatten, denn wenn die beiden nicht durch die Straßen tanzen, sind sie im Palau de la Virreina ausgestellt [Di–So 12–20 Uhr • Kostenlos • La Rambla, 99 • Raval • Metro: Liceu, L3 • Tel.: 93 316 1000 • www.lavirreina.bcn.cat].

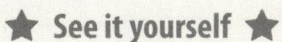

★ See it yourself ★

Castells live sehen

Leider muss man schon ein wenig Glück haben, um dem Spektakel eines Castells beiwohnen zu können, denn nicht jeden Samstag werden hundert Menschen mobilisiert, um auf der Plaça Sant Jaume einen Turm zu errichten. Ist man bereit, einen Ausflug in die durchaus attraktive kleinstädtische Umgebung Barcelonas zu unternehmen, stehen die Chancen schon bedeutend besser. Meist werden Castells im Zusammenhang mit lokalen oder religiösen Festivitäten errichtet, was eine Exkursion ins Umland noch attraktiver macht. Als Hauptstadt ist Barcelona durch öffentliche Verkehrsmittel natürlich bestens an alle Teile Kataloniens angebunden. Einen aktuellen Veranstaltungskalender findet man auf der Website www.cccc.cat unter »*Agenda*«.

Touristenfallen und urspanische Leidenschaft

Flamenco in Barcelona

Seit Teenagerzeiten bildet der Flamenco einen dieser kulturellen Eckpunkte, die mich an Spanien auf mystische Weise anziehen, an denen man sich aber auch herrlich reiben kann. Mit inbrünstigem Selbstmitleid schimpft der Flamenco schonungslos die gesamte Leidensgeschichte der Menschheit in eine viel zu komplizierte Welt hinaus und reißt den Hörer in den Strudel emotionaler Abgründe. Der Flamenco ist der südeuropäische Blues. Mit der amerikanischen Variante vereint ihn das Überspringen kultureller Barrieren und die ungezügelte kreative Durchmischung unterschiedlichster Musiktraditionen. Niemand weiß so richtig, wie, wo und warum der Flamenco entstand, jeder Flamencologe hat seine eigene Theorie.

Die treibende Kraft stellten in jedem Fall die *gitanos*, die über den Nahen Osten und Osteuropa im ausgehenden Mittelalter zugewanderten »Zigeuner«. Der Begriff ist in Spanien nicht nur mit negativen, sondern durchaus auch mit positiven Assoziationen belegt und in der Alltagssprache ständig präsent. Auch hier wird natürlich versucht, analog zum deutschen Begriff »Roma« die scheinbar wertungsfreie Bezeichnung *romaní* zu etablieren, bisher allerdings erfolglos. Weniger verfänglich, aber eben auch weniger üblich sind die Ausdrücke *calé* oder *zingaro*, wobei letzterer kurioserweise wiederum just dem in Deutschland peorativen »Zigeuner« entspricht. Und so mancher Zeitgenosse verkündet voller Stolz und Überzeugung: »*Yo soy gitano.* – Ich bin Zigeuner.« Offensichtlich haben wir es also mit einem vielfältigen soziokulturellen Glatteis zu tun, dem man am besten einfach mit Neugier und Unvoreingenommenheit begegnet.

In jedem Fall gebührt den *gitanos* der Verdienst, eine einzigartige Musik- und Tanzkultur hervorgebracht zu haben. Und im Gegensatz zum amerikanischen Blues, der auf einem simplen, immer wiederkehrenden und letztendlich einförmigen Schema aufbaut, hat der Flamenco vielfältige und musikalisch hochgradig komplexe Strukturen entwickelt. Die Musiker der wenigen eingesetzten Instrumente, allen voran die Gitarristen, sind Meister ihres Fachs, in technischer wie in kreativer Hinsicht. Nicht umsonst haben viele große Jazzmusiker wie Al di Meola oder John McLaughlin den Flamenco umarmt.

Der ausgefeilten Technik gegenüber stehen die glasklare Transparenz, der Minimalismus, das Unprätentiöse, die simple aber geradezu religiöse Verbundenheit mit der Erde, der Familie, den Gefühlen und den unentwirrbaren Widersprüchen des menschlichen Daseins. Flamenco ist erhebend und niederschmetternd zugleich, aber leider auch eine der banalsten Stereotypen, die mit Spanien verbunden werden können.

Bei meinem ersten Besuch in Barcelona 1986 hatte ich jedenfalls nicht die geringste Vorahnung von der geographischen und kulturellen Vielfalt des Landes. Natürlich war ich mir einiger Klischees bewusst, die ich möglichst vermeiden wollte, aber Flamenco zog mich an und ich hoffte, ihn authentisch, mitreißend und in ursprünglicher Umgebung erleben zu dürfen. Während ich in meiner Untergrund-Pension im Raval residierte, war ich überzeugt, dass es in der Gegend echten Flamenco zu hören geben musste, in seiner ergreifendsten, ehrlichsten Art und Weise. Gutgläubig und offen für jedermann aß ich in einer längst vergessenen Bar im Raval ein Bocata und begann ein Gespräch mit einem bärtigen Mittdreißiger, der wohl ziemlich genau wusste, wie junge Mitteleuropäer ticken. Er zeigte sich sympathisch und zugänglich, und als das Thema Musik zur Sprache kam, gelobte er, mich in eine genuine Kathedrale des Flamenco zu führen. Ja, heute Abend fände ein Konzert statt, aber wir müssten uns beeilen.

Natürlich war ich sofort entflammt, mich von einem einheimischen Eingeweihten in die Tiefen des gitano-spanischen Untergrundes einführen zu lassen. Paco oder Manolo, oder wie immer er sich auch präsentiert hatte, zog mich zum heute immer noch erfolgreichen und wahrscheinlich besser denn je funktionierenden Tablao Cortés an den Rambles. Er half mir, eine sündhaft teure Eintrittskarte zu erstehen und verabschiedete sich. »Für mich ist das zu teuer, wenn du mich einlädst gerne«, sagte er und verschwand, ohne eine Antwort abzuwarten.

Die Flamenco-Show erwies sich als dick aufgetragenes Spektakel voller bunter Kostüme und präzise einstudierter Choreographien, vorgetragen von zweifellos talentierten und wohlausgebildeten Musikern und Tänzern. Auch die Räumlichkeiten mit stuckverzierten Wänden im neoarabesken Stil bedienten alle nur vorstellbaren Abziehbilder vom stolzen, maurisch geprägten Süden. Mit dem ersehnten Ausdruck ehrlicher und existenzieller Leidenschaft aus den rauen Kehlen von Ausgeschlossenen und Unterprivilegierten hatte die Darbietung allerdings wenig zu tun. Man kann sich ausmalen, dass unter den Gästen kaum ein Spanier zu finden war. Währenddessen war Manolo oder Paco mit Sicherheit kurzfristig zur Abendkasse zurückgekehrt, um sich seine wohlverdiente Provision auszahlen zu lassen.

Kann man in Barcelona überhaupt überzeugenden Flamenco zu hören bekommen? Schließlich hat die katalanische Kultur kaum etwas mit der der Gitanos gemein

Je nach Gesprächspartner kann man auf diese Frage ganz unterschiedliche Antworten bekommen, vielleicht sogar Entrüstung auslösen, wenn man ins bereitgestellte Fettnäpfchen tritt. Nicht wenige werden behaupten, Flamenco sei die Kultur des tiefen, unterentwickelten Südens, während Barcelona mental wie in Kilometern gemessen näher an Freiburg als an Cádiz liege. Diese Denkweise ist unter Katalanen weit verbreitet, besonders unter solchen, die sich kulturell wie politisch von Spanien abgrenzen.

Doch in der Kulturwelt gilt Barcelona neben Madrid als bedeutendster Hort des Flamenco außerhalb Andalusiens. Man darf nicht vergessen, dass in der jüngeren Vergangenheit viele hunderttausend Andalusier auf der Suche nach Arbeit in die Industriemetropole des Nordens gewandert sind, aber dabei ihre ureigene Kultur keineswegs vergessen haben. Auch hier offenbart sich eine Parallele zum Blues, der in nordamerikanischen Industriestädten wie Chicago, St. Louis oder Kansas City emsig gepflegt wird, obwohl diese Orte herzlich wenig mit Sklaven auf Baumwollfeldern zu tun haben.

Abgesehen von den Zuwanderern aus Südspanien im 20. Jahrhundert waren Gitanos seit ihrer Ankunft auf der Iberischen Halbinsel um das Jahr 1425 auch in Katalonien immer präsent, ihre Zahl wird heute auf knapp 80.000 geschätzt. Die Bezeichnung »gitano« erwuchs übrigens aus dem Glauben, sie seien als »egiptanos« aus Ägypten eingewandert. Seither gesellschaftlich marginalisiert und lange Zeit staatlich diskriminiert, wurden sie in den 60er-Jahren vom Regime zwangsweise aus ihren Barackendörfern in triste Wohnsilos am Stadtrand umgesiedelt. Das Verrufenste dieser aus dem Boden gestampften Viertel ist La Mina, direkt hinter der Stadtgrenze in Sant Adrià de Besòs. Dreizehntausend Menschen hausen übereinandergestapelt in den immensen Wohnblocks, das Familieneinkommen liegt 60 Prozent unter dem katalanischen Durchschnitt, nur jeder 300ste Bewohner hat eine Universität besucht, stattdessen werden sofort Kriminalität und Drogenabhängigkeit mit dem Problemviertel assoziiert.

In solchen Gegenden Barcelonas bleibt der Flamenco lebendig. Just aus La Mina stammt die *cantaora*, die Sängerin Montse Cortés, gegenwärtig eine der meistverehrten Figuren in der Welt des Flamenco. Auch Mayte Martín, Miguel Poveda und Duquende vertreten Barcelonas Version des Flamenco auf nationalen wie internationalen Bühnen.

Doch die kulturelle Vielfalt der Großstadt führte auch die Musiker auf experimentierfreudigere Wege, weg vom Flamenco in seiner reinen Form zur Mischung mit fremden Stilen und neuen Einflüssen. Katalonien pflegte im ausgehenden 19. Jahrhundert innige wirtschaftliche und persönliche Beziehungen zur Karibikinsel Kuba, viele Katalanen waren ausgewandert, kehrten nach Jahrzehnten in die Heimat zurück und brachten die Havaneres mit, eine Fusion kubanischer und katalanischer Folklore, die auch heute noch an vielen Küstenorten gepflegt wird. Die Havaneres klingen etwa wie gitarren- und akkordeonbegleitete Shanties mit kubanischen Rhythmen und erlangten im 20. Jahrhundert große Popularität. Von den Gitanos Barcelonas wurden die Havaneres ebenfalls aufgegriffen und es entstand die Rumba Catalana, eine leicht verdauliche, fröhlich-festive neue Musikrichtung, die wenig mit der Schwermut des Flamenco gemein hat, doch die Wurzeln sind in Spieltechnik und Melodieführung unüberhörbar. Wer noch niemals Rumba Catalana gehört hat, kann sich darunter in etwa die Musik der französischen Gipsy Kings vorstellen.

Im 20. Jahrhundert entwickelte sich die Rumba Catalana gewissermaßen zur spanischen Popmusik, doch mit dem Ende der Franco-Diktatur kam auch ihr Niedergang. Das Land wollte endlich modern und europäisch sein. Erst vor wenig mehr als einem Jahrzehnt erlebte die Rumba durch neue Fusionen ihre Renaissance. Die jüngste Einwanderungswelle spülte fremde Kulturen in die Stadt und besonders der Raval wurde zum musikalischen Schmelztiegel. Unter dem Schlagwort *mestizo* wurden alle nur möglichen Traditionen der Weltmusik vermengt. Bands wie La Troba Kung Fu, Ojos de Brujo oder La Kinky Beat griffen die Rumba Catalana wieder auf und verkochten sie mit Reggae, Rock und Ska sowie mit nord- und schwarzafrikanischen Elementen. Das Brüder-Duo Estopa aus der Satellitenstadt Cornellà, kündigte den Fließbandjob bei der Autofabrik Seat, verrührte die Melange zu einer teenagerfreundlichen Popmusik und führte jahrelang die Hitlisten der Iberischen Halbinsel und Lateinamerikas an. Alle diese Musikstile rund um den Flamenco sind in Barcelona weiter lebendig, auch wenn derzeit gerade wenig neue kreative Impulse zu erkennen sind.

Um Live-Präsentationen zu erleben, muss man sich ein wenig auf die Suche begeben. Abgesehen von den Tablaos, den Flamenco-Spektakeln für Touristen, existieren keine Etablissements im Stile von Jazz- oder Bluesclubs, wo jeden Abend eine andere Band auf der Bühne steht. Es heißt also herumfragen oder die Veranstaltungskalender zu durchforsten, aber der Flamenco ist in klassischer wie in fusionierter Interpretation in Barcelona weiterhin lebendig.

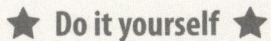

★ **Do it yourself** ★

Flamenco-Shows

Tarantos: Mit Abstand die preiswerteste Option, um täglich eine Flamenco-Aufführung erleben zu können.
▍ Täglich 20.30, 21.30 & 22.30 Uhr • 10 € • Plaça Reial, 17 • Gòtic • Metro: Liceu, L3 • Tel.: 93 304 1210 • www.masimas.com/en/tarantos

Tablao Flamenco: Eine dick aufgetragene Show mit vielen Teilnehmern, die etwas kitschige Einrichtung des Restaurants erscheint wie ein spanisches Oktoberfest, doch Musiker wie Tänzer offenbaren ungeahnte Virtuosität.
▍ Täglich 20.10 & 22.10 Uhr • Erwachsene 25 €, Kinder von 9–12 Jahren 12,50 €, jünger frei. Mit Abendessen je nach Menü zwischen 45 und 76 € • Carrer Aribau, 24 • Esquerra de l'Eixample • Metro: Universitat, L1 • Tel.: 932 093 378 • www.showflamencobarcelona.com

Festivals

Natürlich muss man Glück haben und zur richtigen Zeit in der Stadt sein, aber bei mindestens einem Festival und zwei Konzertserien wird man erstklassigen zeitgenössischen Flamenco hören können.

Festival De Flamenco: Jeweils Ende Mai findet das dreitägige Festival De Flamenco im Mercat de les Flors statt.

▌ www.ciutatflamenco.com

De Cajón!: Die Veranstaltungsreihe De Cajón! erstreckt sich von Ende Dezember bis Ende Juni, den Link zum Konzertkalender findet man auf der Website.

▌ www.facebook.com/decajonbcn

Festival De Flamencos... Y Otras Aves: Von Oktober bis in neue Jahr zieht sich die Konzertserie Festival De Flamencos... Y Otras Aves. Im Zweiwochenrhythmus treten Flamencokünstler an unterschiedlichen Veranstaltungsorten auf.

▌ www.arteporderecho.com

Barcelona Guitar Festival: Das Barcelona Guitar Festival ist eine Veranstaltungsreihe, die von Februar bis Juli Konzerte in verschiedenen Sälen organisiert. Alle möglichen musikalischen Richtungen sind vertreten, man muss sich also nach eigenen Vorlieben das richtige Konzert herauspicken.

▌ www.facebook.com/guitarfestivalbcn

Veranstaltungskalender

Die Website www.deflamenco.com listet unter »*Agenda*« nach Städten geordnet aktuelle Flamencokonzerte auf. Man wird allerdings feststellen, dass mehr als zwei oder drei Flamencokonzerte im Monat die Ausnahme sind.

Einzelhandel

Flora Albaicín: Hier können all zukünftigen Flamenco-Tänzer die vollständige Ausstattung erstehen.
Carrer Canuda, 3 • Gòtic • Metro: Plaça Catalunya, L1 • Tel.: 93 302 1035 • www.tiendaflamenco.com

Top Ten: Worauf man in Barcelona verzichten sollte

1. Das eigene Auto

Zwischen Berge und Meer gezwängt leidet Barcelona unter einem mächtigen Verkehrsproblem. Während andere urbane Kraken in großer Entfernung Umgehungsautobahnen bauen, hat Barcelona einfach keinen Platz. Die Rondes, die Ringautobahnen, haben meist nicht mal eine Standspur; eine einfache Reifenpanne kann den Verkehr kilometerweit zusammenbrechen lassen. Kostenlose Parkplätze sind praktisch inexistent, die Orientierung in dem komplexen Einbahnstraßengewirr ist auch nicht immer einfach. Ganz zu schweigen vom Schrecken, den einem die Unmengen aggressiver Rollerfahrer einjagen können. Barcelona verzeichnet die höchste Dichte an motorisierten Zweirädern in ganz Europa. Einer Verkehrsstudie zufolge fahren 25 Prozent schon in die Kreuzung, bevor die Ampel auf grün geschaltet hat, und 32 Prozent benutzen niemals den Blinker. Also: Die eigenen vier Räder zu Hause oder außerhalb stehen lassen und auf öffentliche Verkehrsmittel umsteigen.

2. Zur falschen Zeit am falschen Ort

Die berühmtesten Attraktionen Barcelonas wie die Sagrada Familia, La Pedrera, El Parc Güell oder das Picasso-Museum ziehen ungeheure Besuchermassen an. Das hat natürlich seinen Grund: Alle vier sind sehenswert und gehören zumindest beim Erstbesuch ins Programm. Um diese Orte wirklich genießen zu können, heißt es aber unbedingt, die Stoßzeiten zu vermeiden. Außerhalb der Hochsaison im Sommer zu reisen, kann sich zeitlich nicht jeder erlauben, aber pünktlich zur morgendlichen Öffnung der Pforten vor der Tür zu stehen, sollte sich einrichten lassen.

3. Das Hütchenspiel

Der Reinfall ist garantiert, das falsche Spiel ist in allen Phasen vorbereitet und geht weit über den Trick hinaus, das Kügelchen in einem bestimmten Moment unsichtbar von einem Hütchen zum anderen zu verschieben. Die Manipulation des unbedarften Touristen hat schon lange eingesetzt, bevor er sich überhaupt zu einem Spielchen hinreißen lässt. Zentraler Bestandteil ist just die mentale Vorbereitung. Danach werden die Einsätze mit vermeintlichen Gewinnen gezielt in die Höhe getrieben, bis dem Ortsfremden schließlich gezielt die Hosen heruntergezogen werden. Wer sich darauf einlässt, ist selber schuld.

4. Tee trinken

Das Gegenstück zum starken, außerordentlich geschmackvollen und perfekt zubereiteten Kaffee bildet der Tee. Wenn auch in fast allen Bars und Cafés angeboten, hegen Servierer und Serviererinnen normalerweise nicht die geringste persönliche Beziehung zu dem Aufgussgetränk. Tee hat in hispanischer Kultur keinen Platz, obwohl verschiedene Unternehmen erfolglos versucht haben, ihn als Modegetränk zu etablieren. Ich erinnere mich an eine Begebenheit in meiner Anfangszeit in Katalonien, als ich in einer Frühstücksbar einen Tee mit Milch bestellte: Ich bekam ein Glas kochend heißer Milch mit einem Lipton-Teebeutel und zwei Stückchen Würfelzucker auf der Untertasse. Fehlte eigentlich nur noch der Zitronensaft.

Tradition haben dagegen einige Aufguss-Getränke wie *poliolmenta* (Pfefferminztee), oder *marialluïsa*, ein magenschonendes, aromatisches Gebräu auf der Basis von Luisenkraut. Aber gut zubereiteten schwarzen oder grünen Tee sollte man von seiner Erwartungsliste für Barcelona direkt streichen.

5. Flamenco, Paella, Stierkampf

Katalonien will nicht spanisch sein, und die, die sich Spanien weiterhin verbunden fühlen, tun das nicht wegen überkommener Klischees. Stierkampf ist in Katalonien seit einigen Jahren als inhumanes Treiben verboten, Flamenco bewahrt bei einer Minderheit hohes Ansehen, die aber niemals eines der Touristen-Spektakel besuchen würde, sondern sich ausschließlich punktuelle Konzerte aus dem Veranstaltungskalender herauspickt. Paella ist eine zweischneidige Sache. Zum Teil wird sie als *turistada*, also als »Touristenfalle«, verschmäht, zum anderen wird sie aber auch ein- oder zweimal im Jahr begeistert gefeiert. Aber bestimmt nicht in Restaurants, die sich auf der Straße in englischer Sprache annoncieren.

6. Versicherungsbetrug

Die spanische Polizei ist keineswegs so unbedarft, wie der Ruf, der ihr seit Jahrzehnten vorauseilt. Ein Smartphone, das Gepäck oder die Geldbörse als gestohlen zu melden, um von der Versicherung abzukassieren, wird im Detail hinterfragt und die Beamten sind in dieser Angelegenheit mehr als erfahren. Ein dilettantischer Versicherungsbetrug wird im Handumdrehen aufgedeckt, das ist Polizeialltag. Im Übrigen sind Polizisten grundsätzlich nicht bestechlich. Wer glaubt, mit 50 Euro im Pass einen besonderen Deal aushandeln zu können, landet in Teufels Küche.

7. Nur die zentralen Stadtviertel mit den bekannten Attraktionen besuchen

Wie oft besucht ein Berliner den Reichstag? Zweimal im Leben? Die meisten Barceloniner verhalten sich ebenso. Die Sagrada Familia und die Gebäude Gaudís bilden zwar einen integralen Bestandteil des Lokalpatriotismus, doch die meisten kennen die Besucherattraktionen der Stadt nur vom letzten Schulausflug vor zwanzig Jahren. Natürlich sind die meisten Touristenmagnete Barcelonas tatsächlich einen Besuch wert, doch das wahre Leben spielt sich anderswo ab.

8. Sich danebenbenehmen

Barceloniner sind emotionsgeladene und oft auch lautstarke Zeitgenossen. Nordeuropäische, insbesondere britische, deutsche und skandinavische Besucher fassen das manchmal als herzliche Einladung auf, um über die Stränge zu schlagen. Die Mehrzahl der Einheimischen klagt, dass sich viele Nordländer in einer Form benehmen, die sie sich daheim niemals erlauben würden, wenn auch ohne die wahren Gepflogenheiten in Leeds oder Newcastle zu kennen. Dennoch herrscht der Eindruck vor, dass insbesondere Jugendliche glauben, in Spanien gehöre schlechtes Benehmen zum guten Ton.

Dementsprechend genervt und bereit sind viele Bewohner, umgehend zum Handy zu greifen und eine Polizeistreife zu verlangen. Inzwischen agiert das Auge des Gesetzes geschult und professionell, doch wenn sich die Geduld zum Ende neigt, kann es auch schon mal ein paar amtliche Hiebe setzen.

9. Globalisiert essen, trinken, konsumieren

Niemand fliegt nach Tokio, um Döner zu essen oder bei H&M einzukaufen. Denkt man. Doch der internationale Tourismus tut oft genau das: in die Fremde fahren, um heimische Gewohnheiten zu pflegen. Wer aber wirklich in eine fremde Welt eintauchen will, sollte sich in allen Bereichen auf Neues einlassen und sich an dem orientieren, was die Einheimischen essen, trinken und konsumieren.

10. Schlechte Laune demonstrieren

Nicht alles funktioniert immer so, wie man sich das wünscht. Die Metro hat Verspätung, das Vollkornbrot ist ausverkauft, das Taxi bleibt im Verkehr stecken und das Bier hat keinen Schaum. Dass viele Dinge etwas anders laufen als zu Hause, manchmal besser, manchmal schlechter, lässt sich auf Reisen nicht vermeiden. Doch diese Kontraste und Widersprüche zu beobachten, einzuordnen und zu verarbeiten, bildet einen zentralen Inhalt der Reiseerfahrung. Nicht alles andersartige ist positiv, doch man sollte Neugier, Geduld und Humor niemals verlieren. Der Taxifahrer hat keine Schuld am Verkehr und in Mitteleuropa würde ein Spanier vielleicht fragen: »So viel Schaum und so wenig Bier?«

Stadt der Künste

Mein erster Besuch in Barcelona führte mich selbstverständlich auch ins Museu Picasso. Kaum jemand kann sich der magischen Anziehungskraft des Kunst-Weltrekordlers entziehen. Fast alle wollen die Maxima dieser Welt mit eigenen Augen sehen, das größte, höchste, teuerste, egal, ob es sich um einen Berg, ein Schiff, eine Schlucht, eine Brücke oder einen Künstler handelt. Picasso ist so ein Fixpunkt, den Millionen aus allen Winkeln des Globus selbst erfahren wollen, auch wenn vielen der Inhalt der Werke verschlossen bleibt. Schließlich finden sich unter den 50 teuersten Kunstverkäufen der Geschichte zehn Picassos und über 1.100 seiner geschätzten 50.000 Werke sind als gestohlen, vermisst oder sonstwie verschwunden gelistet. 2012 wechselte in Sevilla ein falscher Picasso für eine Million Euro den Besitzer.

Ich hätte mich also nicht wundern dürfen, als ich mich an einem fortgeschrittenen Vormittag in einer 30 Meter langen Schlange vor dem Museumseingang wiederfand. Die heiligen Hallen liegen obendrein strategisch günstig in der Altstadt, nahe vieler anderer Besucherattraktionen und nicht weit vom Hafen, wo Kreuzfahrtschiffe gleich hunderte Touristen auf einen Schlag auf die Stadt loslassen. Die sechzehn sich über mehrere Gebäude erstreckenden Ausstellungssäle quollen über vor Besuchern wie ein englischer Pub nach Feierabend. Vor jedem Werk drängte sich eine Menschentraube. Zu dem gänzlich unangemessenen Ambiente gesellte sich noch eine weitere persönliche Enttäuschung: Die große Mehrzahl der ausgestellten Gemälde stammt aus den frühesten Schaffensphasen des Meisters, noch weitgehend unbeeinflusst von der Moderne. Kubistische und abstrakte Bilder späterer Epochen gibt es kaum zu sehen.

Lohnt sich der Besuch im Picasso-Museum denn überhaupt nicht?

Das hängt vor allem vom persönlichen Geschmack und Interesse ab. Wer Freude an eher klassischen Ölgemälden, Porträts und Landschaften hat, wird durchaus auf seine Kosten kommen. Mit einer Führung kann man sicher eine Menge dazulernen und auf Details hingewiesen werden, die einem sonst entgangen wären. Wichtig ist, seinen Besuch so zu timen, dass man den Besuchermassen einigermaßen entgeht. Es heißt also, schon direkt zur Öffnung vor den Toren zu stehen und wenn möglich die Sommer- und Ostersaison zu vermeiden. Wer vor großem Andrang keine Angst hat, aber sich das Eintrittsgeld sparen möchte, nutzt den freien Eintritt an jedem Sonntagnachmittag ab 15 Uhr und Donnerstag ab 19 Uhr oder den ganztäglich kostenlosen Zugang an jedem ersten Sonntag im Monat.

Picassos Spuren in Barcelona

Der kleine Pablo war 13 Jahre alt, als die aus Málaga stammende Familie 1895 nach einem Umweg über La Coruña nach Barcelona zog, wo Picasso seine Kunstausbildung erhielt, bevor er 1904 endgültig nach Paris abwanderte. Eine Reihe wichtiger Stationen seines neunjährigen Aufenthaltes in Barcelona sind in geringer Entfernung in der Altstadt verteilt. In den meisten Fällen gibt es aber nicht mehr zu sehen als die Gebäudefassaden.

Im September 1895 frisch in Barcelona eingetroffen, kamen die Picassos zunächst in einer Pension im Paseo Isabel II Nummer 4 unter, gleich bei dem historischen Restaurant 7 Portes. In dem mächtigen Gebäude genau gegenüber sollte Picasso im folgenden Jahr sein Studium an der Kunsthochschule Escola de la Llotja beginnen, wo sein Vater als Lehrer tätig war. Mit 14 Jahren war er der jüngste Student seines Jahrgangs.

Kurz nach der Ankunft in Barcelona bezog die Familie die erste Wohnung, auf der Rückseite des gleichen Gebäudeblocks im zweiten Stock des Carrer de la Reina Cristina 3. Schon ein Jahr später ging es in eine neue Wohnung, keine 500 Meter entfernt im Carrer de la Mercè 3. Das Originalgebäude wurde allerdings später abgerissen. 250 Meter weiter, in der winzigen Gasse Carrer de la Plata 4, richtete der junge Picasso zusammen mit seinem Studienfreund Manuel Pallarés sein erstes Atelier ein. Später teilte er mit anderen Künstlerkollegen Studios im Carrer Nou de la Rambla 10 und im Carrer Comerç 28.

Die sehenswertesten Stationen von Picassos Biographie sind zwei heute noch aktive Privatunternehmen: In der Sala Parés im Carrer del Petritxol 4, der ältesten heute noch funktionierenden Kunstgalerie Barcelonas, feierte Picasso, knapp 20-jährig, seine erste eigene Ausstellung. Das Restaurant Els 4 Gats im Carrer Montsió 3 wurde kurz nach der Einweihung 1897 zentraler Treffpunkt von Künstlern, Musikern und Architekten. Zu den regelmäßigen Besuchern zählten auch Antoni Gaudí, Salvador Dalí und der Komponist Isaac Albéniz. Picasso gestaltete 1899 die Speisekarte und stellte hier erstmals seine Zeichnungen aus. Das Eingangsportal der städtischen Architekturschule an der Plaça Nova zieren drei Friese, die Picasso 1962 entwarf.

Was hat Barcelona in puncto Kunst noch zu bieten?

Um die Kunstwelt Barcelonas abseits von Picasso zu entdecken, kann man gut und gerne ein paar Tage investieren. Die Stadt quillt geradezu über von Museen, Galerien und Kunstobjekten unter freiem Himmel. Angesichts der Fülle kann hier nur eine Auswahl vorgestellt werden. Für die ersten sechs vorgestellten Museen kann man zum Preis von 30 Euro eine einzelne für drei Monate gültige Eintrittskarte, das »Articket Bcn« erwerben, das Kunstinteressierten eine stattliche Summe spart – erhältlich an den Kassen der einzelnen Institutionen.

Museen

Museu Picasso

Di–So 9–19 Uhr, Do bis 21.30 Uhr • Ständige Ausstellung Erwachsene 11 €, Jugendliche von 18 bis 25 Jahren und Senioren 7 €, unter 18 Jahren frei; Ständige und temporäre Ausstellung 14/7,50 € • Carrer Montcada, 15–23 • El Born • Metro: Jaume I, L4 • Tel.: 93 256 3000 • www.museupicasso.bcn.cat

Fundació Joan Miró

Joan Miró war einer der phantasievollsten und einflussreichsten Künstler des 20. Jahrhunderts. Viele seiner farbenfrohen Entwürfe sind im Alltag bekannt, ohne dass man sich ihres Ursprungs bewusst ist. Beispiele sind die Logos der Fußballweltmeisterschaft

1982, des spanischen Fremdenverkehrsamts oder das von La Caixa, Spaniens drittgrößter und in Barcelona ansässiger Bank. Die umfangreiche Sammlung des Miró-Museums dokumentiert alle Schaffensepochen des Künstlers und stellt auch Werke anderer Berühmtheiten wie Marcel Duchamp, Antoni Tàpies oder Antonio Saura aus.

❚ Juli–September Di–Sa 10–20 Uhr, sonst 10–19 Uhr, Do ganzjährig bis 21.30 Uhr, So 10–14.30 Uhr • Erwachsene 11 €, Jugendliche & Senioren 7 € • Parc de Montjuïc, s/n • Montjuïc • Metro: Paral·lel, L3, Bus 55 von der Plaça Catalunya, Bus 150 von der Plaça Espanya • Tel.: 93 443 9470 • www.fundaciomiro-bcn.org

Museu d'Art Contemporani de Barcelona

Das Museum für Gegenwartskunst erforscht die unterschiedlichen Kunstrichtungen seit den 50er-Jahren auf internationaler Ebene und zeigt eine Reihe höchst kurioser und verstörender Werke, darunter eine Vielzahl von Künstlern aus dem deutschen Sprachraum. Das strahlend weiße Gebäude entwarf der amerikanische Architekt Richard Meier, der 1995 Licht ins Dunkel des Raval bringen sollte.

❚ Mo, Mi–Fr 11–19.30 Uhr, Sa 10–21 Uhr, So 10–15 Uhr • Erwachsene 10 €, Schüler & Senioren 8 € • Plaça dels Àngels, 1 • Raval • Metro: Universitat, L2 oder Liceu, L4 • Tel.: 93 412 08 10 • www.macba.cat

Fundació Antoni Tàpies

Der 1923 in Barcelona geborene Antoni Tàpies musste im Alter von 17 Jahren mit den Folgen eines schweren Unfalls und kaum zwei Jahre später mit einer Tuberkuloseerkrankung kämpfen. Diese harten Prüfungen des Schicksals inspirierten ihn, sein Jurastudium aufzugeben und sich mit Kunst und Philosophie zu beschäftigen. Als Autodidakt entwickelte er sich zu einem der wichtigsten unabhängigen Künstler des 20. Jahrhunderts. Das Museum zeigt viele seiner absonderlichen und schwer zu klassifizierenden Werke.

▌ Di–So 10–19 Uhr • Erwachsene 7 €, Schüler, Studenten und Senioren 5,60 € •
Carrer Aragó, 255 • Esquerra de l'Eixample • Metro: Passeig de Gràcia, L3 & L4 •
Tel.: 93 487 0315 • www.fundaciotapies.org

Museu Nacional d'Art de Catalunya

Das Hauptgebäude der Weltausstellung von 1929 beherbergt das Nationale Katalanische Kunstmuseum. Dabei ist »national« so zu verstehen, dass es sich tatsächlich auf katalanische Künstler aller Stilepochen, von der Romanik bis zur Gegenwart beschränkt.

▌ Mai–September Di–Sa 10–20, So 10–15 Uhr, Oktober–April Di–Sa 10–18 Uhr,
So 10–15 Uhr • Erwachsene 12 €, Senioren und Jugendliche unter 16 Jahren frei •
Palau Nacional, Parc de Montjuïc • Montjuïc • Metro: Plaça Espanya, L1 & L3 •
Tel.: 93 622 0360 • www.museunacional.cat

DHUB. Disseny Hub Barcelona

Das nagelneue Design-Museum öffnete seine Pforten im Dezember 2014 und dokumentiert die Geschichte der dekorativen aber funktionalen Kunst. Die Unterbringung der verschiedenen Sammlungen soll erst im Dezember 2015 vollständig abgeschlossen sein.

▌ Di–So 10–20 Uhr • Stehen noch nicht fest • Plaça de les Glòries, 37–38 •
Poblenou • Metro: Glòries, L1 • Tel.: 93 256 6800 • www.museudeldisseny.cat

Räume für temporäre Ausstellungen

Kunstinteressierte sollten auch immer ein Auge auf aktuelle Veranstaltungen und Ausstellungen in den folgenden Räumlichkeiten werfen. Dazu konsultiert man am besten die jeweiligen Internetseiten oder die bereits erwähnten Veranstaltungskalender.

Centre de Cultura Contemporània CCCB

Nur ein paar Schritte vom MACBA entfernt ist das Zentrum für Gegenwartskultur kein Museum mit eigener Sammlung, sondern ein Kulturzentrum, das Raum für Ausstellungen und die unterschiedliche Veranstaltungen bietet, von Musik über Tanz zu Konferenzen.

▌Di–So 11–20 Uhr • Erwachsene 6 €, Senioren und Jugendliche unter 25 Jahren 4 € • Carrer Montalegre, 5 • Raval • Metro: Universitat, L1, Plaça Catalunya, L3 • Tel.: 93 306 4100 • www.cccb.org

▌**Caixa Forum** • Mo–So 10–20 Uhr, mittwochs im Juli und August bis 23 Uhr • Je nach Veranstaltung, viele kostenlos • Avinguda Francesc Ferrer i Guàrdia, 6–8 • Montjuïc • Metro: Plaça Espanya, L1 & L3 • Tel.: 93 476 8600 • obrasocial.lacaixa. es/nuestroscentros/caixaforumbarcelona/caixaforumbarcelona_ca.html

▌**Arts Santa Mònica** • Di–Fr 11–21, Sa 11–14 & 16–20 Uhr • Frei • La Rambla, 7 • Raval • Metro: Liceu, L4 • Tel.: 93 567 1110 • www.artssantamonica.cat

▌**El Palau de la Virreina** • Di–So 12–20 Uhr • Frei • La Rambla, 99 • Raval • Metro: Liceu, L4 • Tel.: 93 316 1000 • www.lavirreina.bcn.cat

Galerien

Barcelona zählt eine Menge unabhängiger Kunstgalerien, wo man sich ganz und gar kostenlos an Werken nationaler wie internationaler Gegenwartskünstler erfreuen kann. Auch hier kann nur eine Auswahl vorgestellt werden. Die einschlägigen Veranstaltungskalender geben Auskunft, was gerade wo zu sehen ist.

Joan Gaspar

Die traditionsreiche Galerie der Gebrüder Gaspar holte Picasso 1960 nach langen Jahren der Abwesenheit wieder in die Heimat zurück und legte damit den Grundstein für das Museu Picasso. Angesichts der Ablehnung jeder Modernität durch das Franco-Regime war die Ausrichtung der Ausstellung eines erklärten Kommunisten seinerzeit ein heroisches Unterfangen.

❚ Täglich 10.30–13.30 & 16.30–20 Uhr • Plaça Doctor Letamendi, 1 • Esquerra de l'Eixample • Metro: Passeig de Gràcia, L3 & L4 • Tel.: 93 323 0748 • www.galeriajoangaspar.net

Nogueras Blanchard

Die kleine Galerie mit dem Namen der beiden Eigentümer hat sich als Entdecker vielversprechender unbekannter Künstler einen Namen gemacht.

❚ Mo–Fr 10.30–19 Uhr • Carrer Xuclà, 7 • Raval • Metro: Liceu, L4, oder Plaça Catalunya, L1 & L3 • Tel.: 93 342 5721 • www.noguerasblanchard.com

Marlborough

In London gegründet und mit Ablegern in New York, London, Tokio und Madrid ist Marlborough seit Jahrzehnten eine internationale Referenz auf dem Kunstmarkt. Schon in den 50er-Jahren verkaufte die Galerie Werke von Künstlern vom Kaliber eines Oskar Kokoschka oder Francis Bacon.

❚ Mo–Sa 11–19 Uhr • Enric Granados, 68 • Esquerra de l'Eixample • Metro: Diagonal, L5 • Tel.: 93 467 44 54 • www.galeriamarlborough.com

Galeria Joan Prat

Seit ihrer Gründung 1976 hat sich die Galerie für Gegenwartskunst mit überwiegend spanischen Künstlern einen internationalen Namen gemacht.

▌Di–Sa 11–14 & 16–20 Uhr • Carrer Balmes, 54 • Esquerra de l'Eixample •
Metro: Passeig de Gràcia, L3 & L4 • Tel.: 93 216 0290 • www.galeriajoanprats.com

Art Públic

Im Stadtgebiet verteilt finden sich unter freiem Himmel viele Installationen bekannter und weniger bekannter Künstler. Die 2.800 Objekte umfassende Liste beginnt natürlich mit Denkmälern historischer Persönlichkeiten, Brunnen und Statuen aus allen historischen Epochen. Aber es sind auch etliche interessante Werke jüngerer Zeiten vertreten:

Joan Miró – Dona i ocell: Eine 22 Meter hohe knallbunte Skulptur
▌Carrer de Tarragona, 76 • Sants • Metro: Plaça Espanya, L1 & L3

Antoni Llena – Als castellers: Aus Stahlrohren stilisiertes Monument zu Ehren der katalanischen Tradition der Castells
▌Plaça de Sant Miquel • Gòtic • Metro: Jaume I, L4

Joan Fontcuberta – El mundo nace con un beso: Beeindruckendes Mosaik aus tausenden Kacheln
▌Plaça de Isidre Nonell • Gòtic • Metro: Jaume I, L4

Joan Miró – Mosaic: Mosaik auf dem Boden der Rambles, das an ein Gesicht oder eine Windrose erinnert
▌Rambla de Sant Josep, 73 • Raval • Metro: Liceu, L3

Frank Gehry – Peix: Ein überdimensionaler Fisch aus Edelstahl, entworfen von dem Stararchitekten aus Los Angeles
▮ Passeig Marítim de Barceloneta • Port Olímpic • Metro: Ciutadella, L4

Roy Lichtenstein – Barcelona's Head: Schrill bunte Skulptur der amerikanischen Pop-Art-Ikone
▮ Moll de la Fusta • El Born • Metro: Barceloneta, L4

Worten auf der Spur

Ein literarischer Streifzug

Sant Jordi, der Heilige Georg, ist einer der in der christlichen Welt meistverehrten Märtyrer und Schutzpatron etlicher Länder und Orte. Obwohl die Wissenschaft seinen Geburtsort im heutigen Griechenland lokalisiert, berichtet die katalanische Legende, der Drachentöter habe in Montblanc, 120 Kilometer westlich von Barcelona, das Licht der Welt erblickt.

Der 23. April, der Namenstag des Patrons, gestaltet sich in Barcelona als fröhlicher und zutiefst humanistischer, wenn auch nicht arbeitsfreier Feiertag. Die ganze Stadt ist auf den Beinen, Radio und Fernsehen übertragen fast ununterbrochen live, die Massen strömen durch die Straßen, die sich nach inzwischen schon 600-jähriger Tradition in einen Buchmarkt unter freiem Himmel verwandeln. Denn hier gilt Sant Jordi als der Tag der Verliebten, nicht Sankt Valentin. Und die Tradition verlangt, dass die Geliebte mit einer Rose und der Kavalier mit einem Buch beschenkt wird (siehe Seite 257). Diese schöne Gepflogenheit ist den Barceloneses in Fleisch und Blut übergegangen; kein Buch oder keine Rose zu vermachen kann als böswilliger Frevel betrachtet werden. Der Brauch zeigt aber auch, welch innige Beziehung Barcelona zur Literatur pflegt. Die Auflistung großer Literaten, die in enger Beziehung zur Stadt standen oder von ihr hervorgebracht wurden, gestaltet sich lang. Die Empfehlung, sich mit der Lektüre einer aufregenden Erzählung auf einen Besuch vor Ort einzustimmen und die Vorfreude reifen zu lassen, gilt sowieso für jedes Reiseziel, für Barcelona aber ganz besonders. Mit einem guten Buch lässt sich viel tiefer in die Wirklichkeit einer Stadt oder eines Landes eintauchen und eine emotionale Verbindung herstellen, sei es auch auf der Basis einer fiktiven Geschichte.

Barcelona »ist der Wohnsitz der feinen Sitte, die Herberge der Fremden, die Zuflucht der Armen, die Heimat der Helden, der Rächer der Gekränkten, das anmutige Stelldichein treuer Freundschaften und ganz einzig durch seine Lage und Schönheit«, formulierte Cervantes entzückt in seinem *Don Quijote*. Dass sich das betrübliche Ende der Abenteuer des spanischen Ritters ausgerechnet in Barcelona abspielte und die Rückkehr in die trockene Öde Zentralspaniens implizierte, trägt vermutlich autobiographische Züge. Cervantes hatte 1569 schon eine überstürzte Reise nach Rom durch Barcelona geführt. Man glaubt, er floh vor einem königlichen Haftbefehl, weil er einen Widersacher bei einem Duell schwer verletzt habe. Doch erst 1610, nach einem abenteuerlichen Leben als mehrfach verwundeter Soldat und vierjähriger Versklavung in Algier, kehrte er zurück und verbrachte drei Sommermonate in der Stadt – mutmaßlich die glücklichste Zeit seines Lebens.

Von den wahren Begebenheiten ist wenig bekannt, doch die Geschichte des Don Quijote enthält Passagen, die mit Sicherheit persönliche Erfahrungen des Autors widerspiegeln. Der edle Ritter erreichte die Stadt in der Nacht des Sant Joan und stieß entlang des Weges auf zahllose schlafende oder aggressive Betrunkene. Wo Quijote in Barcelona unterkam, wird im Roman nicht geographisch definiert, möglicherweise in einem der stolzen Häuser des Carrer Ample, seinerzeit die breiteste und wichtigste Straße der Stadt. Als sicher gilt dagegen, dass Cervantes sich bei seinem dreimonatigen Aufenthalt 1610 in der dritten Etage des Hauses Passeig de Colom 2, kaum zweihundert Meter südlich des einstigen Portal del Mar eingerichtet hat. Durch kein einziges schriftliches Dokument belegt, gaben die Einwohner das Wissen von Generation zu Generation weiter.

Welchen literarischen Spuren kann man noch in Barcelona folgen?

Cervantes war nicht der einzige Abenteurer, der in Barcelona strandete. Der englische Schriftsteller George Orwell, überzeugter Vertreter der Sache der Arbeiterklasse, traf im Dezember 1936, fünf Monate nach Ausbruch des Spanischen Bürgerkriegs, in Barcelona ein, um sich als freiwilliger Kämpfer bei den Internationalen Brigaden zu melden. Doch die Barcelona dominierende Linke war zwischen moskautreuen Kommunisten, Anarchisten und Sozialisten zutiefst gespalten. Orwell heuerte bei den Trotzkisten der POUM an, die ihre Zentrale im Gebäude der Rambla 128 unterhielt, heute das Hotel Sehrs Rivoli. Er stieg nur ein paar Schritte weiter im Hotel Continental (Rambla 138) ab, das heute den Namen Toledano trägt. Innerhalb weniger Monate spitzte sich der Konflikt zwischen den Fraktionen zu, als die von Stalin gesteuerten Kommunisten versuchten, ihre Widersacher auszuschalten und die POUM zu verbieten. Im Mai 1937 kam es zu gewalttätigen Auseinandersetzungen und Feuergefechten. Orwell verteidigte die Parteizentrale vom Dach des direkt gegenüberliegenden Teatre Poliorama, wo er drei Tage und Nächte verbrachte. Kurz darauf wurde er von den Brigaden in die Provinz Huesca in Aragón versetzt, wo er im Schützengraben einen Halsdurchschuss erlitt, der ihm gut und gerne das Leben hätte kosten können. Zurück in Barcelona, sah er sich gezwungen, vor der kommunistischen Verfolgung zu fliehen und setzte sich schließlich nach Frankreich ab.

Zweifellos bildeten Orwells Erfahrungen in Barcelona entscheidende Anstöße für seine Klassiker *Farm der Tiere* und *1984*, die entschieden gegen jede Form des Totalitarismus Stellung bezogen. Einige seiner Wortschöpfungen wie »Gedankenpolizei«, »Gedankenverbrechen« oder »der große Bruder« haben ihren Eingang in die Alltagssprache gefunden.

Der Spanische Bürgerkrieg endete mit dem Sieg der Faschisten, deren Herrschaft erst 1975 mit dem Tod des Diktators Franco zu Ende ging und den allmählichen und steinigen Weg zur Demokratie freigab. Doch schon Ende der 60er-Jahre offenbarten sich spürbare Zeichen des Niedergangs der Despotie. Carmen Balcells, eine eher öffentlichkeitsscheue Literaturagentin, leitete von Barcelona aus den weltweiten Siegeszug der bis dato unbeachteten lateinamerikanischen Literatur ein. Nach der Erstveröffentlichung des Romans *Hundert Jahre Einsamkeit* von Gabriel García Márquez in Buenos Aires brachte sie Übersetzungen des Werks bei etlichen europäischen Verlagen unter. Der Autor wurde über Nacht zum Star und zog im September 1967 mit Frau und Kindern nach Barcelona. »Bis dahin hatte ich nicht genug Geld, um Brot zu kaufen, aber plötzlich konnte ich mir ganze Häuser leisten«, erklärte er Jahre später in einem Interview.

Die Familie installierte sich zunächst im vierten Stock der Avinguda Argentina 168, ein Jahr später bezog sie eine Parterrewohnung des Carrer Caponata 6 im Stadtteil Sarrià. Täglich kaufte García Márquez sein Brot in der Konditorei Foix de Sarrià im Carrer Major de Sarrià 57. In Barcelona verfasste er neben vielen Kurzgeschichten und journalistischen Arbeiten sein wohl komplexestes Werk, *Der Herbst des Patriarchen* – für den Leser eine Herausforderung. Die Figur eines verhassten, sterbenden Gewaltherrschers trug Züge des spanischen Diktators Franco. Aus Angst vor Repressalien siedelte die Familie 1975 nach Mexiko über.

Schon im Sommer 1970 bezog ein weiterer späterer Literaturnobelpreisträger, der Peruaner Mario Vargas Llosa, ein Appartement im Carrer d'Osi 50, keinen Steinwurf von García Márquez' Residenz. Carmen Balcells hatte den talentierten Schriftsteller mit dem Versprechen aus London nach Barcelona gelockt, seinen Lebensunterhalt bis zur Fertigstellung eines neuen Romans zu finanzieren. Ihr Argument war, dass die Lebenshaltungskosten in Barcelona deutlich geringer seien als in London, doch Jahrzehnte später gab sie unumwunden zu, dass sie Angst hatte, ein britischer Agent könne ihr das Talent wegschnappen. Bereits 1963 hatte Vargas Llosa seinen ersten Roman *Die Stadt und die Hunde* in Spanien veröffentlichen können. Um der Zensur zu entgehen, hatte sein Barceloniner Verleger Carlos Barral zunächst einige Detailänderungen im Manuskript durchgesetzt, die jedoch in der zweiten Auflage rückgängig gemacht wurden. Man war sich sicher, dass die Zensurbehörde den Wälzer nicht noch mal lesen würde.

García Márquez und Vargas Llosa verband bald eine tiefe Freundschaft, und gemeinsam bildeten sie das Zentrum eines intellektuellen Zirkels, der als *La Gauche Divine*, »die göttliche Linke«, in die Geschichte einging. Einer der wichtigsten Treffpunkte war die Bar Sanór an der Plaça Francesc Macià 3, die leider 2013 nach 70 Jahren ihre Pforten schloss.

Die intime Freundschaft der beiden Literaten nahm 1976 ein unrühmliches Ende. Nach der Uraufführung eines Films in Mexiko-Stadt, streckte Vargas Llosa seinen Kumpan bei der Begrüßung ohne weitere Erklärungen mit einem Fausthieb zu Boden, was unter Nobelpreisträgern eher unüblich sein soll. Die Freundschaft war für immer beendet, nicht dagegen die Spekulationen zum Anlass des Bruchs. Eine Version besagt, García Márquez habe der Ehefrau des Widersachers die Scheidung angeraten.

Doch Barcelona hat nicht nur zugezogene Literaten aufgenommen, sondern auch eigene Autoren von Format hervorgebracht. Der Familie Goytisolo entsprangen gleich drei Söhne, die die Geschichte der spanischen Literatur und Poesie des 20. Jahrhunderts prägten. Auch Eduardo Mendoza, Josep Pla, Ana María Matute oder der Lyriker Salvador Espriu könnten ein Begriff sein.

Einer der bekanntesten ist zweifellos Manuel Vázquez Montalbán, dessen Romanserie um den Privatdetektiv Pepe Carvalho weltweite Bekanntheit erlangte. Die Figur des pessimistischen und zynischen Genussmenschen gehört eindeutig zur Gattung des Roman Noir. Vázquez Montalbán gab dem Charakter reichlich autobiographische Züge. Zum einen war der Hang zur guten Küche auch dem Autor eigen, zum anderen nutzte er die Romanfigur als Sprachrohr zu harter, teils bösartiger Kritik an den politischen und sozialen Konstellationen der ersten Jahrzehnte der spanischen Demokratie.

Vázquez Montalbán war ein Kind des Raval, wo er 1939 im Carrer Botella 11 zur Welt kam. Seinen Vater lernte er erst als Fünfjähriger kennen, als der militante Sozialist von der Diktatur aus dem Gefängnis entlassen wurde. Später schloss sich Vázquez Montalbán ebenfalls der im Untergrund fortbestehenden kommunistischen Partei an, doch wegen seiner kritischen Haltung wurde er vom Apparat immer wieder abgemahnt und mit Ausschluss bedroht. In der Zeit des Übergangs zur Demokratie konnte er sich als Romancier, Journalist und politischer Kommentator etablieren und wurde so etwas wie das gute Gewissen Spaniens, als sich die franquistische Elite mit der opportunistischen Linken auf ein demokratisches System einigte, das auf eine Abrechnung mit der Vergangenheit verzichtete. Eine Generalamnestie unterband jedwede Untersuchung der Verbrechen der Diktatur. Dieser Makel haftet der spanischen Demokratie bis heute an und ist immer wieder Diskussionsgegenstand.

Wie sein Romanheld war Vázquez Montalbán ein Gourmet. Zwei- oder dreimal pro Woche pflegte er mit Freunden in der Casa Leopoldo im Carrer San Rafael 24 zu speisen. Beinahe ebenso regelmäßig kehrte er im Restaurant Can Lluís (Carrer de la Cera 49) ein, in unmittelbarer Nähe zu seinem Geburtshaus. Cocktails schlürfte er mit Vorliebe in der Boadas Cocktail Bar im Carrer dels Tallers 1, direkt an der Ecke zur Rambla.

Den Thron des erfolgreichsten Barcelona-Romans der letzten Jahre erklomm *Der Schatten des Windes* von Carlos Ruiz Zafón. 1964 in Barcelona geboren, beschritt der Autor einen scheinbar nicht sehr geradlinigen Lebensweg. Er besuchte die Jesuitenschule im Carrer Carrasco i Formiguera 32 in Sarrià, eine religiöse Privatschule, die vom Kindergarten bis zur Berufsschule und Abitur die gesamte Schulausbildung bietet. Der kolossale neogotische Gebäudekomplex dürfte schon in frühester Jugend die Phantasiewelt des Romanciers geweckt haben, denn die Handlung des Romans wird in die finstere Schwere der altstädtischen Gotik und die düstere Beklommenheit der tristen Nachkriegsjahre eingehüllt. Doch Ruiz Zafón begann seine Schriftstellerlaufbahn als Jugendbuchautor und versuchte sich dann als Drehbuchschreiber in Los Angeles, bevor er mit seinem ersten Roman für Erwachsene einen Volltreffer landete, der in drei Dutzend Sprachen übersetzt wurde. Der Erfolg des Buches und die Popularität Barcelonas als Städtereiseziel scheinen sich gegenseitig hochgeschaukelt zu haben, was obendrein praktisch zeitgleich mit dem großen Boom der innereuropäischen Billigfluggesellschaften zusammenfiel.

Hoch oben am Berghang in den Vierteln der betuchten Bourgeoisie findet sich auch der schummrige Palast der Roman-Familie Aldaya, in der Avinguda Tibidabo 32. Doch der größte Teil der Geschichte spielt sich in den Tiefen der Altstadt ab. Sie beginnt in den fiktiven Katakomben des »Friedhofs der vergessenen Bücher«, im Roman in der Gasse Carrer Arc del Teatre angesiedelt, die gleich unterhalb des Teatre Principal de Barcelona von der Rambla durch einen Torbogen abzweigt,. Das Heim des Protagonisten Daniel findet sich am Platz der Kirche Santa Anna, den man durch ein Tor in der gleichnamigen Straße kurz vor der Ecke zum Portal de l'Àngel betritt. Núria, die Tochter des Wächters der vergessenen Bücher, wohnte an der winzigen Plaça Felip Neri, einem der traurigsten Orte der Altstadt, wenige Meter südwestlich der Kathedrale. Die Hauptfassade der barocken Kirche zeigt weiterhin die Spuren einer mit Metallschrot geladenen Bombe, die 1938 bei einem italienischen Luftangriff 42 Menschen tötete, die in der Kirche Zuflucht suchen wollten, darunter 20 Kinder.

Fünf literarische Werke, die auf einen Besuch in Barcelona einstimmen

Bernardo Atxaga: Ein Mann allein (1993)

Realistischer Thriller um einen ETA-Terroristen, der den Absprung schon fast geschafft hat, aber während der Fußballweltmeisterschaft 1982 in Barcelona noch einmal in eine militante Aktion verwickelt wird.

Carlos Ruiz Zafón: Der Schatten des Windes (2001)

Düsterer Thriller um ein geheimnisvolles Buch in der Post-Bürger-kriegsphase.

George Orwell: Mein Katalonien (1938)

Autobiographische Darstellung der Erlebnisse als Freiwilliger im Spanischen Bürgerkrieg.

Ildefonso Falcones: Die Kathedrale des Meeres (2007)

Historische Geschichte aus dem Mittelalter um den Sohn eines ge-flohenen Leibeigenen, der im Umfeld des Baus der Kirche Santa Maria del Mar zu Reichtum gelangt und sich die Feindschaft vieler Neider einhandelt. Das Buch war in Spanien ein Bestseller, wurde aber auch wegen angeblicher katalanistischer Geschichtsfälschung vehement kritisiert.

Manuel Vázquez Montalbán: Krieg um Olympia (1993)

Skurril-ironische Geschichte um Privatdetektiv Pepe Carvalho
über die Veränderungen Barcelonas in der Phase des Olympia-
Booms. Natürlich kann man auch auf jedes andere Werk aus der
Pepe-Carvalho-Serie zurückgreifen.

Top Ten: Barcelona im Film

1. Alles über meine Mutter (1999)

Das Oscar-gekrönte Drama um eine Mutter, die den Vater ihres bei einem Unfall ums Leben gekommenen Sohnes sucht, war der erste Film von Spaniens Vorzeigeregisseur Pedro Almodóvar, der nicht in dessen Wahlheimat Madrid spielte.

▌ Originaltitel: Todo sobre mi madre
▌ Regie: Pedro Almodóvar
▌ Hauptdarsteller: Cecilia Roth, Marisa Paredes
▌ Genre: Drama

2. Vicky Cristina Barcelona (2008)

Woody Allens Komödie um zwei amerikanische Touristinnen in Barcelona nimmt sich wie ein Werbespot für die Stadt aus. Kein Wunder, der Regisseur ist erklärter Barcelona-Fan und Stadt- und Regionalregierung subventionierten die Produktion fürstlich.

▌ Originaltitel: Vicky Cristina Barcelona
▌ Regie: Woody Allen
▌ Hauptdarsteller: Scarlett Johansson, Javier Bardem, Penélope Cruz
▌ Genre: Komödie

3. Salvador – Kampf um die Freiheit (2006)

Daniel Brühl brilliert in der Rolle des jungen Anarchisten Salvador Puig Antich, der 1973 vom Franco-Regime hingerichtet wurde. Das Grab des historischen Vorbilds liegt auf dem Friedhof Montjuïc.

▌Originaltitel: Salvador (Puig Antich)
▌Regie: Manuel Huerga
▌Hauptdarsteller: Daniel Brühl, Tristán Ulloa
▌Genre: Drama

4. Sleep Tight (2011)

Die gesamte Handlung des intelligenten Psycho-Thrillers um einen Portier, der die Hausbewohner manipuliert und terrorisiert, spielt im Haus Carrer Provença 185, auch wenn einige Außenaufnahmen eine direkte Nachbarschaft zur Plaça Catalunya suggerieren.

▌Originaltitel: Mientras duermes
▌Regie: Jaume Balagueró
▌Hauptdarsteller: Luis Tosar, Marta Etura, Alberto San Juan
▌Genre: Thriller

5. Das Parfüm – Die Geschichte eines Mörders (2006)

Obwohl Patrick Süskinds Roman eigentlich in der südfranzösischen Provence angesiedelt ist, wurden große Teile der Außenaufnahmen in Barcelona und Girona gedreht. Als Schauplätze lassen sich die Plaça Reial, die Plaça de la Mercè und das Poble Espanyol identifizieren.

▌Originaltitel: Das Parfum
▌Regie: Tom Tykwer
▌Hauptdarsteller: Ben Whishaw, Dustin Hoffman, Alan Rickman
▌Genre: Drama

6. Biutiful (2010)

Herzzerreißende und deprimierende Tragödien sind die Spezialität des mexikanischen Regisseurs Gonzáles Iñárritu, so auch dieses Portrait um Gewalt und Ausbeutung von Einwanderern und Unterprivilegierten.

▌ Originaltitel: Biutiful
▌ Regie: Alejandro González Iñárritu
▌ Hauptdarsteller: Javier Bardem, Maricel Álvarez, Hanaa Bouchaib
▌ Genre: Drama

7. The Last Days – Tage der Panik (2013)

Das Endzeitdrama schildert, wie Barcelona von einem rätselhaften Virus heimgesucht wird und sich die Menschheit im Untergrund verstecken muss, um zu überleben. Viele bekannte Ecken und Bauwerke der Stadt erscheinen im kaltblauen Licht der Apokalypse.

▌ Originaltitel: Los últimos días
▌ Regie: Alex Pastor, David Pastor
▌ Hauptdarsteller: Quim Gutiérrez, José Coronado
▌ Genre: Science Fiction

8. L'Auberge Espagnole – Barcelona für ein Jahr (2002)

Die unterhaltsame französische Komödie porträtiert das multikulturelle Zusammenleben eines zusammengewürfelten Haufens von Erasmus-Studenten in Barcelona.

▌ Originaltitel: L
▌ Regie: Cédric Klapisch
▌ Hauptdarsteller: Romain Duris ,Judith Godrèche, Audrey Tautou
▌ Genre: Komödie

9. Haywire – Trau keinem (2012)

Der erste Teil des Actionfilms um die Befreiung eines gekidnapp-
ten chinesischen Journalisten spielt im Barri Gòtic. Etliche Schauplätze lassen sich problemlos wiedererkennen, wie die Plaça Reial,
die Plaça George Orwell, die Wohnung im Carrer de Josep Anselm
Clavé 25 oder die Verfolgungsjagd durch den Carrer dels Escudellers.

▌ Originaltitel: Haywire
▌ Regie: Steven Soderbergh
▌ Hauptdarsteller: Gina Carano, Ewan McGregor, Michael Douglas
▌ Genre: Action-Thriller

10. Rec (2007)

Das pseudo-dokumentarische Horrordrama um eine Gruppe unterschiedlichster Menschen, die in einem von einem unbekannten
Virus heimgesuchten Haus unter Quarantäne gestellt werden, war
das Regiedebüt von Jaume Balagueró und Paco Plaza und so er-
folgreich, dass inzwischen drei weitere Teile und ein Hollywood-
Remake entstanden sind.

▌ Originaltitel: Rec
▌ Regie: Jaume Balagueró, Paco Plaza
▌ Hauptdarsteller: Manuela Velasco, Ferran Terraza, Pablo Rosso
▌ Genre: Horror